미쉐린 타이어는
왜 레스토랑에
별점을 매겼을까?

미쉐린 타이어는
왜 레스토랑에
별점을 매겼을까?

세계를 정복한 글로벌 기업의 브랜드 마케팅 스토리

자일스 루리 지음 | 윤태경 옮김

브랜드의 힘은
'스토리'에서 나온다

어떤 이는 우표를, 어떤 이는 동전을, 어떤 이는 축구 스티커를 수집한다. 나는 이야기를 수집한다. 특히, 나는 브랜드에 관한 이야기를 수집한다. 개인적으로 브랜드에 얽힌 이야기를 좋아할 뿐 아니라, 브랜드 컨설턴트로서 의뢰인에게 마케팅에서 중요한 부분과 원리들을 설명할 때 여러 브랜드의 이야기를 예로 든다. 단순히 예를 열거하거나 연구 사례를 소개하는 것보다 그 편이 더 흥미롭게 기억에 남기 때문이다.

오래전, 나는 이야기를 그냥 수집만 해서는 안 되고, 이야기를 기록하고 내 자신의 생각과 언어로 얘기해야 한다는 점을 깨달았다. 책을 출간하기 위해서 수년간 시도했고, 마침내 충분한 수의 이야기들을 모으고 적당한 출판사를 찾았다.

나는 이야기 수집벽이라도 생긴 양, 첫 책인『폭스바겐은 왜 고장난 자동차를 광고했을까?』를 출간하자마자 이야기를 더 모으기 시작했다. 이 책은 그러한 작업의 결과물이다.

비즈니스북과 스토리북의 교차점

전작에서 내 목표는 영감과 경각심을 주는 이야기를 재미와 결합하는 것이었다. 이번 책의 목표도 같다. 나는 교과서가 아니라 이야기책을 쓰고 싶다. 가능하면 이 책의 이야기들이 다른 시장의 다른 브랜드에도 적용될 수 있는, 교훈 섞인 우화로 읽혔으면 좋겠다.

'스토리텔링'은 근래 마케팅 업계의 핫 토픽이었다. 실제로 이야기를 얘기하든 안 하든, 웬만한 브랜드는 스토리텔링에 관해 얘기한다. 스토리텔링의 기술과 과학에 관한 수많은 책들과 기사들도 나왔다. 나는 마케팅에서 활용하는 스토리텔링의 기법을 다음의 7가지로 나눌 수 있다고 본다.

1. 브랜드 내러티브(서사)

조직이나 브랜드를 하나의 캐릭터로 표현하고, 이야기로서의 역할을 나타내는 수단이다. 예를 들어, 버진 브랜드는 곤경을 겪는 여성(소비자)을 구하는 '백마 탄 기사'로 포지셔닝했다. 이는 전형적으로 캐릭터나 스토리를 브랜드와 중첩시키는 것이다.

2. 브랜드 스토리(실화)

브랜드와 관련된 사소한 실제 이야기, 이를테면 브랜드의 유래, 브랜드명의 기원을 얘기함으로써 소비자와 정서적 유대를 형성한다.

3. 영감

마케팅팀이나 더 큰 기업 조직에게 영감과 교훈을 제공하기 위한 교육 도구로 활용할 수 있다. 직원들이 어떻게 행동해야 하는지 보여주거나, 조직이 더 나은 성과를 내도록 돕거나, 직원들이 다른 방식으로 생각하도록 유도할 수 있다.

4. 친밀감

개인사를 얘기하는 것은 감정적 유대 형성의 또 다른 수단이다. 특정 논지를 전개하기 위해 개인 사정과 기업 상황 간의 유사성을 강조한다. 전 세계 CEO와 정치인들이 사용하는 화술이다.

5. 은유

일어난 사건 또는 일어날 필요가 있는 사건을 가상의 이야기를 통해 비유적으로 풀어낼 수 있다. 멕시코 음식 전문점 치포틀을 홍보하기 위해 제작한 단편 애니메이션 〈스케어크로〉가 좋은 예다.

6. 고객의 입장

실제 고객들의 이야기를 토대로 한, 가상으로 재구성한 스토리들은 타깃 시장의 특징과 모습을 의인화해서 보여주기 위해 자주 활용된다. 한 고객의 입장에서 타깃 시장을 현장감 있게 바라보게 하는 강력한 도구다.

7. 프레젠테이션의 스토리화

파워포인트 발표를 보고 마지막으로 운 적이 언제인가? 프레젠테이션을 스토리화하는 것은 '파워포인트 발표를 보다가 지루해 죽는 사태'를 방지하는 방법 중 하나다. 내러티브 기술을 사용하는 발표자는 더 기억에 남고 설득력 있게 요점을 전달할 수 있다.

광고보다 효과적인 브랜드 스토리 마케팅

『폭스바겐은 왜 고장난 자동차를 광고했을까?』(원제: Prisoner and the Penguin; 죄수와 펭귄)』는 한국어, 스페인어, 태국어, 일본어로 번역 출간되었다.

한국어판은 60개의 이야기만 실렸고(영어판은 76개의 이야기가 실렸다.) 『폭스바겐은 왜 고장난 자동차를 광고했을까?』로 제목이 바뀌었다. 그리고 기쁘게도 이 책은 한국에서 경영서적 부문 베스트셀러가 되었다. 쑥스럽지만 나는 이번 책 제목을 한국어판 제목의 접근법으로 지었다. (원작의 제목은 'How Coca-cola Took over the World'였지만, 한국어판 제목은 '미쉐린 타이어는 왜 레스토랑에 별점을 매겼을까?'로 결정되었다.─편집자 주)

당신은 미쉐린 타이어가 미쉐린 가이드를 만들었다는 사실을 알고 있는가? 해마다 가장 뛰어난 레스토랑을 선정하여 미쉐린 스타를 부여하는 미쉐린 가이드는 사실 타이어 판촉 방안을 궁리하다 나온 아이디에서 시작된 것이다. 사람들이 여행을 많이 다닐수록 타이어가 빨리 마모되어 새 타이어로 교체할 것이라는 생각으로 자동차 운전사들에게 유용한 정보(타이어를 교체하는 방법, 주유소의 위치, 맛있는 음식을 제공하는 레스토랑, 잠을 청할 수 있는 숙박 시설 등)를 책자로 만들어 배포했고, 이후 별점 제도가 도입되며 오늘날의 미쉐린 가이드가 탄생했다.

이 책에는 미쉐린 가이드의 탄생 스토리를 포함한 총 101개의 글로벌 브랜드 마케팅 스토리가 담겨 있다. 이는 다음의 5가지 선정 기준을 통과한 스토리들이다.

첫째, 뜻밖의 발견인가? 최우선 기준이자 가장 단순한 요소는 '경쟁력'이다. 내가 아는 스토리인가, 누군가 이미 소개한 스토리인가, 스토리에 재미있는 부분이 확실히 있는가 등 다방면으로 검토하고 선별했다.

둘째, 사례 연구가 아니라 스토리인가? 나는 가능한 한 한두 캐릭터-스토리 속 인물들, 특징 있는 인물들-에 초점을 맞추어 스토리를 적었다.

셋째, 클라이맥스나 반전이 있는가? 스토리에 예상치 못한 요소가 있거나 굉장한 요소가 있는가? 그것이 독자들을 놀라게 하고 재밌게 할 것이라 생각하는가?

넷째, 교훈거리가 있는가? 마케터들이 스토리에서 얻을 수 있는 것이 있는가? 나는 이야기들 속에서 무언가 배울 만한 것들이 반드시 있어야 한다고 생각한다.

다섯째, 이 책의 범위를 폭넓게 해줄 스토리인가? 두 번 이상 언급된 브랜드가 한두 개 있지만, 최대한 겹치지 않는 스토리 위주로 선정했다. 이 책에는 광범위하고 다양한 브랜드가 언급된다.

그리고 나는 마지막 기준을 근거로 이 책의 스토리들을 7개의 카테고리로 나눴다. 브랜딩, 기원, 네이밍과 아이덴티티, 마케팅 전략, 커뮤니케이션, 혁신, 리포지셔닝과 리부팅이다. 이는 내가 독자들에게 보여주고 싶었던 방향을 반영한 분류다. 독자들이 이 책을 읽어나가면서 어느 방향으로 가고 있는지 감을 잡고 싶을 때, 나중에 필요한 내용을 찾으려 할 때, 이 카테고리들이 길잡이가 되었으면 한다.

관례적으로 보일지 모르지만 진심을 담은 감사 인사로 마무리하고자 한다. 우선, 따뜻하게 격려해준 가족과 친구, 의뢰인, 동료들에게 감사하며, 특히 실제로 책을 읽은 분들, 구매한 분들에게 더더욱 깊은 감사를 표한다.

또 내가 늘 고대하는 흥미로운 일화들을 제안하거나 소개해준 모든 분들, 가이 초클리 씨, 인내심을 발휘해 세심히 지도해주고 도와준 LID출판사 편집부의 마틴, 사라, 캐럴라인, 샬럿 씨에게도 감사를 표한다.

그리고 매일 저녁, 주말에 원고 작업에 골몰한 나를 별 불평 없이 맞아준 아내와 가족에게 다시 한 번 고마움을 전한다.

자일스 루리

목차

프롤로그 브랜드의 힘은 '스토리'에서 나온다   004

브랜딩

코카콜라가 지구에서 가장 유명한 브랜드가 된 까닭은?   019

밀폐용기 타파웨어의 판매 전략   022

불편한 초콜릿, 토니스 초코론리   027

폭스바겐은 왜 망가진 도로를 샀을까?   030

악수로 대신한 계약서, IMG   033

갱스터가 반한 차, 포드 V8   037

마릴린 먼로와 샤넬 넘버5   040

핀을 꽂아 관심을 공유하다, 핀터레스트   042

재능 발휘를 고취하는 티셔츠, 스레들리스   047

디즈니의 경영 악화 대비법   051

꿈의 직장을 제시한 존 루이스 파트너십   053

더 많은 승객에게 초콜릿 디저트를 먹이는 법,

버진 애틀랜틱 항공   056

브랜드는 사업보다 위대하다, 블랙윙   059

감정을 자극한 버즈아이   063

통찰력 깡패 레블론   066

기원

2전3기의 브랜드, 네스프레소   073

10억 달러짜리 엉덩이, 스팽스   077

악어의 폴로셔츠, 라코스테   080

아이스크림으로 만든 아름다운 사회, 벤 앤 제리스   083

구두 디자이너의 매니큐어, 루주 루부탱   087

우연히 발견한 놀라운 열매, 페퍼듀   091

민족을 상징하는 푸른 초콜릿, 파제르 블루   094

켄터키 대령의 성공 비법, KFC   098

동전 던지기로 탄생한 베네피트   103

급속 냉동식품을 개발한 박제사, 버즈아이   108

돈을 버는 살인사건, 클루   111

여성들에게 편안함과 자신감을, DVF 랩 드레스   114

선물용 포장지의 대중화, 홀마크   118

서민도 마실 수 있는 홍차, 립톤   121

리바이스 청바지 탄생에 한몫한 러시아 남자   125

최고의 주방 도우미, 키친에이드   129

세계 최초 생명보험사, 스코티시 위도우스   133

TV 속 연예인이 입은 옷, 아소스   137

실업자가 만든 게임, 스크래블 게임   140

콘셉트를 바꿔 성공한 웹사이트, 팹닷컴   145

목마른 사람이 우물을 파야지, 레드버스   149

초콜릿 애호가들이 뽑은 신의 직장, 호텔 쇼콜라   153

네이밍과 아이덴티티

런던에 사는 일본 캐릭터, 헬로 키티   161

어둠 속에서도 알아볼 수 있는 코카콜라 병   164

포효하는 사자처럼 성공한 영화사,

메트로 골드윈 메이어   167

제비 자동차 vs 재규어 자동차   171

고객이 정해준 브랜드명, 런던 프라이드   174

우울한 초록색 거인이 사랑받기까지,

졸리 그린 자이언트   176

여자의 심장을 뛰게 하는 티파니 블루   180

사자 시체에서 나온 꿀, 라일 골든 시럽   183

메르세데스는 누구의 이름일까?   185

판다 로고의 비밀, 세계야생동물보호기금   188

시급 2달러에 탄생한 명품 로고, 나이키   191

몽블랑 스타 로고의 진짜 의미   195

이름부터 범상치 않은 위스키, 몽키 숄더   198

마케팅 전략

성공 사다리, GM의 시장 세분화 전략　　　203

제품 수를 70% 줄이다, 애플　　　206

미쉐린 타이어는 왜 레스토랑에 별점을 매겼을까?　　　209

어떤 새가 가장 빠를까? 기네스가 만든 기네스북　　　212

커피 향을 되살리자, 스타벅스　　　214

농구 홍보 대사의 운동화, 컨버스 척 테일러 올스타　　　218

바비와 켄이 다시 사귈까?
마텔이 소비자들의 관심을 끈 방법　　　222

제1차 세계대전이 낳은 생리대, 코텍스　　　226

구멍 뚫린 사탕, 라이프 세이버　　　229

놀라운 영웅들이 만든 보잉 747　　　233

남들과 다르게 가자, 링크드인　　　237

그 남자는 왜 탱크를 몰고
타임스스퀘어로 갔을까? 버진 콜라　　　241

적보다 못한 형제, 레드 스카이　　　245

라임 한 조각의 비밀, 코로나 맥주　　　249

대통령이 사랑한 젤리빈, 젤리 벨리　　　253

고객들의 친구, 레이클랜드　　　256

펑크족의 맥주 회사, 브루독　　　260

치약 회사에서 글로벌 가전 기업으로, LG　　　263

커뮤니케이션

코카콜라 광고의 산타클로스는 왜
벨트를 거꾸로 맸을까? 269

다이아몬드는 영원히, 드비어스 273

킷캣이 오레오에게 결투를 신청한 까닭은? 277

광고하지 마세요, 론실 279

광고로 세상을 바꿀 수 있을까? 메막 오길비 282

용기 있는 자만이 내릴 수 있는 선택, SC존슨 286

하마터면 나오지 못할 뻔한 최고의 광고,
애플 매킨토시 289

광고 제작사의 마음을 사로잡는 방법, C.F. 해서웨이 294

셔츠 광고 모델이 안대를 낀 이유, C.F. 해서웨이 297

네덜란드식 용기, 유녹스 300

하이네켄 광고의 비하인드 스토리 303

혁신

르크루제는 왜 오렌지색일까? 311

뜻밖의 전화위복, 내셔널 지오그래픽 314

오스트리아 사람이 태국에서 발견한 기회, 레드불 316

혁신적인 청소 도구, 스위퍼 319

읽는 사람을 위한 펜, 스타빌로 보스 322

전투기 기술자가 만든 최초의 우산형 유모차, 맥클라렌 325

일회용 은박접시의 대변신, 프리스비 328

라거 맥주와 에일 맥주의 장점만 섞은 코브라 331

누구나 초콜릿이라는 호사를 누릴 수 있도록, 누텔라 334

페퍼 밀에서 자동차까지, 푸조 338

판매원, 보석상, 변호사의 깨끗한 거래, 브릴로 341

최초의 다이어트 콜라, 노칼 344

찰스 왕세자가 의뢰한 과자, 더치 오리지널스 347

휴대용 카세트 플레이어의 탄생, 워크맨 350

리포지셔닝과 리부팅

의료용 음료에서 스포츠 음료로, 루코제이드 357

여성용 담배에서 남성성의 상징으로, 말보로 360

레고가 스타워즈를 만났을 때 363

비평 속에 피어난 아름다운 동화, 디즈니 367

우리 라이언에어가 달라졌어요 370

브랜드 리부트에 성공한 헌터 373

가끔은 눈앞에 답이 있다, 브리티시 항공 376

두 옷가게 이야기, 바나나 리퍼블릭 379

브랜딩

브랜드는 기업의 가치 창출 도구이며, 브랜드의 경제적 가치는 기업의 가장 귀중한 자산이다. 2016년 브랜드 컨설팅 업체 인터브랜드가 발표한 글로벌 브랜드 평가 1위에 오른 애플 브랜드의 경제적 가치는 무려 1781억 달러에 달한다.

미국 식품회사 퀘이커의 공동창업자 존 스튜어트는 이렇게 말했다. "만약 이 회사가 분할된다면, 당신에게 모든 땅과 공장을 주고 나는 브랜드와 상표권을 가질 것이다. 그래도 내게 이득인 거래다"라고 말하기도 했다.

브랜드는 노래, 책, 영화에서 언급되는 현대 문화의 일부분이기도 하다. 강력한 브랜드는 다수의 소비자들이 공통으로 느끼는 사회적 '의미'-특정한 가치와 인격적 특성-를 가지고 있다. 브랜드의 사회적 의미는 사회적 통화의 한 단위가 된다. 설령 각자가 브랜드를 다르게 인식할지라도, 사회적으로 널리 인정되는 각 브랜드의 특성과 의미가 무엇인지는 우리 모두 안다.

전 유니레버 CEO 마이클 페리는 이렇게 관찰했다. "현대 사회에서 브랜드는 개인이 자기 자신과 인간관계를 규정하는 핵심적 요소다. 갈수록 우리는 단순히 소비자가 되어간다. 우리가 입는 것, 먹는 것, 운전하는 것이 곧 우리다."

지금부터 시장을 바꾸고, 때로는 세상을 바꾸는 브랜드의 힘을 보여주는 스토리들을 소개한다.

코카콜라가 지구에서
가장 유명한 브랜드가 된 까닭은?

1961년 5월 25일, 케네디 대통령이 긴급 국가 현안에 관한 특별 메시지를 전하고자 의회를 방문했다. 케네디는 의회 연설에서 미국 과학 기술이 소련에 뒤처져 국가 위신이 실추된 현실에 우려를 표했다. 그리고 1970년이 되기 전까지 반드시 인간을 달에 착륙시키고, 안전하게 지구로 귀환시킨다는 도전 목표를 제시했다.

그로부터 약 8년 후인 1969년 7월 16일, 아폴로 11호를 탑재한 새턴 V 로켓이 플로리다 주 케네디 우주센터에서 발사되었다. 우주선에는 닐 암스트롱, 마이클 콜린스, 에드윈 버즈 올드린, 이렇게 세 우주비행사가 탑승했다.

나흘 뒤, 착륙선 이글이 사령선 컬럼비아와 안전하게 분리되어 달에 착륙하는 데 성공했다. 국제 표준시로 7월 21일 02시 30분이 조금 지난 시각, 닐 암스트롱이 해치를 열고 달 표면에 첫발을 내디뎠다. 그는 "이것은 (한 명의) 인간에게는 작은 발걸음이지만, 인류에게는 거대한 도약이다"라는 명언을 남겼다.

7월 24일, 사령선 컬럼비아가 지구로 귀환했다. 지구에 착륙한 (태평양 해상에 떨어졌으니 착륙이라 말하기 뭐하지만) 아폴로 11호 승무원들은 바이러스 감염 가능성에 대비해 21일간 격리되었고, 8월 13일이 되어서야 그들을 환영하는 퍼레이드가 뉴욕에서 열렸다. 타임스스퀘어에 들어서는 세 우주비행사를 맞이한 전광판에는 이런 문구가 깜빡이고 있었다. "코카콜라의 고향인 지구에 돌아오신 걸 환영합니다."

아폴로 11호는 임무를 성공적으로 완수했고 케네디 대통령이 제시한 목표도 달성되었다. 마찬가지로 코카콜라의 브랜드 홍보도 성공적으로 달성된 셈이다.

곧 코카콜라 사는 코카콜라가 지구에서 가장 유명한 브랜드라는 주장을 세계에 널리 전파했다. 인류가 달에 음료수를 가져간다면, 그 첫 타자는 코카콜라라는 인식을 타임스스퀘어 전광판을 통해 대중들에게 각인시킨 것이다.

여기서 교훈은, 좋은 PR은 적절한 타이밍에 가장 효과적이고 가장 값싸게 대중의 관심을 끄는 방법이라는 사실이다. 당신의 브랜드는 어떤 PR로 무엇을 더 얻을 수 있을까?

암스트롱은 달 표면에 첫발을 내디뎠을 때 "이것은 한 명의 인간에게는 작은 발걸음이지만, 인류에게는 거대한 도약이다"라고 말했다고 주장한다. 하지만 그가 말한 '한 명의'라는 단어는 미국 항공우주국의 녹음 기록에서는 명확히 들리지 않는다. 이는 달에서 전송한 음성과 화상 신호가 다소 간헐적으로 지구에 수신된 탓인데, 당시 파크스 천문대 부근에 불어 닥친 폭풍우가 부분적인 원인이다. 최근 테이프 기록을 디지털로 분석한 미국 항공우주국은 '한 명의'라는 단어가 중간에 발음되었을 가능성이 있지만 잡음 때문에 들리지 않는다고 결론 내렸다.

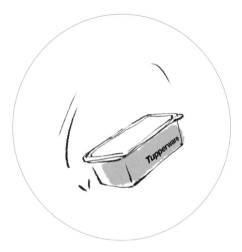

밀폐용기 타파웨어의 판매 전략

1956년, 미국 10대 신문 중 하나인 〈휴스턴 포스트〉는 "브라우니 와이즈만큼 수많은 여성의 경제적 성공에 이바지한 현존 인물은 없으리라 추산된다"고 보도했다. 대체 브라우니 와이즈는 누구고, 그녀를 비롯한 수많은 여성에게 경제적 성공을 안겨준 브랜드는 무엇일까?

브라우니 와이즈의 인생 여정은 조지아 주 시골에서 태어나면서 막이 올랐다. 큰 갈색 눈동자 때문에 브라우니라는 이름이 붙은 그녀는 어릴 적에 부모가 이혼했고, 열 살 때에 노조 집회를 조직하는 어머니를 따라 여행길에 올랐다. 당시 브라우니는 집회 연단에 올라 탁월한 연설가로서 재능을 곧 드러냈다. 전기 작가 밥 킬링은 그녀가 "사람들의 경외감을 불러일으켰다"고 기술했다. "사람들은 그토록 어린아이가 목사처럼 연설하는 모습에 놀랐다."

브라우니의 성공은 형편없는 한 외판원의 방문으로 시작되었다. 외판원이 브라우니에게 스탠리 홈 프로덕트의 세탁용품 구매를 지루하게 권유하자, 브라우니는 이래서야 누가 사겠냐고 코웃음치고는 자기라면 더 잘 팔 수 있다고 장담했다.

외판원은 그토록 자신 있으면 직접 솜씨를 보여주는 게 어떻겠냐고 브라우니에게 제안했다. 마침 스탠리 사는 홈파티를 판매 수단으로 실험하던 참이었다. 브라우니는 이 기회를 잡아 스탠리 사의 제품을 홈파티에서 팔기 시작했다. 오래지 않아 브라우니는 비서 일을 관둬도 좋을 만큼 짭짤한 소득을 올렸다.

브라우니는 언변으로 마음을 사로잡는 재능을 타고났다. 그녀는 스탠리 사에서 빠르게 승진해 임원이 되었을 뿐 아니라 더 높은 자리로 승진하길 희망했다. 하지만 이 열망은 프랭크 비버리지 사장과의 만남에서 좌절되었다. 그는 브라우니가 결코 중역이 되지 못하리라 단언했다. 스탠리 사의 중역실에는 "여자가 낄 자리가 없다"는 것이었다.

격노한 브라우니는 다른 기회를 모색했다. 그러던 중 영업 회의에서 우연히 기회를 발견했다. 한 동료가 백화점에서 먼지를 뒤집어쓰고 있던 플라스틱 용기들을 사무실로 가져왔다. 그런데 실수로 바닥에 떨어트린 플라스틱 용기가 깨지지 않고 내용물도 멀쩡한 모습을 보게 되었다. 이때 브라우니의 머릿속에 한 가지 생각이 번뜩였다.

유심히 관찰해보니 타파웨어라는 이름의 이 플라스틱 밀폐용기는 매력적인 제품이었다. 예쁜 파스텔 색상이었고, 플라스틱으로 만들어져 잘 구부러졌으며, 무엇보다도 기능성이 매우 훌륭했다. 플라스틱 용기의 잠재력을 확신한 브라우니는 스탠리 사를 떠나 1949년에 타파웨어 제품을 판매하는 파티를 열기 시작했다. 이는 작은 혁명의 시작이었다.

타파웨어는 먹다 남은 음식의 보존기간 연장에 이바지했을 뿐 아니라 브라우니를 비롯한 수백만 여성에게 일자리를 제공했다. 브라우니의 파티에 참석한 여성들은 타파웨어 제품을 구매했을 뿐 아니라 타파웨어 외판원이 되기로 마음먹었다.

브라우니는 단기간에 놀라운 매출액을 올리는 데에서 멈추지 않고, 여성 외판원 팀을 조직했고, 각 팀원은 저마다 여성들로 구성된 판매망을 구축했다. 곧 미국 전역에서 타파웨어 파티들이 열렸다. 브라우니 팀이 디트로이트 지역에서 기록한 타파웨어 제품 판매량은 대다수 백화점보다도 많았다.

이런 성과는 타파웨어 사의 설립자, 얼 사일러스 터퍼에게 주목을 받았다. 터퍼 사장은 브라우니를 승진시켰다. 플로리다 주 전체에 타파웨어 제품을 유통할 권리를 얻은 브라우니는 1950년 봄, 어머니, 아들과 함께 남쪽 플로리다 주로 내려갔다.

하지만 상황은 기대만큼 순조롭게 풀리지 않았다. 다른 유통업자들과 영역 다툼을 벌이면서 골치를 썩이는 일이 한둘이 아니었다. 가장 화나는 대목은 주문 오류, 배송 지연, 재고 부족 문제를 처리하느라 끊임없이 씨름해야 한다는 점이었다.

1951년 3월, 참을 만큼 참았다고 느낀 브라우니는 분노에 찬 채로 터퍼에게 전화를 걸어 새로운 조치를 요구했다. 둘은 4월에 롱아일랜드 회의에서 만났다. 브라우니는 터퍼에게 믿을 수 있는 친구나 이웃 주민과 함께 타파웨어 밀폐용기를 만져보고, 눌러보고, 떨어트려보고, 얼마나 잘 밀폐되는지 시험해볼 수 있는 파티가 제품 판매에 미치는 영향력에 대해 피력했다. 그리고 그녀는 과격한 사업 육성 방안을 제안했다. 백화점 매장을 모두 접고 홈파티로만 제품을 판매하자는 것이었다.

이 제안을 받아들인 터퍼 사장은 다음날 홈파티 영업 부문을 신설하고 브라우니에게 홈파티 영업 부사장직을 맡겼다. 이 새로운 접근법으로 타파웨어 판매액이 급증했다. 1952년도 도매 주문이 200만 달러를 돌파했다. 터퍼 사장은 브라우니의 연봉을 2만 달러로 인상했고, 1953년 브라우니의 생일에는 금색으로 염색한 팔로미노 말을 선물했다. 그는 브라우니에게 자유롭게 일할 수 있는 전권을 부여했다.

브라우니는 미국 전역을 돌아다니며 판매원을 모집하고, 판매 회의를 주재하고, 콘테스트를 발표하고, 인센티브로 상을 줬는데, 때로는 본인 옷을 주기도 했다.

1950년대 미국 주부들 입장에서 홈파티를 통한 타파웨어 주방용품 판매는 남편의 권위나 남성 지배 사회에 도전하는 듯한 인상을 풍기지 않은 채 일한다는 장점이 있었다. 브라우니는 여성 기업가 정신을 열렬히 고취했다. 그녀는 〈타파웨어 스팍스〉라는 소식지를 쓰고, 〈타파웨어 노하우〉란 지침서를 발간하고, 〈타파웨어 홈파티〉라는 52분짜리 직원 교육 영상도 찍었다.

브라우니 와이즈는 실로 타파웨어의 얼굴이 되었다. 1954년에는 여성 최초로 〈비즈니스 위크〉 표지 모델이 되었다. 당시 〈비즈니스 위크〉는 브라우니의 수완과 판매기법 덕분에 타파웨어 사가 2500만 달러의 소매 매출을 올렸다고 평가했고, 이 찬사는 전혀 과장되지 않았다.

여기서 교훈은, 브랜드가 기업뿐 아니라 사회의 변화를 이끌어낼 수 있다는 점이다. 당신의 브랜드는 무슨 변화를 일으킬까?

● 불행히도 〈비즈니스 위크〉 기사는 터퍼 사장과 브라우니 부사장에게 불화의 씨앗이 되었다. 언론의 관심이 브라우니에게 쏠려 자신의 공이 과소평가 받는다고 느낀 터퍼 사장은 브라우니에게 이런 쪽지를 보냈다. "귀하가 아무리 혁혁한 공을 세웠을지라도 나는 우리 회사 제품 사진이 언론에 나오는 게 더 좋습니다!" 둘의 관계는 당연히 악화되었고, 1958년 터퍼 사장은 브라우니 와이즈를 해고했다. 열띤 법정 투쟁 끝에 브라우니가 합의금으로 받은 돈은 고작 3만 달러에 불과했다. 그녀에게는 타파웨어 사 주식이 없었다.
브라우니는 다른 기업을 창업해 키우려고 시도했지만, 타파웨어만큼의 성공을 거두지는 못했다. 이후 브라우니는 말과 도자기와 아들과 함께 조용히 살다가 1992년 자택에서 사망했다.

불편한 초콜릿, 토니스 초코론리

초콜릿 바는 대개 손으로 구부리면 똑같은 크기로 쪼개진다. 사람들은 그런 초콜릿 바를 좋아한다. 혼자서 먹을 때도 으레 똑같은 크기로 나누고, 친구들과 나누어 먹을 때도 모두 똑같은 크기만큼 받아야 공평하다는 느낌이 든다.

하지만 토니스 초코론리는 고객들을 귀찮게 하려 노력한다. 네덜란드에 본사를 둔 토니스 초코론리는 각기 다른 크기로 쪼개지는 초콜릿 바를 2012년도에 출시했다.

당연히 고객들의 불만과 비난이 쏟아졌다. 그럼에도 토니스 초코론리는 각기 다른 크기로 쪼개지는 초콜릿 바를 계속 판매했다. 단지 튀려고 그러는 것은 아니다. 여기에는 토니스 초코론리 브랜드의 핵심 정신이 담겨 있다.

토니스 초코론리는 자사 홈페이지에서 다음과 같은 목표를 피력했다. "우리는 초콜릿을 광적으로 사랑하고 사람을 진지하게 생각합니다. 노예를 전혀 쓰지 않는 초콜릿 산업이 우리의 목표입니다. 이것이 우리가 토니스 초코론리를 만든 이유입니다. 소비자들도 노예 노동 없이 만든 초콜릿에 열광하도록 하는 것이 우리의 임무입니다."

네덜란드 TV 프로듀서 모리스 데커가 설립하고 탐사보도 기자 테운 반 데르 케우켄이 지지한 토니스 초코론리는, 둘이 제작한 시사 프로그램의 일환으로 출범한 브랜드다. 두 사람은 서아프리카 초콜릿 업계에서 계속되는 아동 착취와 노예 노동을 고발하는 프로그램을 제작했다.

최초의 토니스 초코론리 초콜릿 바는 이 시사 프로그램에서 노예 노동 없이 초콜릿 바를 만드는 일이 가능함을 입증하기 위해 생산되었다. 첫 생산분이 출시 1시간 만에 모두 팔리자 모리스 데커는 아예 회사를 차리기로 결정했다.

토니스 초코론리라는 브랜드명은 기자 '테운'의 영어식 이름인 '토니'와, '노예 노동 없는 초콜릿을 향한 외로운 여정'이라는 문구에서 '외로운(lonely)'이라는 단어와 '초콜릿'을 조합해 만들었다.

이 브랜드의 또 다른 특징은 색상이다. 이에 대해 모리스 데커는 이렇게 회상한다. "빨강이 순수한 초콜릿을 뜻하는 색상부호고, 파랑이 우유를 뜻하는 색상부호임을 내가 어떻게 알았겠습니까?

나는 초콜릿 산업에 무지했고, 빨강은 그저 소비자의 눈길을 끌기 위한 선택이었을 뿐입니다. 최초의 토니스 초코론리 밀크 초콜릿 바는 초콜릿 산업의 착취에 대한 소비자의 관심을 끌기 위한 붉은 깃발이었던 셈이죠."

각기 다른 크기로 쪼개지는 초콜릿 바 형태도 이러한 사고의 연장선상에서 나온 아이디어다. 불균등하게 쪼개지는 초콜릿 바는 이익이 불공평하게 배분되는 초콜릿 산업을 상징한다. 실제로 이 초콜릿 바의 디자인을 유심히 살펴보면, 초콜릿을 생산하는 서아프리카 국가들, 즉 코트디부아르, 가나, 토고, 베냉, 나이지리아, 카메룬의 국토 윤곽이 보인다. 토니스 초코론리의 목표는 고객이 초콜릿을 잠시 들여다보고, 초콜릿 공급 사슬 안에 존재하는 불평등을 상기하게 하는 것이다.

여전히 회사에는 고객들의 불만이 접수된다. 하지만 토니스 초코론리는 이를 고객에게 초콜릿 산업의 불평등을 설명할 기회로 삼기에, 초콜릿 바 디자인을 바꿀 생각이 없다.

여기서 교훈은, 제품 자체가 곧 브랜드가 될 수 있다는 사실이다. 당신의 제품이나 서비스는 과연 어떤 특별한 스토리를 고객들에게 말할 수 있을까?

폭스바겐은 왜 망가진 도로를 샀을까?

폭스바겐의 에라레시엔은 독일 도시 볼프스부르크에서 12.5마일 (약 20킬로미터) 떨어진 곳에 건설된 자동차 주행 성능 시험장이다. 전체 면적이 2718헥타르(약 27제곱킬로미터로 여의도 면적의 9배─옮긴이)에 달하고, 테스트 트랙 길이가 62마일(약 100킬로미터)이 넘는다.

이곳에는 5.5마일(약 8.85킬로미터) 길이의 직선 고속주행 트랙이 있다. 이 고속주행 트랙의 양쪽 끝은 기울어져 있어, 자동차가 고속으로 출발하고 최대 속도로 구간을 빠져나갈 수 있다. 2010년 7월 이곳에서 엔진 출력이 1200마력(890킬로와트)에 달하는 부가

티 베이론 슈퍼 스포트가 시속 267마일(시속 430킬로미터)로 달려, 세계에서 가장 빠른 양산차라는 기록을 세웠다.

이곳에는 자동차 서스펜션, 타이어, 조향 장치를 극한까지 시험하는 크로스컨트리 트랙도 있어, 새로운 4륜구동 차량의 성능을 완벽하게 검증할 수 있다. 전자제어 장치의 고장을 유발하거나 차체에 녹이 슬게 하는 침전물이 튀는 도로 환경을 차량이 얼마나 견딜 수 있는지 시험하는, 소금사막 같은 환경의 횡단 트랙도 있다. 테스트 드라이버들이 고속으로 차량 방향을 트는 시험을 하는 스키드팬(skid pan: 자동차 미끄러짐을 대비하는 운전 연습을 할 수 있도록 표면을 특수 처리한 도로-옮긴이)도 있다. 경사도가 32퍼센트에 달하고 알프스 산맥 도로처럼 심하게 꺾인 '산악' 트랙도 있다.

그뿐 아니라, 다양한 도시 도로 환경을 시험하는 트랙들도 있다. 그중 여기저기 움푹 파여 울퉁불퉁한, 볼프스부르크 근교 헤링겐 마을에서 흔히 볼 법한 트랙도 있는데, 이 트랙이 에라레시엔 자동차 성능 시험장에 들어선 연유가 재밌다.

과거 헤링겐 마을을 경유해 에라레시엔으로 출근하던 일부 근무자들이 헤링겐 주요 차도의 포장 상태가 얼마나 끔찍한지, 눈이 내려 빙판길이 되면 얼마나 도로 상태가 위험한지 투덜거리고 있었다. 이 대화를 지나가던 고위 임원이 우연히 듣게 되었고, 그는 정말로 도로 상태가 그토록 형편없는지 확인하기 위해 자동차를 타고 헤링겐 마을로 갔다. 직접 보니 정말로 도로 상태가 형편없었다. 그리고 이것이야말로 그가 바라던 도로였다!

폭스바겐은 이 형편없는 도로를 매입하고자 헤링겐 마을 의

회와 협상했다. 폭스바겐은 헤링겐 마을에 잘 포장된 아스팔트 도로를 건설해주고, 감사의 뜻으로 주민용 수영장도 건설했다.

폭스바겐은 이렇게 공들여 매입한 옛 도로를 통째로 에라레시엔으로 옮겨놓았다. 자갈돌 하나까지 모두 옮기고, 바퀴 자국과 웅덩이까지 똑같이 재현했다.

이때가 1967년인데, 이후 폭스바겐 측은 이 테스트 트랙을 세심히 보존해왔다. 폭스바겐은 최악의 도로 환경에서 차량을 검증해야 최고의 자동차를 생산할 수 있다고 믿기 때문이다.

여기서 교훈은, 브랜드의 품질을 극한까지 검증하는 노력이 보상받기 마련이라는 점이다. 당신은 브랜드를 검증하기 위해 어느 정도까지 노력할 의향이 있는가?

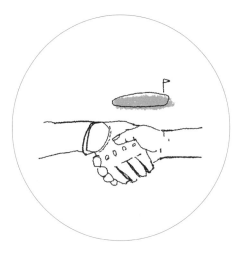

악수로 대신한 계약서, IMG

마크 매코맥은 불과 여섯 살 때 시카고 집 근처 거리를 건너다가 차에 치였다. 스포츠에 푹 빠져 있던 매코맥은 이때 두개골 골절상을 입었다. 이 불행한 교통사고가 촉발한 일련의 사건들이 매코맥의 인생뿐 아니라 스포츠와 엔터테인먼트 마케팅의 미래를 송두리째 바꾸었다.

　매코맥이 부상에서 회복할 무렵, 의사는 신체 접촉이 있는 운동을 하지 말라고 충고했다. 그래서 아버지 네드 매코맥은 아들에게 골프채를 사주고 골프를 치라고 격려했다.

　마크 매코맥은 곧 골프에 빠져들었다. 버지니아 주 윌리엄 앤

메리 대학 골프팀 선수로 활약했고, 아마추어 자격으로 1958년 US 오픈 대회에 출전했다.

매코맥은 대학 골프팀 선수로 활동하던 시절에 한 골프 선수를 만남으로써 인생이 바뀌었다. 그의 이름은 아널드 파머다. 아널드 파머는 웨이크 포레스트 대학을 졸업하고 프로 골프 선수로 데뷔했다. 마크 매코맥은 윌리엄 앤 메리 대학을 졸업한 뒤 예일대 로스쿨에 진학하고 클리블랜드 시에 위치한 로펌에 취직했다. 둘은 계속 연락하고 지내며 우정을 쌓았다.

1960년 어느 날, 마크 매코맥은 좋은 아이디어가 떠올랐다. 골프의 인기가 오르고 TV 스포츠 중계 시대가 개막함에 따라, 선수들의 가치가 오를 것이라 생각한 매코맥은 골프 선수들을 대리해 선수들의 소득을 극대화하는 직업이 유망하리라 예상했다.

매코맥은 아널드 파머를 만나 프로 골프 선수를 대리해서 개인 비즈니스 매니저 역할을 수행하는 회사에 관해 설명하며 자신의 아이디어를 피력했다. 매코맥은 파머에게 "나는 자네의 클리퍼드 로버츠가 되겠네"라고 말했다. (클리퍼드 로버츠는 아이젠하워 대통령의 최측근으로, 좋을 때나 나쁠 때나 항상 함께하는 조언자이자 후원자이자 친구이자 고문이었다. 아이젠하워 대통령은 마음 깊이 그를 신뢰했다.)

파머는 매코맥의 아이디어를 즉각 이해했다. 비즈니스 문제를 대신 처리해주는 믿을 만한 대리인이 있으면 자신은 골프에만 집중할 수 있을 터였다. 훗날 파머는 이렇게 회상했다. "매코맥이 계약서를 쓰자고 요구하자 내가 말했죠. '우리 사이에 그럴 거 없어. 그냥 악수하는 걸로 충분해. 그럼 나는 자네의 의뢰인이 되는 셈이네.' 그 친구는 순간 당황했지만 내 말대로 했지요."

아널드 파머의 자서전 『어느 골퍼의 삶』에는 이렇게 나와 있다. "우리 사이에는 계약서가 없었다. 내 말이 곧 계약서와 같고, 나는 내가 내뱉은 말을 무르지 않는다는 점을 마크가 알고 있었기 때문이다. 그리고 나도 그가 그러한 사람임을 알았다. 우리 둘 사이의 비즈니스 관계를 공식화하고자 법률용어로 작성된 계약서에 서명한 적이 없다는 소문은 사실이다."

이리하여 매코맥은 아널드 파머의 에이전트가 되었고, 이후 2년간 파머가 받은 스폰서 수입은 6000달러에서 50만 달러로 급증했다. 파머는 마스터스 대회를 우승했을 뿐 아니라 대통령들과 골프를 쳤고, 석유 회사 펜조일과 렌터카 업체 허츠의 광고 모델이 되었다. 파머는 골프계에서 (그리고 스포츠계 전체에) 전례 없는 커다란 성공을 거뒀다.

그러자 다른 선수들도 파머처럼 성공을 거두고 싶어 했다. 매코맥은 잭 니클라우스, 게리 플레이어와 에이전트 계약을 맺었다. 매코맥은 이 두 선수를 아널드 파머와 함께 '빅3'로 묶어 공격적으로 홍보했다.

매코맥이 설립한 스포츠 에이전시 회사, 인터내셔널 매니지먼트 그룹(IMG)은 급성장했고, 곧 다른 스포츠 종목의 고객을 확보했다. 로드 레이버, 비외른 보리, 지미 코너스 같은 유명 테니스 선수는 물론, 세계에서 가장 유명한 축구 선수 펠레도 고객이 되었다. 이후 테니스계의 피트 샘프러스, 골프계의 닉 팔도, 그레그 노먼, 타이거 우즈 등 여러 전설적 선수들이 IMG와 계약했다.

매코맥은 스포츠와 유명 선수, TV 방송을 결합하면 더 큰 가치를 창출할 수 있다고 믿었다. 그래서 만든 TV 방송 제작사, 트랜스 월드 인터내셔널(TWI)은 즉각적인 성공을 거뒀다. 이곳에서 만든 유명 TV 프로그램으로는 〈빅3 골프〉〈아메리칸 글래디에이터스〉〈배틀 오브 더 네트워크 스타스〉가 있으며, 영국 프로 축구 〈프리미어 리그〉, 서핑 리그 〈ASP 투어〉〈스트롱맨 대회〉를 홍보하는 TV 프로그램을 제작하기도 했다.

트랜스 월드 인터내셔널은 메이저 테니스 대회 윔블던, 메이저 골프 대회 브리티시 오픈, 프로 미식축구협회 NFL, 프로 야구 리그 MLB, 농구협회 NBA를 대리해 TV 방송국들과 중계권을 협상했다.

1990년 미국의 유명한 스포츠 전문지 〈스포츠 일러스트레이티드〉가 매코맥을 '스포츠계에서 가장 영향력 있는 사람'으로 꼽은 것은 놀라운 일이 아니었다.

2003년 매코맥이 사망한 뒤 〈비즈니스 에이지〉는 다음과 같이 그를 평가했다. "매코맥은 스포츠 비즈니스를 창안했다. 스포츠, 스폰서십, 텔레비전이라는 황금의 삼각지대에 거대한 부가 묻혀 있다는 사실을 최초로 인식한 인물이다."

그리고 이 거대한 부를 일군 작업은 단순한 악수로 시작되었다.

여기서 교훈은, 브랜드는 신뢰를 토대로 구축된다는 사실이다. 당신은 고객의 신뢰를 얻을 자격이 있음을 입증하고자 어떤 일들을 했는가?

갱스터가 반한 차, 포드 V8

클라이드 배로와 그의 연인, 보니 파커는 1932년부터 2년간 미국 중부 지역을 돌아다니며 악명 높은 강도 행각을 벌인 남녀 2인조 갱스터다. 그들은 탈주 과정에서 최소한 12곳의 은행을 털었고, 수많은 소형 상점과 시골 주유소를 습격했으며, 최소 9명의 경찰관과 다수의 민간인을 살해했다.

1932년부터 1934년 초까지 그들이 경찰을 뿌리치고 도주하는 데 성공한 비결로 사람들은 두 가지를 꼽는다. 하나는 클라이드의 운전 솜씨고, 또 하나는 클라이드가 운전한 차량이다.

클라이드가 선택한 도주 차량은 포드 V8였다. 이 차량은 클라이드와 보니에게 필요한 속도와 안락함을 제공했다. 포드 V8는 오버헤드 밸브 엔진을 장착한 덕분에, 엔진 힘이 약한 여러 경찰차들의 추격을 뿌리칠 수 있었다. 게다가 몇 년을 차에서 자면서 도주 생활을 이어나갔던 두 남녀에게 포드 V8의 안락한 승차감은 속도만큼이나 중요했다.

이 차량이 무척 마음에 든 클라이드는 1934년 4월 10일에 헨리 포드 사장에게 보내는 편지를 썼다.

4월 10일

오클라호마 주 털사 시에서
미시간 주 디트로이트 시의
헨리 포드 씨에게

친애하는 선생님,
제게 아직 숨이 붙어 있는 동안, 선생님이 만드신 차가 얼마나 훌륭한지 말씀드리고자 합니다. 저는 차를 고를 수 있는 상황에서는 늘 포드를 선택했습니다. 고장 없이 늘 신속히 달린다는 점에서 포드는 다른 모든 차량을 압도합니다. 저는 지금까지 불법적인 일들을 저질러왔지만, V8가 얼마나 훌륭한 차인지 말씀드리는 것이 선생님께 해가 되지는 않을 겁니다.

선생님께 경의를 표하며, 클라이드 챔피언 배로

이 편지는 1934년 4월 13일, 헨리 포드의 사무실에 배송되었다.

한 달 남짓 지난 5월 23일, 악명 높은 두 남녀는 루이지애나 주 비앙빌 패리시 카운티에 매복한 경찰과 마을 경찰들에게 100여 발의 총탄 세례를 받고 사망했다. 당시 클라이드와 보니가 타고 있던 차량 역시 다른 곳에서 훔친 포드 V8이었다.

클라이드가 보낸 편지는 현재 미시간 주 디어본 시에 위치한 헨리 포드 박물관에 전시되어 있다.

여기서 교훈은, 적절한 고객 피드백을 PR 기회로 활용하면 훨씬 큰 홍보 효과를 거둘 수 있다는 점이다. 당신은 고객의 긍정적 피드백을 어떤 식으로 더 활용할 수 있겠는가?

마릴린 먼로와 샤넬 넘버5

샤넬 넘버5를 세계적인 향수로 만드는 데 큰 역할을 한 마릴린 먼로
의 유명한 대사는 1952년 〈라이프〉 잡지 인터뷰에서 비롯되었다.
당시 26세였던 마릴린 먼로는 "무엇을 입고 자나요?"란 질문에 이
렇게 답했다. "샤넬 넘버5와 미소뿐이죠." (이때 먼로의 대답은 매체마
다 조금씩 다르게 전해진다. "무엇을 입고 자냐고요? 음, 물론 샤넬 넘버5죠."
혹은 "샤넬 넘버5 몇 방울만 입고 자요.")

　　1년 뒤인 1953년, 마릴린 먼로는 침대에 누워 〈모던 스크린〉
지에 실릴 사진을 찍었다. 당시 잡지에 실리지 않았지만, 이때 찍은
사진에는 앞에 인용된 마릴린 먼로의 대답이 사실임을 확인시켜주

듯 샤넬 넘버5 향수 병이 침대 옆 테이블에 놓여 있는 모습이 뚜렷이 담겨 있다.

이후 마릴린 먼로의 인터뷰 녹음 기록이 1983년에 발견되며 소문이 사실임이 입증되었다. 이 녹음 기록에는 1960년 〈마리 끌레르〉의 편집장이던 조르주 벨몽이 영화 〈사랑을 합시다〉에 관해 마릴린 먼로에게 질문하는 내용이 담겼다.

이 녹음 기록을 들어보면, 마릴린 먼로가 특유의 속삭이는 목소리로 이렇게 말한다. "아시다시피, 사람들은 제게 여러 질문을 던져요. 어느 날 이런 질문을 받았어요. '무엇을 입고 자나요? 파자마 상의? 파자마 하의? 아니면 나이트가운?' 그래서 제가 '샤넬 넘버5'라고 대답했어요. 그게 사실이니까요……. 전 '벗은 채로' 잔다고 말하고 싶지 않지만, 그게 진실이에요!"

이후 샤넬은 TV 광고에서 마릴린 먼로가 영화 시사회에 가거나 춤을 추거나 휴가를 보내는 다양한 영상과 함께 이 녹음 기록을 내보냈다.

여기서 교훈은, 명사 마케팅은 브랜드를 구축하는 강력한 도구가 될 수 있다는 점이다. 어떤 유명인이 어떻게 당신의 브랜드를 지지해주면 좋을까?

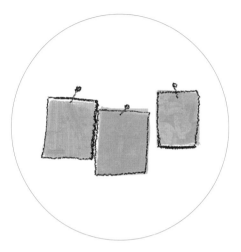

핀을 꽂아 관심을 공유하다, 핀터레스트

기업들의 기업 강령을 살펴보면, 자사 브랜드를 설명할 뿐 소비자에게 명확히 어떤 일을 하겠다고 약속하는 기업은 별로 없다. 하지만 핀터레스트는 여느 기업과 다르다.

핀터레스트의 기원은 2000년대 초 아이오와 주 디모인 시로 거슬러 올라간다. 벤 실버먼은 부모와 두 누나처럼 의사가 되겠다는 오랜 계획을 접었다. 그 대신 월트 디즈니 사의 조지 이스트먼 같은 기업가에게 영감을 받아 사업을 시작하기로 결정했다.

당시 그는 어느 회사의 IT 부서에서 일하고 있었다. 마침 그 회사에서 IT 부서 직원이 부족하다는 이유로 채용된 터였다. 스프레드시트 문서들과 씨름하는 단조로운 나날을 보내던 중 IT 전문 매체 〈테크크런치〉 기사를 읽게 되었다.

그는 그때의 기분을 2012년 알트 서밋 콘퍼런스 연설에서 이렇게 회고했다. "내가 인생을 걸고 일해야 할 분야를 기사 속에서 발견하니, 지금 내가 엉뚱한 곳에서 시간을 낭비하고 있다는 느낌이 들었습니다."

스티브 잡스와 빌 게이츠를 다룬 〈실리콘밸리의 해적들〉이라는 다큐멘터리를 시청하고 얼마 뒤, 그는 자신에게 영감을 줄 사람들과 가까워지기 위해서 삶의 터전을 서부로 옮겨야겠다고 마음먹었다.

벤 실버먼은 구글 고객지원 부서에 들어갔다. 이전 회사에 들어갔을 때보다 훨씬 들뜬 마음이었지만 이번 일자리도 이전과 그리 다르지 않았다. 업무 내용은 방대한 데이터를 분석하고 제품 디자인을 건의하는 것이었다. 여기서도 다수의 스프레드시트 문서를 준비해야 했다. 벤은 제품을 만들고 싶었지만 회사 측은 관심이 없어 보였다. 그래서 벤은 투덜대기 시작했다. 벤의 투정이 지겨워진 여자친구가 쏘아붙였다. "그만 툴툴대고 직접 해봐." 벤은 이때가 인생의 전환점이었다고 회상하며 그녀에게 늘 고마움을 느낀다고 했다. "엉뚱한 곳에서 허우적거리고 있을 때 얼른 빠져나오라고 조언해주는 사람이 곁에 있다면 정말 복 받은 인생이죠."

하지만 처음에는 타이밍을 잘못 선택한 듯 보였다. "1주일 뒤 경제위기가 닥쳤어요." 벤과 함께 사업을 시작하기로 약속한 회사 친구들은 구글에 남아 있는 편이 낫겠다고 생각했다.

이에 벤은 뉴욕에 거주 중이던 대학교 친구 폴 시아라와 손잡고 휴대전화 쇼핑 카탈로그 앱, 토트를 만들었다.

제품 콘셉트는 여러모로 혁신적이었지만 어려움도 많았다. "모든 일이 정말 안 풀렸어요. 돈이 들어오지 않았죠. 당시는 스마트폰 앱의 초창기라 앱 승인 절차가 몇 달이나 걸렸으니까요"라고 벤은 회상했다.

그러다 운이 좋게도 한 투자자가 투자하겠다고 나섰다. 벤은 이 기회를 더 살리고자, 전에 투자를 거부했던 투자자들에게 다시 연락했다. "이번이 좋은 투자 기회입니다. 놓치시면 후회하실 겁니다." 설득이 통해 벤의 회사는 더 많은 투자를 받아냈다.

토트가 어느 정도 성과를 거두는 동안 벤과 폴은 또 다른 사업 아이디어를 구상했다. "저는 어떤 물건을 수집하느냐가 그 사람이 어떤 사람인지 말해준다고 늘 생각했어요." 벤은 어릴 적 수집한 곤충들이 자신의 '핀터레스트 1.0'이었던 셈이라고 설명한다.

뉴욕을 방문하는 동안에 한 친구의 친구인 에반 샤프를 만났다. 둘은 핀터레스트의 개념에 관해 얘기를 나눴다. "그는 제가 말하는 내용을 이해하는 유일한 인물 같았어요." 벤은 에반에게 동업을 제안했고, 현재 에반은 핀터레스트의 세 번째 공동창업자로 대우받는다. (핀터레스트란 벽에 물건을 고정할 때 쓰는 핀과 관심사를 뜻하는 인터레스트의 합성어로, 온라인에서 관심 있는 이미지를 핀으로 콕 집어 포스팅하고, 이를 페이스북 등 다른 소셜 네트워크 사이트와 연계해 지인들과 공유하는 사이트다.−옮긴이)

핀터레스트 사이트에 최초의 '핀'이 꽂힌 시점은 2010년 1월이다. 벤이 여자친구에게 사주려고 생각 중이던 밸런타인데이 선물 사진을 올린 것이 출발점이었다.

벤은 캘리포니아 주에 거주하는 모든 친구들에게 핀터레스트에 관한 모든 세부 내용을 알려줬지만, 친구들이 보인 반응은 벤의 기대와 달랐다. "사실, 아무도 제 생각에 동의하지 않았죠."

벤의 회상과는 달리 핀터레스트 사용자 수는 꾸준히 늘었다. 초창기에는 주로 디모인 시 거주자들이 이 사이트를 이용했다. "엄마가 병원에 찾아온 모든 환자들에게 핀터레스트를 사용해보라고 권한 게 아닌지 의심이 가요."

2010년 5월, 빅토리아라는 이름의 여성이 '핀 잇 포워드'라는 놀이를 시작했다. 핀 잇 포워드는 본인이 생각하는 집의 의미에 관한 사진들을 모아놓은 핀보드를 다른 사용자들과 교환하도록 유도하는 일종의 연쇄 편지 놀이였다. 이것은 핀터레스트 성장의 티핑 포인트가 되었다.

벤, 폴, 에반이 예상치 못한 방식으로 핀터레스트를 사용하는 사람들이 갑자기 급증했다. 창업자들이 예상치 못한 초창기 핀보드 중 하나는 '스타워즈에 나오는 데스스타처럼 생긴 것들'이라는 제목의 보드로, 낡은 찻주전자, 펑퍼짐한 치마 등 어느 정도 둥근 형태를 띤 온갖 물건의 사진들을 모아놓은 것이었다.

현재 핀터레스트의 커뮤니티 관리자인 빅토리아는 최초의 핀터레스트 정기모임을 조직했고, 훗날 벤은 이때가 '마침내 사업이 궤도에 올랐다는 생각이 든 순간'이었다고 회상한다.

실제로 그 후 핀터레스트는 성장가도를 달렸고, 브랜드는 날로 인지도를 높여갔다.

핀터레스트 웹사이트가 출범하고 9개월이 지난 시점에 사용자 수는 1만 명을 돌파했다. 2011년 3월 초, 아이폰용 핀터레스트 앱이 출시되자 신규 사용자 수가 예상보다 급증했고, 2011년 8월 16일 〈타임〉지는 '2011년 최고의 웹사이트 50선' 중 하나로 핀터레스트를 선정했다.

온라인 리서치 업체인 엑스페리언 히트와이즈에 따르면, 핀터레스트는 2012년 3월 기준으로 페이스북, 트위터에 이어 미국에서 세 번째로 큰 소셜 네트워크 사이트가 되었다.

핀터레스트는 "이용자의 인생에서 가장 중요한 프로젝트들을 계획하는 장소"라고 자사를 홍보하지만, 이 브랜드의 임무는 "이용자가 온라인에 머물지 않고 오프라인으로 나가도록 유도하는 것이다. 밖에 나가 원하는 일을 하도록 핀터레스트가 북돋아야 한다"는 것이다.

여기서 교훈은, 최고의 브랜드를 만드는 기업은 자사 브랜드가 이용자의 삶에서 극히 일부분일 뿐이라는 점을 인지한다는 사실이다. 당신은 고객의 충성도를 과대평가하지 않으리라 어떻게 자신하는가?

재능 발휘를 고취하는 티셔츠, 스레들리스

"스레들리스는 사업할 의도로 시작한 일이 전혀 아니었어요. 제이콥 데하트와 내게 스레들리스는 처음에 그저 취미 활동이었고, 디자이너 친구들을 위한 놀이터였어요." 스레들리스 공동창업자 제이크 니켈은 스레들리스 브랜드의 탄생과 성장 과정을 설명한 본인 책에서 이렇게 말했다.

　스레들리스의 기원은 드림리스 포럼(dreamless.org)에서 주최한 경연대회-2000년 11월 런던에서 열리는 '뉴미디어 언더그라운드 페스티벌'을 기념하는 티셔츠를 디자인하는 경연대회-에서 제이크 니켈이 우승한 2000년도로 거슬러 올라간다.

제이크의 우승작은 실제 티셔츠로 제작되지 않았고, 대회 우승 상금도 없었다. 하지만 제이크는 보상으로 아이디어를 얻었다. 그는 "사람들이 언제든 티셔츠 디자인을 제출하도록 계속 경연대회를 열고, 최고의 디자인을 뽑아 티셔츠로 제작하면 재밌겠다"라는 생각을 했다.

제이크에게 연락받은 친구 제이콥은 이 아이디어를 마음에 들어 했다. 1시간 뒤에 제이크와 제이콥이 드림리스 포럼 게시판에 경연 참가자를 모집하는 글을 올림으로써 스레들리스의 역사가 시작되었다.

100개에 달하는 디자인 시안이 도착했고, 제이크와 제이콥은 이 중 다섯 작품을 선정했다. 그리고 선정된 이들에게 티셔츠 24벌 프린팅 비용과 사업 시작에 드는 법무 비용까지 합쳐 500달러씩 지원하는 한편, 이 티셔츠들을 판매할 웹사이트도 만들었다. 티셔츠 프린팅 일은 마침 인쇄소 일을 하고 있던 제이콥의 이모가 맡았다.

그들은 티셔츠 가격을 12달러로 책정했고, 티셔츠는 순식간에 모두 팔렸다. 그들은 처음으로 성공을 거뒀을 뿐 아니라 약간의 돈도 벌었다. 티셔츠를 12달러씩 24벌을 팔면 매출액이 1440달러인데 제작에 들어간 비용 1000달러를 제외해도 440달러의 이윤이 남은 것이다!

하지만 그들은 이윤을 모두 스레들리스 사업에 재투자하기로 결정했다. 초기에는 계속 그렇게 했다고 제이크는 말했다. "처음 2년간은 티셔츠를 팔아서 번 돈을 더 많은 디자인 응모작을 프린팅하는 데 전부 쏟았어요. 우리는 봉급을 받지도 않았고, 판매액의 일부를 챙기지도 않았죠."

그 대신 그들은 본인들의 철학을 유지하면서, 커뮤니티를 구축하는 일에 시간을 쏟았다. 스레들리스의 콘테스트 뉴스를 가능한 한 모든 디자인 웹사이트에 올렸고, 자신들이 우승작을 선정하는 대신 소비자 투표로 우승작을 뽑기로 했다. 처음에는 두 달에 한 번씩 디자인 시안을 선정해 티셔츠를 제작했으나, 점점 빈도수가 높아졌다.

이때까지만 해도 스레들리스는 여전히 취미 활동에 속했고, 제이크와 제이콥은 생계를 위해 다른 웹 개발 일을 계속 해야 했다. 하지만 스레들리스는 급성장해 2002년 커뮤니티 회원이 1만 명을 넘었고, 매출액이 10만 달러에 달했다. 2004년 매출액이 150만 달러에 이르고, 매주 새로운 디자인으로 티셔츠를 인쇄함에 따라, 제이크와 제이콥은 웹 개발자를 관두고 스레들리스 브랜드에 집중하기로 결정했다.

사업 규모는 650만 달러로 커졌지만 커뮤니티에 집중하는 사업 정신은 이어져나갔다. "스레들리스는 사람들이 모인 커뮤니티가 우선이고, 티셔츠 매장이 그다음입니다. 우리가 한 일 중 가장 잘한 일은 스레들리스 커뮤니티를 신뢰한 것이죠. 우리는 커뮤니티 회원들에게 끊임없이 조언을 구하고, 우리가 귀 기울이고 있음을 보여주고, 커뮤니티 의견에 따라 세부 내용을 바꿉니다. 그리고 우리도 커뮤니티 회원이 되고자 헌신합니다"라고 제이크는 말했다.

제이크는 전문경영인을 뽑고 CEO직에서 물러난 뒤에도 최고 커뮤니티 책임자인 COO직을 유지했다. 마케팅 컨설턴트 제이베어와의 인터뷰에서 제이크는 이러한 헌신의 지속이 얼마나 중요한지, 그리고 어떻게 계속 커뮤니티에 헌신하는지에 대해 설명했다.

"나는 이러한 문화를 만든 가치들이 스레들리스의 성공에 매우 중요하다고 생각합니다. 그렇기에 지금은 새로운 회원들이 들어오면 스레들리스가 어떤 곳인지 명확히 알리는 데 주력해요. 우리는 '재능을 발휘하도록 영감을 불어 넣는다'는 기업 강령을 내걸고, 모든 직원이 이에 헌신하도록 유도하는 여러 가지 장치를 만들었어요. 이를테면 직원들을 북돋우려 매달 파티를 열고, 직원들이 하고 싶은 대로 마음대로 작업할 수 있는 날들을 정하고, 모든 직원이 다른 직원에게 보너스를 지급할 수 있도록 권한을 줬죠. 이밖에도 다양한 제도를 운용하고 있습니다."

제이크와 제이콥의 원래 의도대로 스레들리스는 여전히 '재능 놀이터'인 것처럼 보인다.

여기서 교훈은, 최고의 브랜드는 고객을 확보하는 데 그치지 않고 커뮤니티를 구축한다는 점이다. 당신의 브랜드는 커뮤니티 구축을 위해 어떤 노력을 기울이고 있는가?

디즈니의 경영 악화 대비법

디즈니 글로벌 사업 부문 사장, 앤디 버드는 디즈니 브랜드 탄생 이후 줄곧 스토리텔링이 브랜드의 핵심이라고 말한다. "스토리텔링은 우리 회사를 지지하는 기반이자 우리가 가장 많은 에너지를 투입하는 부분입니다."

하지만 디즈니는 이야기를 단지 전달할 뿐 아니라 이야기들로 구성된 기업이다. 심지어 디즈니의 건물들조차도 이야기로 얽혀 있다.

예를 들어 로스앤젤레스에 위치한, 예쁘게 칠해진 3층짜리 디즈니 애니메이션 스튜디오 건물의 복도는 〈미키마우스〉와 〈피노키오)의 러프스케치부터 컴퓨터그래픽으로 제작한 〈라이온킹〉과 〈겨울왕국〉 장면들까지 온갖 그림들로 덮여 있다.

월트 디즈니와 형 로이 디즈니는 1937년 개봉한 영화 〈백설공주〉로 번 돈을 이 건물을 짓는 데 사용했다. 하지만 이러한 결정에는 위험요소가 많았다. 그렇기 때문에 미래의 잠재적 가능성을 고려한 두 형제는 병원 침대가 쉽게 이동할 수 있게 복도를 넓게 만들어야 한다고 고집했다.

왜 난데없이 애니메이션 스튜디오에서 병원 침대의 이동성을 고려했을까?

"로이는 회사 경영 상태가 악화되어 인근 병원에 건물을 매각해야 할 경우를 늘 염두에 뒀지요." 앤디 버드의 설명이다.

여기서 교훈은, 최고의 브랜드는 항상 플랜B를 준비한다는 점이다. 당신은 애초 계획이 실패할 경우를 대비해 어떤 대안을 짜놓았는가?

꿈의 직장을 제시한 존 루이스 파트너십

매년 봄이면 영국의 모든 존 루이스 매장에서는 특별한 행사가 열린다. 모든 파트너들이 사무실에 있든 창고에 있든, 하던 일을 멈추고 매장에 모인다. (존 루이스에서는 직원들을 파트너라고 부른다.) 그들은 한 동료가 봉투를 여는 모습을 지켜본다. 봉투 속에는 숫자가 적힌 종이가 들어 있다. 그 해에 모든 직원이 받을 연간 보너스가 기본급 대비 몇 퍼센트인지 나타내는 숫자다. 당연히 이 행사는 거의 언제나 자축하는 분위기에서 진행된다.

회사 이익 일부를 모든 직원이 나눠받는 이 행사는 창업자 존 루이스의 장남 스페던 루이스가 시작했다.

존 루이스는 1836년 영국 남서부 서머싯 주에서 태어났고, 일곱 살 때 고아가 되어, 이모 앤 스피드의 집에서 자랐다. 그는 1864년 런던 옥스퍼드 스트리트 132번지에 존 루이스 앤 코라는 작은 포목상을 열었다. 이 가게는 부지를 확장할 정도로 장사가 잘되었고, 1980년대에 백화점으로 재건축되었다.

그사이 존 루이스는 결혼했고, 1885년도에 태어난 장남에게 이모를 기리는 의미에서 스페던이라는 이름을 지어줬다. 스페던 루이스는 19세 때 매장에서 일하기 시작했고, 21세 때 사업 지분 25퍼센트를 생일 선물로 받았다.

이때 스페던은 본인과 남동생, 그리고 아버지가 받는 돈이 다른 모든 직원의 봉급을 합한 것보다 많다는 사실을 알게 되었다. 그리고 그는 이 사실이 매우 불편했다.

1909년, 말을 타다 큰 사고를 당해 거의 2년간 일하지 못하게 된 스페던은 부상에서 회복하는 기간에 직원들 간의 불평등을 명확히 고찰하고 사업을 혁명적으로 바꿀 계획을 구상했다. 그는 직원 만족도와 사회에 제공하는 양질의 서비스를 사업의 성공 척도로 삼는다는 비전을 가지게 되었다.

업무에 복귀해 슬론 스퀘어에 신규 개업한 피터 존스 매장을 맡게 된 스페던은 비전을 현실로 바꾸기 시작했다. 그는 영업시간을 단축하고 노사위원회를 만들고 유급휴가를 늘렸다. 그는 매장이 직원들에게 생계수단일 뿐 아니라 애착의 장소가 되길 원했다. 스페던의 아이디어들은 아버지와 충돌을 일으켰지만, 백화점 이익 증가라는 결과로 효과를 입증했다.

1928년 아버지가 사망하자 스페던은 옥스퍼드 스트리트 본점 경영권도 인수했다. 1929년 스페던은 존 루이스 파트너십을 공식적으로 결성해 직원들에게 이익을 분배하기 시작했다.

스페던은 직원들이 회사를 소유하는 협동조합으로 전환하는 작업을 1950년도에 완결했다.

스페던 루이스는 1955년 회장직에서 사임했지만, 그의 비전은 오늘날까지도 이어지고 있다. (현재 존 루이스 파트너십은 약 8만 9000명의 직원이 근무하는, 영국에서 가장 존경 받는 백화점·슈퍼마켓 기업이다. 2010년대 초 영국 경제가 위기에 봉착하자 영국 언론과 주요 정치인들에게 대안적 기업 모델로서 주목 받았다.-옮긴이)

여기서 교훈은, 최고의 브랜드는 주주 가치 외의 가치도 달성하려 노력한다는 점이다. 당신의 브랜드는 어떤 비전을 지녔는가?

더 많은 승객에게 초콜릿 디저트를 먹이는 법,
버진 애틀랜틱 항공

1980년대 초, 리처드 브랜슨은 버진 레코드를 성공으로 이끈 인물로 유명했다. 그는 기존 음반사들에게 퇴짜 맞은 음악가 마이크 올드필드와 계약해 1973년도에 〈터뷸러 벨스〉 음반을 발매했다. 이 음반이 거둔 세계적 성공은 버진 레코드의 토대가 되었다. 이후 버진 레코드는 섹스 피스톨스, 롤링 스톤스 같은 유명 음악가들과 계약했다.

1984년 리처드 브랜슨은 항공 산업으로 진출해, 가격 대비 우수한 서비스를 제공하는 고품질 항공사 영업을 3개월 안에 시작하겠다고 발표해 동료 이사들을 아연실색하게 했다.

버진은 오랜 타성에 젖은 항공업계에 비즈니스 클래스 승객들을 위한 일련의 혁신적 조치를 도입하며 밝고 신선하고 대담한 분위기를 몰고 왔다.

1992년 리처드 브랜슨은 더 많은 혁신과 서비스 개선을 위해, 버진 뮤직을 EMI에 매각하고 받은 돈을 버진 애틀랜틱 항공에 투자했다. 버진은 항공업계를 뒤흔들고 많은 이의 마음을 사로잡으며 관심을 끌었다.

버진 애틀랜틱 항공은 2002년 창립 18주년을 맞았다. 이는 축하할 일이었지만 동시에 걱정스러운 일이기도 했다. 과연 버진 애틀랜틱이 세월의 흐름에 따라 그들의 상징이던 당돌함과 강점을 잃지 않을 수 있을까?

그래서 직원들이 버진 애틀랜틱의 기업 정신을 어떻게 실천하고 있는지 파악하고자 마케팅팀이 현장을 찾았다. 직원들에게 여러 유익한 이야기를 들었지만 가장 흥미로운 이야기는 초콜릿 디저트를 둘러싼 경쟁에 관한 일화였다.

런던 히스로 공항에서 뉴욕 JFK 국제공항까지 이동하는 항공기에서 야간근무를 하는 수지(가명)는 동료 스튜어디스 애니(가명)와 가벼운 내기를 했다. 둘 중 '누가 더 많은 승객에게 초콜릿 디저트를 서비스하느냐'였다.

두 스튜어디스가 초콜릿 디저트를 담은 카트를 끌고 복도로 나서기 직전, 수지는 초콜릿 디저트를 찔러 손가락에 초콜릿을 묻히고 오른쪽 뺨과 입술에 문질렀다.

뺨과 입술에 초콜릿 자국을 남겨둔 채, 수지는 첫 번째 남자 승객에게 접근해 상냥하게 말을 걸었다. "디저트 좀 드실래요?" 남자 승객이 고개를 들자 수지가 약간 유혹하는 느낌이 섞인 목소리로 덧붙였다. "저는 개인적으로 초콜릿을 추천해요."

승객은 당초 하려던 말을 잊어버리고 초콜릿 디저트를 달라고 말했다. 그다음 승객도, 그다음 승객도 마찬가지였다. 결국 수지는 카트에 담긴 모든 초콜릿 디저트를 승객에게 제공했다.

반면 애니의 카트에는 초콜릿 디저트 절반이 남아 있었다. 애니의 완패였다.

여기서 교훈은, 최고의 브랜드는 자사의 핵심 신념을 굳게 고수한다는 점이다. 당신의 브랜드가 고수하는 원칙은 무엇인가? 기업이 돈을 투자하지 않는다면 그것은 기업이 진정으로 고수하는 원칙이 아니다.

● 2년 뒤, 수지의 일화를 들은 한 컨설턴트가 브리티시 항공의 의뢰를 받고 인사팀을 만났다. 그는 브리티시 항공 스튜어디스가 일부러 초콜릿 디저트 자국을 얼굴에 묻히고서는 승객에게 디저트를 상냥하게 권할 경우 어떻게 하겠는지 물었다. 그러자 인사팀은 "그런 직원은 징계 처분을 받고 해고당할 수도 있죠"라고 대답했다. 이는 두 브랜드 모두 규정이 잘 정리되어 있고, 서로 상당히 차별화되어 있다는 사실을 보여준다.

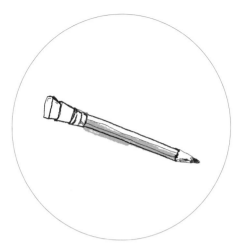

브랜드는 사업보다 위대하다, 블랙윙

브랜드는 훌륭한데 사업은 위태로운 경우가 존재할까? 오늘날에
는 사업이 브랜드고, 브랜드가 곧 사업이라는 말이 많지만, 나는 둘
이 정확히 같은 개념은 아니라고 생각한다. 내가 볼 때 브랜드와
사업은, 조직체의 음과 양이다. 블랙윙 602 연필이 둘의 차이를 극
명히 보여준다.

　대공황 시기에 에버하드 파버 사가 출시한 블랙윙 602는 진
한 회색 라커로 칠해진 표면에 금박으로 로고가 새겨져 있고, 길쭉
한 금속 보호대로 둘러싸인 지우개가 한쪽 끝에 달려 있어 다른 연
필들과 확연히 구분되었다.

그러나 이 제품을 여타 제품과 차별화한 요인은 겉모습이 아니라 성능이었다. 블랙윙 602의 연필심은 매우 매끈하고 부드러우면서도 내구성이 뛰어난 흑연으로 만들었기에, 에버하드 파버 사는 "손에 힘을 절반만 줘도 필기 속도는 두 배"라고 광고했다.

한 자루에 50센트였던 블랙윙 602는 소비자들의 열렬한 지지와 컬트적인 인기를 얻었다. 블랙윙 602가 고객으로 확보한 명사들의 목록을 보면 어느 브랜드 부럽지 않을 정도였다. 노벨문학상 수상 작가, 아카데미상 수상 애니메이터, 그래미상 수상 작곡가 등이 블랙윙 602를 애용한다고 밝혔다.

존 스타인벡은 〈파리 리뷰〉에서 본인의 작업 습관을 설명하던 도중에 블랙윙 602에 대한 애정을 토로했다. "나는 새 연필 제품을 발견했습니다. 지금껏 써본 것 중 최고입니다. 가격은 다른 제품의 세 배나 되지만, 심이 진하고 부드러우면서도 부러지지 않더군요. 나는 앞으로 늘 이 제품만 쓸 겁니다. 이름은 블랙윙이라고 하는데 정말로 종이 위에서 미끄러지듯 글씨가 잘 써집니다."

벅스 버니를 비롯한 루니 툰스 캐릭터들을 창조한 전설적 애니메이터 척 존스는 미국 토크쇼 진행자 찰리 로즈와의 인터뷰 중 어떤 '펜'으로 작업하느냐는 질문을 받았다. 척 존스는 정중하게 질문을 정정한 다음 이렇게 덧붙였다. "펜은 잉크로 가득 찼죠. 블랙윙 연필은 아이디어로 가득 찼어요."

유명인들과 수많은 일반인의 지지에도 불구하고, 블랙윙은 1998년도에 생산이 중단되었다. 특이한 외양이 발목을 잡았다. 연필 끝에 달린 지우개 부분이 문제였다. 이 지우개의 길쭉한 금속 보호대는 주문 제작한 기계로만 생산 가능했다. 1994년 에버하드 파버 사가 팔려 파버 카스텔 사의 일부가 된 뒤에 설비를 점검해보니, 이 금속 보호대를 만드는 기계가 고장 난 상태였다. 하지만 금속 보호대 재고가 충분했기에 블랙윙 602 생산은 1998년까지 계속되었다. 그러다 재고가 바닥나자 파버 카스텔 사는 수익성 문제를 이유로 블랙윙 단종을 발표했다.

그러자 대중은 격렬한 반응을 보였고, 시중에 유통되던 블랙윙 602는 사재기하는 사람들로 인해 곧 자취를 감췄다. 이베이 사이트에서 블랙윙 602가 경매로 나왔고, 블랙윙 602를 구매할 테니 판매할 사람은 연락해달라는 광고가 신문에 올라옴에 따라, 가격이 한 자루에 55달러로 치솟았다.

팬들은 대안을 찾기 시작했고, 팔로미노 사의 프리미엄 연필 제품군이 블랙윙과 비슷하다고 느꼈다. 팔로미노 사는 아이콘이 된 브랜드, 블랙윙과 블랙윙의 유서 깊은 독특한 디자인을 부활시켜 달라는 요청을 받았다.

다행히도 팔로미노 사를 설립한 CEO 찰스 베롤차이머는 19세기 중반부터 연필 산업에 종사한 가문 출신이었고, 그는 그의 인맥을 활용해 블랙윙 연필 재출시 허가를 받아냈다. 팔로미노 사는 열렬한 추종자, 작가, 일상적인 사용자들을 위해 옛날과 똑같은 블랙윙 연필도 출시하고, 예술가용으로 약간 더 부드러운 흑연을 사용한 블랙윙 연필도 출시했다. 팔로미노 블랙윙 602 가격은 12자루에 20달러 정도다.

이 이야기의 교훈은 브랜드가 사업보다 위대하다는 사실이다.

당신은 사업상의 문제에 직면했을 때 브랜드 자산을 유지하기 위해 어떤 일을 할 수 있는가?

감정을 자극한 버즈아이

최고의 브랜드는 고객의 이성에만 호소하지 않고, 감정적 반응을 불러일으킨다.

　버즈아이 비프 버거에 딸려 나오던 보잘것없는 피시 핑거(손가락처럼 길쭉한 생선 튀김-옮긴이)가 간편식으로 출시되는 어색한 시기를 거쳐, 급기야 명사 부부의 이혼을 유발할 줄 누가 상상이나 했을까?

　1970년대 영국에서는 메리의 짝사랑을 받는 소년 벤이 버즈아이 비프 버거에만 관심을 쏟는 내용의 TV 광고가 인기를 끌었다. 이 광고 덕분에 버즈아이는 영국인들의 기억에 오래 남았다.

(아직 보지 못한 분은 유튜브에서 확인해보기 바란다. http://www.youtube.com/watch?v=PGElZYKed88)

1990년대 영국에서는 스티브의 집을 방문한 친구 션이 버즈 아이 카레를 먹으려다가, 출근 준비를 하는 스티브의 엄마에게 한눈을 파는 내용의 광고가 유명했다. 이 광고는 션이 약간 당황하며 스티브에게 이렇게 말하는 장면으로 끝난다. "나는 네 엄마를 좋아하는 것 같아." (본 적이 없는 분은 유튜브에서 확인해보기 바란다. 30초가 금방 지나갈 것이다. http://www.youtube.com/watch?v=c4wAP8Xp63U)

피시 핑거는 각본가 피터 모건과 릴라 슈바르젠베르크의 이혼에도 약간 영향을 끼친 듯 보인다. 영화 〈더 퀸〉 〈라스트 킹〉 〈프로스트 vs 닉슨〉의 각본가 피터 모건은 오스트리아 빈에서 태어난 정치인 가문의 릴라 슈바르젠베르크와 1997년에 결혼했다. 이 명사 부부 사이에는 5명의 자녀가 있었고, 그들은 빈과 런던을 오가며 생활했다.

이혼 후 릴라는 한 유명 미국 잡지에 기고한 일련의 칼럼들에서 결혼 생활의 우여곡절과 이혼을 결심하게 된 계기들을 털어놓았다. "남편은 자기 접시에 담긴 피시 핑거 수로 우리 부부관계가 어떤지 가늠할 수 있다는 말을 자주 했지요. 나는 남편의 식사에 그리 신경을 쓰지 못했어요. 아이들이 먹다 남긴 음식을 남편에게 주곤 했죠. (음식 상태가 어땠을지 생각해보세요.) 한번은 남편이 나를 쨰려보며 말하더군요. '난 다섯 살짜리 어린애도 아니고, 빌어먹을 펭귄도 아니야.' 남편은 테이블을 박차고 일어나 제대로 된 식사를 하려고 밖으로 나갔어요."

여기서 교훈은, 상대방의 감정에 주의를 기울이라는 점이다. 상대방이 어떤 감정적 반응을 보일지 모르니까. 당신의 브랜드가 어떤 감정적 반응을 불러일으키길 원하는가?

통찰력 깡패 레블론

"이봐, 꼬마들. 나는 깡패처럼 이 기업을 건설했어, 깡패처럼 경영했고. 나는 언제나 깡패처럼 행동할 테니까 날 바꾸려 들지 마."

찰스 레브슨이 동료 임원들에게 한 말이다.

근면하고 열정적이고 경쟁심이 강한 기업 중역인 레브슨은 언젠가 이런 말도 했다. "나는 나와 경쟁할 적수를 만나지 않습니다. 적수를 파괴하죠."

이러한 찰스 레브슨은 50년에 걸쳐 세계 유수의 화장품 브랜드들을 만들고 관리한 선구적인 경영자로 화장품 업계에서 유명하다.

화장품 회사 엘카에서 일하던 그는 전국 유통망 관리직을 탐

냈으나 승진이 좌절되자 회사를 그만두고 직접 창업하기로 결심했다. 그는 그의 형 조셉 레브슨, 화학자 찰스 래치먼과 동업해 염료 대신 착색제를 사용한, 이전에 볼 수 없던 매력적이고 다양한 불투명 색상의 네일 에나멜을 제조하는 공정을 개발했다. 일설에 따르면, 진홍색 립스틱을 바르고 담배 피우는 1930년대 할리우드 여배우들을 보고선 붉은 입술과 어울리게 손톱도 붉게 칠하고 싶은 수요층이 있으리라 예상해 개발한 것이라고 한다.

찰스 래치먼은 자신이 가진 화학 기술로 화장품 제조에 기여했다. 그의 공로를 기리는 의미에서, 그들이 세운 화장품 회사 이름은 레브슨(Revson)의 's' 대신 래치먼(Lachman)의 'l'을 넣어 레블론(Revlon)으로 정해졌다.

처음에는 찰스 레브슨이 수석 세일즈맨으로 레블론 사의 매니큐어 화장품을 미용실에 판매하는 일을 맡았다. 그는 자사 제품을 손톱에 바르면 어떤 색깔이 나오는지 보여주고자 본인 손톱에 매니큐어를 발랐고, 미국 어디든 제품을 홍보할 기회만 있으면 기차를 타고 달려갔다고 한다.

1937년 레블론은 백화점과 약국에서 제품 판매를 시작했다. 레블론에게 이것은 아직 시작일 뿐이었다. 1940년 레블론은 다양한 매니큐어 제품과 더불어 립스틱도 판매했고, 수백만 달러 규모의 기업으로 성장했다. 레블론의 확장은 여기서 멈추지 않았다. 향수 시장에도 진출해 큰 성공을 거뒀다.

레블론은 브랜드 구축에 계속 투자했다. 1950년대 중반에 퀴즈 쇼 〈6만 4000달러짜리 질문〉을 후원했는데, 이 TV 프로그램이 큰 인기를 끌어 레블론 매출액도 덩달아 껑충 뛰었다고 한다. 하지만 레블론과 해당 TV 프로그램의 관계에도 어두운 면은 있었다. 찰스 레브슨과 레블론의 2인자 조셉 레브슨은 퀴즈 쇼 참가자들이 계속 문제를 맞혀서 시청률이 오르도록 문제 난이도를 조절할 것을 담당 PD에게 요구해 훗날 퀴즈 쇼 스캔들이라는 추문을 남겼다.

또한 찰스 레브슨의 완벽주의적 성향 때문에 여러 동료들과 동업자들이 견디지 못하고 나갔다는 이야기도 있다.

하지만 오늘날 찰스 레브슨은 예리한 직관과 통찰력을 지닌 유능한 마케팅 전문가로서 기억된다. 다음은 그가 남긴 명언이다. "우리는 공장에서 화장품을 만들지만, 우리가 가게에서 파는 것은 희망이다."

이는 제품의 기능적 특성과 브랜드의 감정적 호소 간의 차이를 잘 보여주는 말이다.

여기서 교훈은, 제품과 브랜드는 엄연히 매우 다르다는 사실이다. 당신이 정말로 파는 것은 무엇인가?

1. 크리스티앙 루부탱은 초기에 디자인한 구두 밑창에 빨간색 레블론 매니큐어를 발랐다고 전해진다. 이 빨간 밑창 구두는 너무도 큰 성공을 거둬, 오랫동안 크리스티앙 루부탱을 상징하는 제품으로 남았다.

2. 레브슨은 냉정한 사업가이기만 한 것은 아니었다. 1956년 찰스 레브슨 재단을 설립해 생전에 1000만 달러 넘게 기부했다. 재단은 주로 뉴욕에 위치한 유대인 공동체에 봉사하는 단체, 학교, 병원을 지원했다. 레브슨은 임종할 때 6800만 달러의 유산을 재단에 기부하고, 이사회에 재단 운영권

을 위임했다. 재단은 1978년에 공식적인 보조금 지급 과정을 시작해, 지금까지 1억 4500만 달러에 달하는 보조금을 지급했다. 6800만 달러였던 재단 재산은 1억 4100만 달러로 늘었다.

기원

ORIGINS

브랜드는 어디서 왔을까? 브랜드는 언제 창조되었을까? 브랜드는 왜 창조되었을까?

브랜드의 유래는 아마도 브랜드 이야기의 가장 풍부한 원천이다. 수많은 브랜드들이 저마다 각양각색의 연유로 창조되었기 때문이다.
마케팅 전문가들은 소비자의 필요를 충족하기 위해 브랜드가 창조되었다고 이야기하고, 실제로 일부 브랜드들은 그렇다. 하지만 개인의 비전에서 출발한 브랜드도 있고, 먹고살려고 만든 브랜드도 있고, 브랜드 소유자가 직면한 특정 문제에 대처하고자 만든 브랜드도 있고, 다른 사람의 아이디어를 차용해 만든 브랜드도 있고, 동전 던지기 같은 우연과 행운에 힘입어 만든 브랜드도 있다.

아이디어가 나온 환경 역시 각양각색이다. 그리고 새로운 브랜드를 만들려는 적극적인 노력 끝에 탄생한 브랜드는 전체 브랜드 중 일부일 뿐이라고 해도 과언은 아니다.

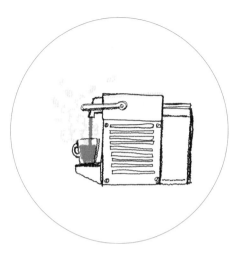

2전3기의 브랜드, 네스프레소

시장에서 큰 성공을 거둬 높은 인지도와 이익률을 자랑하는 네슬레 사의 커피 머신, 네스프레소는 2전3기의 모범사례로 꼽힐 만하다. 지금으로선 믿기 어려울지 몰라도 네스프레소는 한 번도 아니고 두 번이나 실패한 끝에 겨우 성공한 제품이다. 네슬레는 기존 관행에서 벗어나 외부인을 채용하고 나서야 비로소 성공적인 마케팅 믹스(마케팅 목표의 효과적 달성을 위해 경영자가 여러 마케팅 수단과 방법을 적절하게 배합하고 조정하는 일—옮긴이)가 가능했다.

　　원래 네스프레소의 머신 기술은 스위스 제네바에 위치한 바텔 연구소에서 개발되었고, 1974년 네슬레가 이 기술을 사들였다.

네슬레는 이후 수년간 기술을 다듬고 개선한 끝에 1982년에 첫 네스프레소를 출시했다. 이 제품은 큰 설치비용이 필요치 않고 전문 훈련을 받은 직원이 없어도 사용 가능했기에, 고품질 커피를 쉽고 경제적으로 제공하고픈 스위스의 작은 레스토랑들을 타깃 고객층으로 삼았다. 하지만 시장의 호응을 얻는 데 실패하고 네슬레는 처음부터 다시 연구해야 했다.

네슬레의 두 번째 시도는 사무실용 커피 시장에 초점을 맞추었다. 네슬레는 새로운 네스프레소 시스템(커피 머신과 특수한 커피 캡슐)을 보급하고자 사무실용 커피 시장 업체 한 곳과 계약했다. 1986년도에 이탈리아와 일본에서 이 제품을 출시했다. 하지만 1987년 중반에 성과를 집계해보니 목표치에 크게 미달했다. 네스프레소 커피 머신은 절반도 팔리지 않았고, 커피 캡슐 매출액도 형편없었다.

그래서 1988년도에 네슬레는 또 다른 일을 했다. 네슬레와 다른 방식으로 일할 새로운 관점의 외부 인재를 찾은 것이다.

네슬레가 찾은 외부 인재는 장 폴 가야르다. 그는 미국에 본사를 둔 글로벌 담배 회사인 필립모리스에서 말보로 담배 사업 개편에 기여한 업적으로 명성을 얻은 젊은 경영자로, 뛰어난 직감과 창의성의 소유자였다.

장 폴 가야르는 예상치 못한 조치를 취했다. 그가 네슬레에서 내린 첫 전략적 결정은 사무실용 커피 시장을 포기하고 가정용 커피 시장에 집중하는 것이었다. 즉, 네슬레가 변화를 위해 영입한 경영인이 네슬레의 전통적 시장으로 네스프레소를 다시 밀어 넣은 것이다.

장 폴 가야르가 내린 두 번째 결정은 그의 직감과 창의성을 잘 보여준다. 그는 네슬레의 전통적 판매 채널인 식료품점을 통해 네스프레소를 판매하지 않고, 백화점과 여러 전문점을 통해 네스프레소를 판매하기로 했다. 네슬레가 전통적으로 공략해온 대중 시장을 타깃으로 삼지 않고, 네스프레소를 고가의 프리미엄 브랜드로 포지셔닝하려는 의도였다. 이 목적을 달성하고자, 24시간 주문을 접수하고 (영업일 기준으로 2일 이내에) 신선한 커피를 배달하는 네스프레소 클럽을 열고, 고객 취향에 딱 맞는 커피를 추천하고 조언하는 커피 전문가들을 양성하는 계획을 세웠다.

네스프레소 클럽 계획에 대한 첫 사전 조사는 부정적이었고, 네슬레 중역 일부가 계획에 반발했다. 그렇지만 장 폴 가야르는 CEO를 설득해 계획을 추진할 수 있으리라 확신했다. 네슬레 CEO는 그의 확신에 찬 설명을 듣고 계획을 승인했다고 전해진다. 심지어 가야르는 네슬레가 네스프레소 클럽 사업을 철수할 경우 자신이 판권을 매입하겠다고 호언했을 정도다.

네스프레소 클럽은 1990년도에 문을 열자마자 반향을 일으켰다.

여기서 교훈은, 때로는 기존 시장에 새로운 방식으로 접근하는 편이 기존 방식으로 새로운 시장에 진출하는 것보다 나을 수 있다는 사실이다. 당신은 기존 시장에 어떻게 새로운 방식을 도입할 것인가?

장 폴 가야르는 네슬레에 합류한 지 10년 만인 1998년도에 네슬레를 떠났다. 이후 그는 캡슐 커피 회사 에시컬 커피 컴퍼니(ECC)를 설립함으로써 네슬레의 경쟁자가 되었다. 그는 네스프레소 커피 머신에서 사용 가능하면서도 자연적으로 분해되는 캡슐에 담은 더 싼 커피를 출시해 네슬레의 아성에 도전했다. 네슬레는 ECC와 또 다른 라이벌인 미국 식품회사 사라 리가 네슬레의 특허권을 침해했다며 법적으로 대응했다.

10억 달러짜리 엉덩이, 스팽스

사라 블레이클리는 등 지방과 셀룰라이트(수분·노폐물·지방으로 구성된 물질이 엉덩이, 다리 부위에 뭉쳐 있는 상태−옮긴이)에 감사하는 여성은 이 세상에 자기밖에 없을 것이라고 말한다.

사라 블레이클리는 좋은 사업 아이디어가 떠올라, 팩스기 판매로 모은 5000달러를 연간 2억 5000만 달러짜리 사업에 투자한 미국 여성 기업가다.

그런 사업 아이디어가 어떻게 떠올랐냐는 질문에 블레이클리는 웃으며 솔직히 대답한다. "내 엉덩이에서 영감을 얻었어요."

무더운 플로리다 주에서 근무한 블레이클리는 팬티스타킹을 신으면 옷 위에 팬티 윤곽선이 보이지 않고, 허리와 엉덩이 라인이 예뻐 보인다는 점에 만족했다. 그렇지만 발가락이 보이는 신발을 신었을 때 팬티스타킹 발 부분의 재봉선이 드러나는 게 거슬렸다.

팬티스타킹 발 부분을 싹둑 잘라내고 착용하니 팬티스타킹이 발목 위로 말려 올라왔다. 할 수 없이 새로운 팬티스타킹 원단을 찾아 나섰다. 우여곡절 끝에 수공품 가게에서 해법을 찾아낸 블레이클리는 경영서적에 나오는 지침대로 특허를 신청하고, 스팽스라는 회사를 설립했다.

그녀는 최초의 샘플 상품들을 제작한 다음, 전화번호부를 뒤져 스팽스 팬티스타킹을 판매할 만한 소매업체들을 찾아 연락했다. 니먼 마커스 백화점이 스팽스 팬티스타킹을 판매하기에 알맞은 소매업체라고 판단한 그녀는 자신이 개발한 신제품의 장점을 설명하고자 백화점 구매담당 직원을 찾아갔다.

블레이클리는 제품 시연의 힘을 믿었다. 그녀는 스팽스 팬티스타킹 착용 전후의 차이를 보이고자 화장실에서 본인 엉덩이를 보여 가며 설명했다. 그녀의 시연 덕분인지, 니먼 마커스 백화점 매장 일곱 곳에 스팽스 제품을 납품해달라는 주문을 받았다.

블레이클리가 스팽스 샘플을 제조한 회사에 연락해 이 사실을 알렸을 때, 제조사 사장의 반응은 썩 신통치 않았다. 그는 스팽스가 소비자들에게 인기를 끌 것이라고 확신하지 못했다. 블레이클리는 그가 이렇게 말했다고 회상한다. "향후 5년간 소비자들이 크리스마스 선물로나 살 것 같은데요."

하지만 블레이클리는 스팽스가 성공을 거두리라 확신했고, 스팽스의 성공 여부를 운에 맡겨두려 하지 않았다. 그녀는 스팽스 제품을 판매하는 니먼 마커스 백화점 근처에 사는 지인들에게 연락해, 나중에 돈을 물어줄 테니 스팽스 팬티스타킹을 한 켤레씩 사달라고 요청했다.

블레이클리와 스팽스는 운이 좋았다. "친구들도, 돈도 다 떨어져갈 무렵, 토크쇼 진행자 오프라 윈프리가 밝힌 본인의 애용 상품목록에 스팽스 제품이 들어 있었어요."

그러자 모든 상황이 바뀌었다. 블루밍데일, 삭스 피프스 애비뉴, 버그도프 굿맨 등의 백화점들도 스팽스 제품 판매에 나섰다. 2001년 사라 블레이클리는 홈쇼핑 채널 QVC와 계약했고, 이곳에서 방송 6분 만에 스팽스 팬티스타킹 6000켤레를 판매했다.

경영 전문지 〈포브스〉에 따르면, 현재 사라 블레이클리는 가장 젊은 자수성가형 억만장자 여성 기업가다. 사라 블레이클리는 10억 달러짜리 엉덩이를 지닌 최초의 여성인 셈이다.

여기서 교훈은, 자신의 브랜드에 대한 진정한 믿음은 보상을 받는다는 사실이다. 당신은 브랜드의 성공에 기여하기 위해 어디까지 애쓸 의향이 있는가?

악어의 폴로셔츠, 라코스테

르네 라코스트는 훌륭한 업적을 남긴 프랑스 테니스 선수다. 그랜드슬램 대회에서 일곱 차례 우승했고, 1920년대 말에는 2년 연속으로 세계랭킹 1위를 기록했다.

이처럼 대단한 선수에게도 당시 테니스복은 상당히 불편한 것이었다. 단추가 달린 긴팔 셔츠에 긴 바지를 입고 넥타이를 매는 것이 당시 테니스 선수들의 '경기 복장'이었으니, 떨어지는 공을 쳐내려고 네트로 뛰어가거나 공을 머리 위로 던져 힘껏 치려고 팔을 쭉 뻗을 때마다 오죽 불편했을까.

르네 라코스트는 1979년 미국 주간지 〈피플〉과의 인터뷰에서 어떻게 해법을 찾았는지 회고했다. "어느 날 친구, 콜먼들리 후작이 폴로셔츠를 입고 테니스 코트에 선 모습을 보고 '이거 실용적 복장인걸' 하는 생각이 들더군요."

실용성에 감명 받은 르네 라코스트는 솜과 양털로 셔츠 몇 벌을 만들어달라고 영국 재단사에게 주문했다. 그리고 1926년 US오픈 대회가 열린 뉴욕 시에 주문 제작한 셔츠를 처음으로 입고 나타났다. "곧 모든 선수들이 따라 입더군요."

우연히 이때쯤 르네 라코스트는 악어라는 별명을 얻었다. 그의 별명이 악어였다는 사실은 논쟁의 여지가 없지만, 그런 별명이 붙은 이유에 대해서는 의견이 분분하다. 가장 무례하고 소수만 지지하는 설은 그의 코가 악어처럼 길고 끝이 뾰족해서 악어라는 별명이 붙었다는 것이다. 그의 역동적이고 대담한 경기 모습 때문에 악어라는 별명이 붙었다는 설도 있다.

하지만 가장 자주 인용되는 설은 1927년 데이비스컵에 프랑스 대표팀으로 참가했을 때, 경기에서 이기면 악어 가방을 사달라고 대표팀 주장에게 말한 일화 때문에 생긴 별명이라는 것이다.

르네 라코스트는 이 경기에 져서 빈손으로 프랑스로 돌아갔지만, '악어' 일화는 계속 그를 따라다녔다. 르네 라코스트는 경기 전에 '앨리게이터 악어' 가방을 사달라고 했지만, 프랑스로 돌아가보니 '크로커다일 악어' 가방으로 사람들에게 알려져 있었다.

유래야 어쨌든, 르네 라코스트는 새 별명을 받아들였다. 친구 로베르 주르주가 악어 그림을 그려주자, 즉시 모든 셔츠에 그 악어 그림을 수놓았다. 이는 테니스복 사업을 시작하기 전부터, 그를 상징하는 이미지가 되었다.

르네 라코스트는 1930년대 초 테니스계에서 은퇴했다. 1933년도에 르네 라코스트는 당시 프랑스 최대 니트웨어 업체의 사장이던 친구 앙드레 길리에와 손잡고 라코스테라는 회사를 설립했다. 라코스테는 악어 그림을 수놓은 셔츠들을 생산·판매했다.

라코스테는 현재도 인상적인 녹색 악어 그림을 수놓은 셔츠들을 생산·판매한다. 오늘날에는 테니스를 칠 때뿐 아니라 다양한 경우에 라코스테 셔츠를 입고 다니는 사람이 많다.

여기서 교훈은, 최고의 브랜드는 독특한 브랜드 개성을 창조한다는 사실이다. 당신은 어떤 브랜드 개성을 키우고 있는가?

아이스크림으로 만든 아름다운 사회,
벤 앤 제리스

세계에서 가장 유명한 음식 브랜드가 창조되려면 어떤 레시피가 필요할까? 아이스크림 브랜드 벤 앤 제리스에게 필요했던 것은 두 친구와 5달러짜리 통신 강좌, 사회적 양심과 유머 감각, 그리고 문제를 기회로 바꾸는 능력이었다.

벤 코언과 제리 그린필드는 어릴 적 뉴욕에서 함께 자란 친구였다. 제리는 대학에 진학했지만 원하던 메디컬스쿨엔 가지 못했다. 벤도 대학에 들어갔지만 곧 중퇴했다. 벤은 도공이 되고자 노력했지만 그리 성공하지 못했다.

그래서 두 친구는 1977년에 펜실베이니아 대학교 유제품 제조 공장에 5달러를 내고 아이스크림 제조법을 설명하는 통신 강좌를 들었다.

이때 두 친구에게 문제가 하나 생겼다. 벤이 냄새를 맡는 능력을 잃는 후각상실증에 걸린 것이다. 후각은 초보 요리사가 요리하는 데에 없어서는 안 되는 감각이다. 두 친구는 난관에 부딪혀 이 길을 포기할 수도 있었다. 하지만 벤은 후각보다는 미각에 의지해 레시피를 개발했다. 그리하여 벤은 과자 청크가 들어간 아이스크림을 개발하고, 이런 제품 특성에 착안해 '처비 허비' '청키 멍키' '캐러멜 수트라' '체리 가시아' 같은 재미난 제품명을 붙였다.

그다음 문제는 첫 아이스크림 가게를 열 때 불거졌다.

"기후가 따뜻한 괜찮은 대학 도시에 아이스크림 가게를 여는 게 우리 꿈이었죠. 하지만 이러한 도시들에는 이미 다른 아이스크림 가게들이 자리 잡고 있었어요. 그래서 결국 우리는 미국 동북부 버몬트 주 벌링턴 시에 가게를 열었죠."

4000달러의 차입금을 포함해 1만 2000달러를 투자한 두 청년 사업가는 1978년 5월 5일, 적법한 절차에 따라 개조된 주유소에 아이스크림 가게, 벤 앤 제리스를 열었다.

처음부터 벤과 제리는 자선 활동에 관심을 보였다.

"수익을 내기도 전인 아주 초기부터, 우리는 언제나 사람들에게 베풀고자 했습니다. 우리는 공짜 아이스크림 먹는 날, 야외 영화 상영, 거리 축제 같은 행사들을 후원했습니다. 어쩌면 그래서 우리가 길고 추운 버몬트 주의 겨울을 넘길 수 있도록 고객들이 도와준 것 같아요. 2년 뒤 수익이 나기 시작했어요. 우리를 지지해준 주민들에게 수익을 돌려주는 것이 자연스러운 선택이었죠."

1979년 벤 코언과 제리 그린필드는 개업 1주년을 기념하고자, 하루 동안 콘 아이스크림을 무료로 나눠주는 행사를 열었다. 현재도 그들은 국제적으로 이런 창립 기념행사를 한다.

1980년에는 벌링턴 시의 사우스 챔플레인 스트리트에 있는 낡은 면사 공장 공간을 빌려, 통 아이스크림 제조 시설을 만들었다. 폭스바겐 스퀘어백 왜건 차량에 아이스크림을 싣고 식당에 배달하던 벤 코언은 새 시설에서 만든 통 아이스크림을 식료품점과 동네 구멍가게에 납품했다.

1981년에는 벤 앤 제리스 프랜차이즈 2호점이 버몬트 주 셸번 시에서 문을 열었다. 1982년에는 1호점의 주차장을 만들고자 낡은 주유소 시설을 철거했다. 철거 공사가 시작되기 직전, 벌링턴 시의 체리 스트리트에 새로운 벤 앤 제리스 프랜차이즈점이 문을 열었다.

1985년에는 벤 코언과 제리 그린필드의 기부금으로 벤 앤 제리스 재단이 설립되었다. 회사가 해마다 거둔 세전이익의 7.5퍼센트가 지역사회에 기여하는 프로젝트들을 후원하는 데에 쓰였다.

벤 앤 제리스 재단의 설립은 지역사회에 기여하는 사업도 하고 돈도 버는 경영 철학, '더블 딥'을 공식화했다. 더블 딥은 벤과 제리가 1998년 출간한 베스트셀러의 제목이 되었다.

1998년 벤 코언과 제리 그린필드는 미국 중소기업청이 선정하고, 로널드 레이건 전 대통령이 상장을 수여한 올해의 중소기업인 상을 받았다.

여기서 교훈은, 최고의 브랜드는 지역사회에 이익을 환원한다는 사실이다. 당신의 브랜드는 지역사회에 무엇을, 어떻게 돌려줄 것인가?

구두 디자이너의 매니큐어, 루주 루부탱

크리스티앙 루부탱이 첫 출시할 화장품으로 발톱 매니큐어를 선택
한 것은 어찌 보면 당연했다. 본인 입으로 "나만큼 발을 잘 아는 사
람도 없을 것"이라 자부할 정도로, 세계적 브랜드를 키운 구두 디
자이너니까.

　2014년 9월, 크리스티앙 루부탱은 31종의 매니큐어를 출시
했다. 이는 여러모로 오랜 빚을 갚는 의미가 있었다. 그가 구두 디
자이너로서 거둔 최초의 성공은 매니큐어 덕분이었기 때문이다.

　크리스티앙 루부탱은 1963년 프랑스 파리에서 태어났다. 12세
때, 집 앞에 있는 박물관 외벽에 뾰족구두 스케치가 담긴 포스터가

붙었다. 그는 이 포스터에 매료되어 여러 차례 따라 그렸고, 이윽고 구두 디자이너가 되고 싶다는 생각이 들었다.

그는 학교를 빼먹기 시작했다. "매일 저녁 여기저기 돌아다녔습니다. 한 해에 92일간 학교를 빠졌다는 통지서를 받았죠."

그는 친구들과 파티를 즐기고, 파리의 유명 카바레, 폴리 베르제르, 물랑 루즈에 가서 쇼걸들이 춤추는 모습을 지켜보며 쇼걸들의 의상과 구두에 매료되었다.

18세 때, 패션 브랜드 회사인 찰스 주르당에서 일을 시작했다. 프리랜서로서 샤넬, 이브 생로랑의 일도 맡았고, 나폴리, 피렌체 가죽 공장에서도 일했다. 파리로 돌아와서는 패션 디자이너 로저 비비에르 밑에서 일했다. 크리스티앙 루부탱은 그가 많은 가르침을 준 스승이었다고 고백한다.

그런 로저 비비에르가 사망하자 큰 충격을 받은 크리스티앙 루부탱은 정원사로 직업을 바꿨다. 하지만 이윽고 그는 구두 디자인 일을 그리워하게 되었다. 구두를 드로잉하고 구두 디자인을 구상하는 데에 몇 시간이고 몰두했다. 어머니의 사망 직후, 골동품상 친구의 설득을 받아들여, 본인이 인생에서 처음으로 열정을 느낀 일인 구두 디자인으로 복귀하기로 마음먹었다.

"골동품상 친구의 촉구를 들은 바로 그 주에, 오랜 친구 앙리, 브루노와 함께 식사했습니다. 두 친구는 나에게 함께 일하자고 제안했어요. 사람들은 친분 관계와 업무 관계를 혼동하지 말라고 하지만, 우리는 23년간 알고 지내는 동안 우애가 한층 더 깊어졌습니다. 앙리는 내 여동생과 결혼했고, 브루노는 지금 우리 회사 사장으로 일하죠."

수년간의 드로잉과 디자인 구상을 토대로 새로운 시제품을 만들었지만, 뭔가 석연치 않았다.

"시제품을 보니 내가 구상한 디자인에 비해 어떤 위화감이 들었는데 그게 뭔지 콕 집을 수가 없었죠. 곰곰이 뜯어보니, 시제품으로 만든 구두는 온통 검은색이었지만, 내 드로잉 속의 구두는 검은색으로 칠해져 있지 않았죠. 마침 어시스턴트가 발톱에 매니큐어를 바르고 있었어요. 매니큐어를 빼앗아 구두 밑창에 칠했더니 확 나아진 느낌이 들었습니다. 반짝이는 매니큐어를 바르니, 힐 부분과 대비되는 느낌이 났습니다. 이 점이 구두 전체의 디자인을 돋보이게 했습니다."

밑창은 진홍색이고 나머지 부분은 검은색인 크리스티앙 루부탱의 하이힐 구두는 출시하자마자 성공을 거뒀다. 현재 크리스티앙 루부탱은 50여 개국에 매장이 있는 글로벌 브랜드다.

이제, 크리스티앙 루부탱 브랜드는 새로운 행보를 계획 중이다. 여성들이 하이힐과 똑같은 색의 루주 루부탱 매니큐어로 발톱을 칠할 날이 곧 올 것이다.

루주 루부탱의 디자인은 크리스티앙 루부탱 브랜드의 진홍색 밑창 하이힐을 연상시킨다. 16면체의 빨간 유리병 위에 뾰족구두 형태의 검은 병뚜껑이 덮여 있다. 이 뾰족한 병뚜껑의 높이가 20센티미터에 달한다. 이는 크리스티앙 루부탱 구두 중 가장 높은, 발레리나 얼티마와 같은 높이다.

이제 여성들은 가방과 신발뿐 아니라 발톱도 모두 한 색상으로 맞출 수 있다.

"빨간색 매니큐어 덕분에 빨간색 하이힐 밑창이 탄생했습니다. 이제 제 나름의 매니큐어를 출시해 오래전 진 빚을 갚고자 합니다."

여기서 교훈은, 진정으로 독특한 제품을 내놓는 브랜드는 그에 따른 보상을 받는다는 사실이다. 당신은 브랜드의 독특성을 확보할 방안이 있는가?

우연히 발견한 놀라운 열매, 페퍼듀

동화 작가 루디야드 키플링의 『아기 코끼리』에는 이런 구절이 나온다. "잿빛이 감도는 초록색 물감을 풀어놓은 듯한 거대한 림포포 강은 나무가 우거진 곳에서 시작되었어요."

이곳이 바로 호기심 많은 아기 코끼리가 거무스름하고 불룩한 코를 나무에 쭉 뻗은 장소이자, 피콴테 고추를 달콤하게 절여 병에 포장해 판매하는 브랜드인 페퍼듀의 산실이다.

20세기 키위의 발견 이후 가장 놀라운 발견이라 불리는 낯선 열매, 피콴테 고추의 이야기는 1993년 남아공 림포포 강 근처에서 시작된다. 남아공의 농부이자 사업가 요한 스탠캄프는 이스턴 케이프 주 별장에서 정원을 둘러보다가 특이하게 생긴 관목을 발견했다. 사람 키만 한 관목이었는데, 작은 선홍색 열매들이 주렁주렁 달려 있었다. 마치 작은 고추와 체리 토마토 사이쯤에 있는 과일처럼 보였다.

요한 스탠캄프는 '호기심 많은 아기 코끼리'처럼 조심스럽게 이 낯선 관목을 연구했다. 이러한 노력은 후추 맛과 함께 달콤한 맛도 나는 독특하고 맛있는 열매를 재배하게 됨으로써 보상받았다.

그는 나중에 이 식물이 캅시쿰 바카툼이라는 재배품종(특정한 특색을 갖도록 인위적으로 개발·재배되는 품종-옮긴이)이라는 사실을 알게 되었다. 이 식물은 (고추의 매운 정도를 나타내는) 스코빌 척도가 1177에 불과할 정도로 그리 맵지 않은 고추라는 사실도 알게 되었다. 하지만 이 피콴테 고추 관목이 어디서 왔는지는 끝내 밝혀내지 못했다.

"피콴테 고추 품종이 어떻게 생겨났는지는 여전히 논란의 여지가 있지만, 우리는 중앙아메리카에서 온 식물이라고 추측합니다. 피콴테 고추가 중앙아프리카에서 남아공까지 가게 된 경위는 저도 궁금합니다만, 스탠캄프 씨가 피콴테 고추를 발견한 별장의 전 주인은 중앙아프리카 곳곳을 돌아다닌 식물학자였습니다." 페퍼듀 인터내셔널 상무이사 필 오브스의 설명이다.

새로 발견한 식물이 뭔가 좋은 일로 이어질지 모른다고 생각한 요한 스탠캄프는 첫 재배한 작물에서 씨앗들을 추출했다. 한편, 그는 오늘날까지도 쓰이는 비밀 고추 절임 레시피를 개발했다. 그런 다음 피콴테 고추 절임을 병에 담아 지역에 판매하기 시작했다.

요한 스탠캄프는 매콤한 맛이 나는 고추를 뜻하는 단어 '페퍼'
와 이슬을 뜻하는 밝고 신선한 단어 '듀'를 결합한 합성어인 페퍼
듀를 이 피콴테 고추 절임의 브랜드명으로 삼았다.

만약 그가 수천 년 전에 이 일을 했다면, 림포포 강으로 운명
적 여행을 떠나고자 '작고 짧고 불그스름한 바나나 100파운드, 긴
자주색 사탕수수 100파운드, 푸르스름한 멜론 17개'를 비상식량으
로 챙긴 아기 코끼리가 페퍼듀도 수백 통 챙겨갔을지 모른다.

여기서 교훈은, 가끔은 눈앞에 좋은 아이디어가 굴러다닐 때
가 있다는 사실이다. 당신이 눈앞에서 빤히 지켜보다 놓쳐버린 아
이디어는 뭐가 있을까?

민족을 상징하는 푸른 초콜릿, 파제르 블루

파제르 블루는 핀란드에서 아이콘과 같은 초콜릿 브랜드다. 핀란드는 이 초콜릿 브랜드를 문화유산으로 평가하기까지 한다.

1922년 첫 출시된 이 초콜릿 브랜드는 요새도 핀란드 마케팅·광고 전문지의 연간 브랜드 평가에서 종종 1위를 차지한다.

독특한 파란색 포장지에 칼 파제르란 회사 설립자 이름이 적혀 있지만, 이 브랜드의 탄생에는 아들인 스벤의 공도 컸다.

칼 파제르는 1866년 핀란드 헬싱키에서 태어났고, 아버지의 바람과는 다르게 제과점 주인이 되기로 결심했다. 그는 독일 베를린, 프랑스 파리, 러시아 상트페테르부르크에서 제과 기술을 배우고, 1891년 9월 17일 헬싱키 글로가탄 3번가에 프랑스-러시아 제과점을 열었다. 이 제과점 사업이 성공을 거둠에 따라 뢰드베르겐에 초콜릿 공장을 열었다.

칼 파제르의 권유에 따라 아들 스벤이 날로 번창하는 사업에 합류했다. 훗날 파제르 블루라는 브랜드로 팔릴 초콜릿의 레시피를 개발한 이는 아들 스벤이다.

어느 날, 샐러라는 영국 기계업자와 함께 공장에서 일하던 스벤은 샐러의 사위가 눈병을 앓고 있다는 얘기를 들었다. 마침 스벤의 친척 한 명이 검안사였기에, 스벤은 이 검안사에게 가서 검사를 받아보라고 샐러에게 정중히 권했다. 검안사는 샐러의 사위가 앓던 눈병을 치료해줬지만, 치료비는 한사코 받지 않았다. 뭔가 보답해야겠다고 느낀 샐러는 스위스 제과 장인에게 전수받은 특별한 밀크 초콜릿 레시피를 스벤에게 알려줬다. 바로 이 레시피가 파제르 블루의 토대가 되었다.

하지만 새 초콜릿 제품을 파란색 포장지에 담아 판매하기로 결정한 사람은 아버지 칼 파제르였다. 파란색은 핀란드 민족에게 각별한 의미가 있는 색상으로, 평화와 자연, 민족적 자부심을 불러일으키는 색상이다.

칼 파제르가 염두에 두었음직한 또 다른 핀란드 고유의 개념은 '푸르스름한 순간(sininen hetki)'이다. 새벽이나 땅거미가 질 때처럼 사방이 푸르스름한 빛으로 물드는 시간을 가리키는 말이며, 핀란드인들이 평화와 고요를 느끼는 시간을 의미한다. 실제로 몇 년 뒤 칼 파제르는 '푸르스름한 순간'이라는 개념을 활용한 광고를 내보내, 파제르 블루가 '그런 소소한 순간'에 어울리는 초콜릿이라는 점을 암시했다.

하지만 다수의 역사가들은 칼 파제르가 파란색 포장지를 선택한 진짜 이유는 그가 민족주의자였기 때문이라고 믿는다. 파랑은 핀란드 '민족'을 나타내는 색상 중 하나다. 핀란드 국기 또한 파란색과 흰색으로 구성된다.

핀란드는 1917년에야 독립을 선언했다. 그때까지 핀란드는 핀란드 대공국으로서 러시아령에 속했다. 핀란드가 독립하기까지 20년간, 칼 파제르는 다른 핀란드인들과 마찬가지로, 러시아 정부가 핀란드에 실시한 '러시아화 정책'에 저항했다. 핀란드 우표 사용을 금지하고 핀란드 우편 체계를 철폐한 다음 러시아식 우편 체계로 대체한 것이 러시아화 정책의 한 예였다. 칼 파제르는 저항의 뜻으로, 초콜릿 포장지에 핀란드 우표와 주요 인물 사진을 인쇄했다.

파랑은 칼 파제르 같은 진성 민족주의자에게 당연한 선택이었다. 파제르 블루의 파란색 포장지 색상은 여러모로 중요했다. 파제르는 핀란드 기업 역사상 최초로 특정 색상에 대한 상표권을 인정받았다. 파제르가 파랑을 상표로 등록한 시점은 2001년 4월 30일이다. 핀란드에서는 파제르만이 파란색을 사용해 제품을 판매하거나 광고할 수 있다는 뜻이다.

여기서 재밌는 점은, 누구나 파제르 블루라고 부르지만, 정작 '블루'라는 단어가 포장지에 인쇄된 적은 한 번도 없었다는 사실이다. 회사 홈페이지에는 이렇게 설명되어 있다. "파란색은 실로 우리 제품의 상징이기 때문에 군이 '파랑'이라는 단어를 언급할 필요도 없습니다."

여기서 교훈은, 시각적 힌트가 문자보다 강력할 수 있다는 사실이다. 당신의 브랜드는 이미지와 색상을 통해 무엇을 더 효과적으로 전할 수 있을까?

켄터키 대령의 성공 비법, KFC

미국 영화배우 프레드 아스테어와 우피 골드버그, 미국 가수 엘비스 프레슬리, 교황 요한 바오로 2세, 그리고 미국 기업가 커넬 할랜드 샌더스의 공통점은 무엇일까?

정답은, 모두 켄터키 대령이라 불렸다는 점이다. 여기서 말하는 켄터키 대령이란 군대 직급이 아니라, 켄터키 주정부가 민간인에게 수여하는 명예 호칭이다. 지역사회, 주, 국가에 훌륭히 봉사하고 특기할 만한 업적을 쌓은 인물을 기리고자 켄터키 주지사와 주국무장관이 수여하는 이 명예 호칭을 두 차례나 받은 인물이 바로 할랜드 샌더스다.

할랜드 샌더스는 1890년 인디애나 주 헨리빌 외곽의 농장에서 태어나 자랐다. 여섯 살 때 아버지가 사망해 어머니가 직장에 다녀야 했기에, 어린 할랜드 샌더스가 세 살짜리 동생을 돌봐야 했다. 따라서 집에서 요리를 해야 했고, 일곱 살 때까지 여러 가지 가정 요리를 익혔다.

열세 살 때 집을 떠난 할랜드 샌더스는 이 요리 기술을 즉시 활용하지 않았다. 그 대신 농장 일꾼, 노면전차 운전사, 쿠바 주둔 미군 일병, 대장장이 조수, 철도 소방관, 보험 판매원, 타이어 판매원 등 다양한 일자리를 거쳤다.

1930년, 40세가 된 할랜드 샌더스의 경력은 또다시 바뀌었다. 켄터키 주 애팔래치아 산맥 기슭에 자리 잡은 소도시, 노스 코빈 외곽 25번 고속도로가에 위치한 쉘 주유소를 인수한 것이다.

할랜드 샌더스는 주유소 창고에 집 식탁을 가져다놓고 작은 식당으로 개조해, 배고픈 여행자들에게 음식을 판매하기 시작했다. 그는 주유소 사장, 요리사, 계산원이라는 다양한 일을 동시에 수행했다.

사업이 번창해 1934년엔 도로 반대편의 더 큰 주유소를 매입했다. 이번에는 식탁을 여섯 개 놓고 프라이드치킨을 판매하기 시작했다. 이후 수년간 그는 완벽한 프라이드치킨 레시피를 개발하고자 여러 실험을 거쳤다. 그리하여 마침내 지금은 오리지널 레시피라고 부르는 프라이드치킨 조리법을 개발했다. 열한 가지 허브와 향신료를 조합한 비밀 레시피다. 할랜드 샌더스는 이 레시피를 공개한 적이 없지만, 소금과 후추가 들어간다는 점은 인정했고, 레시피에 들어가는 식재료는 모두 '가정집 부엌에 흔히 있는 평범한 재료'라고 밝혔다.

1936년 사업이 너무도 성공해 루비 라푼 주지사에게 첫 켄터키 대령 칭호를 받았다. 이듬해 그는 140개 좌석으로 식당 규모를 확장했다. 1940년에는 길 건너 모텔을 매입해 '샌더스 코트 앤 카페'라는 간판을 달았다.

이후 1950년, 로렌스 웨더비 주지사에게 두 번째 켄터키 대령 칭호를 받았다. 할랜드 샌더스는 대령처럼 외모를 꾸미고 (턱수염을 기르고, 처음에는 검은 프록코트를 입다가 나중에 가늘고 긴 넥타이를 맨 흰색 양복 차림으로 바꾸었다.) 본인을 샌더스 대령이라고 소개하고 다녔다. 그의 전기 작가 조시 오저스키는 동료들과 직원들이 이 호칭 변화를 "처음에는 농담으로 받아들였다가, 이후 진지하게 받아들였다"고 기록했다.

1955년 불운한 일이 터졌다. 노스 코빈 지역을 우회하는 주간 고속도로가 개통되어 할랜드 샌더스의 식당과 모텔 앞을 지나는 교통량이 급감한 것이다.

할랜드 샌더스는 식당과 모텔을 매각했다. 그리고 점점 더 유명세를 얻던 본인의 프라이드치킨을 토대로 다른 비즈니스 모델을 개발할 수 있을지 시도하는 기업가 정신을 발휘했다. 그는 프랜차이즈 사업을 하기로 했다. 차를 타고 미국 전역을 돌아다니며 식당 점주들과 직원들에게 치킨을 튀겨줬다. 맛있다는 반응이 나오면 점주에게 프랜차이즈 점을 열어보겠냐고 제안했다. 치킨 1개가 팔릴 때마다 5센트씩 내는 조건을 제시했고, 계약은 계약서와 도장 대신 악수 한 번으로 맺어졌다.

할랜드 샌더스는 1952년 유타 주 솔트레이크시티 최대 식당 사장 피트 하먼과 계약을 맺고 치킨 프랜차이즈 점을 여는 데 성공했다. 피트 하먼은 이 프랜차이즈 사업의 성공에 크게 기여했기에 '사실상 공동 창업자'로 평가받는다.

'켄터키 프라이드치킨(KFC)'이라는 브랜드명을 만든 사람은 피트 하먼이 채용한 간판 제작자 돈 앤더슨이다. 할랜드 샌더스는 다른 식당에서 판매하던 밀가루, 계란, 빵가루를 묻혀 튀긴 '남부식 프라이드치킨'과 차별화된 이 이름을 채택했다. 피트 하먼은 켄터키 프라이드치킨을 판매한 첫해에 식당 매출액이 세 배 이상으로 껑충 뛰었다고 주장했다.

"손가락에 묻은 기름도 빨아먹을 만큼 맛있어요"라는 문구를 상표화한 사람은 피트 하먼이다. 1957년에 피트 하먼은 치킨을 '버킷' 단위로 주문 받아 판매하는 아이디어를 냈다. 덴버 주의 한 프랜차이즈 점주가 외판원에게 종이 버킷을 500개 샀는데 어떻게 처리해야 할지 난감해한다는 사연을 할랜드 샌더스에게 듣고서 해결책으로 생각해낸 것이었다. 피트 하먼은 일가족에게 '완벽한 식사거리'라며, 종이 버킷에 치킨 14조각과 빵 5조각, 그리고 치킨 소스 1파인트를 덤으로 넣어 3.5달러에 팔았다. (1957년 3.5달러는 2014년 달러 가치로 30달러 정도에 해당한다.)

1964년 미국과 캐나다에 켄터키 프라이드치킨 프랜차이즈 점포 수가 600개에 이르자 이제 정리할 때가 되었다고 느낀 할랜드 샌더스는 미국 영업권을 200만 달러에 매각했다.

할랜드 샌더스는 1980년 12월 16일, 90세의 나이로 사망했다.

여기서 교훈은, 최고의 브랜드는 다양한 사업 시스템을 토대로 구축될 수 있다는 사실이다. 당신의 브랜드를 탈바꿈할 새로운 비즈니스 모델이 있는가?

동전 던지기로 탄생한 베네피트

"동전을 던져서 앞면이 나오면 캐서롤(오븐에 넣어 천천히 익혀 만드
는, 찌개나 찜 비슷한 요리—옮긴이) 식당을 열고, 뒷면이 나오면 화장
품 가게를 열자." 자매의 미래가 동전 던지기에 달렸다.

키가 183센티미터에 달한 일란성 쌍둥이 자매, 진 포드와 제
인 포드는 인디애나 대학교를 졸업하고 뉴욕으로 가서 모델 업계
진출을 시도했다. 아이 매그닌 백화점과 메이시스 백화점의 전단
지 모델이 되었지만, 모델 일만으로는 수입이 충분치 않아 점원이
나 청소부 일도 병행했다.

포드 자매는 1973년 샌프란시스코로 이사 가기로 했다. 훗날

제인 포드는 "남편감을 찾으러 갔어요"라고 인정했다. 한편 진 포드는 이사 결정을 내리기 전에 이미 이사 가야 할 필요에 쫓겼다. "파티로 돈을 다 써버린 탓에 더 이상 되돌아갈 다리가 없었죠."

1년 뒤인 1974년, 포드 자매의 모델 경력 중 가장 유명한 일감이 들어왔다. 칼건 목욕 비누 광고에 출연하게 된 것이다. 머리카락이 흑갈색인 진 포드가 회상한다. "광고 제작자들은 금발머리 쌍둥이 모델을 찾았지만 그런 쌍둥이 모델들은 다 영어 발음이 안 좋았죠. 우리에게 광고 대본을 보여주더니 '여기 영어가 모국어인 쌍둥이 모델이 있잖아! 당장 계약해!'라며 반가워하더군요. 정말 재밌는 광경이었어요."

2년 뒤, '대학까지 졸업해놓고 뭐하는 짓이니!'라는 질책이 담긴 어머니의 편지를 받은 포드 자매는 수입이 변변치 못한 모델 일을 관두고 새로운 일을 하기로 결정했다. 오랫동안 논의한 끝에 캐서롤 카페와 화장품 가게라는 두 가지 길을 구상했다. 둘 중 어느 쪽을 택해야 할지 확신할 수 없었던 자매는 동전을 던져 결정하기로 했다. 앞면이 나오면 캐서롤 카페를 열고, 뒷면이 나오면 화장품 가게를 여는 것이었다.

결과는 뒷면이었다. 그리하여 1976년 샌프란시스코 미션 디스트릭트에 '페이스 플레이스'라는 화장품 가게를 열었다. 이 동네 화장품 가게가 세계적인 화장품 브랜드인 베네피트로 성장하게 된 계기는 어느 이례적인 고객의 이례적인 요청에서 비롯되었다.

진 포드가 회상한다. "어느 날 아침, 무척 지친 기색의 스트리퍼가 매장에 들어왔어요. 찢어진 망사 옷과 타이다이드 무늬로 염색이 된 셔츠를 걸친 스트리퍼였는데 비틀거리며 걸어 들어왔죠. 두 팔로 계산대를 붙잡고는 꼬인 혀로 인사하더군요. '안뇽하세요.' 술에 취한 목소리였죠. '특별한 게 필요해요.' 이야기를 좀 더 들어보니 유두 색을 핑크빛으로 유지할 화장품이 필요하다는 것이었어요. '춤출 때 땀이 많이 나요.' 공연 도중에 유두에 바른 화장품이 흘러내리는 모양이었어요.

제인과 나는 서로 얼굴을 쳐다본 다음에 대답했죠. '그런 제품이 있어요. 근데 마침 떨어졌네요. 내일 다시 오세요.' 제인과 나는 집에 돌아와 빨간 식용색소, 글리세린, 장미꽃 잎을 한 가득 모아 믹서에 넣고 돌린 다음 불에다 졸였어요. 그랬더니 효과가 아주 좋은 화장품이 탄생했죠!"

이렇게 만든 걸쭉한 액체를 유리병에 담고 코르크 마개로 닫았다. 제인 포드가 종이에 장미 그림을 그린 다음 '로즈 틴트(장미 색조)'라는 글자를 써넣고, 이를 유리병에 붙였다.

제인 포드가 회상한다. "그 여성 스트리퍼가 다음 날 똑같은 복장으로 다시 와서 우리가 만든 신상품을 사갔어요. 1주일 뒤 다시 와서 말하더군요. '다 떨어져서 또 사러 왔어요. 친구들은 물론 내 주변에 있는 모든 동료에게 이 화장품이 필요해요.' 우리는 '주말에 쓰실 화장품 24병을 금요일에 준비할게요'라고 대답했죠."

초기에는 고객층이 매우 제한되었다. "스트리퍼, 발레리나, 게이들이 모두 찾아와서 '로즈 틴트 화장품을 주세요'라고 말했죠." 하지만 이윽고 훨씬 폭넓은 소비자들이 찾아왔다. 이 색조 화장품은 1990년도에 베네틴트로 이름이 바뀌었고, 현재 베네피트의 대표 상품으로 볼에 바르는 색조 화장품과 립스틱으로 팔린다.

포드 자매의 별난 철학을 담고 있는 베네틴트는 1000만 병 이상이 팔렸으며, 사라 제시카 파커, 니콜 키드먼, 케이트 허드슨 같은 여배우들과 로맨스 소설가 대니얼 스틸 등이 애용하는 제품으로 유명하다.

베네피트 선언

일할 때 휘파람을 불어요.
소리가 안 나면 날 때까지 부는 척 해봐요.

우리는 쉽고 빠른 멋진 뷰티 솔루션을 믿어요.
그리고 그 아름다움이 미소 짓는 즐거운 삶을
살게 해준다는 사실을요.
그것도 영원히.

처음에는 잘되지 않을 수 있지만
그렇다면 립스틱을 좀 더 발라요.
그러면 섹시함이 뭐든 도와줄 거예요.
아름다워질 수 없다면 멋있어지세요.

우리는 웃음이 최고의 화장품이라고 믿어요!

여기서 교훈은, 모든 브랜드가 약간의 운이 있어야 하지만, 행운의 기회를 마주칠 때 그 기회를 활용할 수 있어야 한다는 사실이다. 당신은 최근 행운의 기회를 마주쳤는가? 그리고 기회를 활용했는가?

급속 냉동식품을 개발한 박제사,
버즈아이

세계적인 냉동식품회사 버즈아이 설립자인 클래런스 버즈아이는 비전과 끈기를 갖췄고 무엇보다도 호기심이 많은 남자였다. 그는 살면서 백열등, 고래 잡는 작살, 적외선 살균, 음식 건조, 사탕수수 부산물을 이용한 종이 펄프 등의 제조 기술에 대한 특허 300개 정도를 보유했다. 중국 장기에 능한 고수였으며, 야생화에 대한 책도 썼다.

"나는 법이 허용하는 것보다 많은 취미를 가졌습니다. 여성적인 취미도 있고, 아주 남성적인 취미도 있죠."

하지만 그의 이름을 가장 널리 알린 업적은 '이중 벨트 급속 냉동' 기술이다. 이 기술 덕분에 오늘날의 냉동식품 산업이 탄생했고, 지금까지 그의 이름이 브랜드명으로 남아 있다.

클래런스 버즈아이는 1886년 뉴욕에서 태어났다. 열아홉 명의 형제자매 중에 여섯째로 태어났다. 동물학과 식물학에 흥미를 느낀 그는 애머스트칼리지에 입학했으나 경제적 사정 때문에 중퇴했다.

그의 첫 직업은 박제사였지만 호기심에 이끌려 동식물 연구가의 조수로도 일했고, 나중에는 곤충학자 윌러드 밴 오스델 킹과 함께 일했다. 클래런스의 역할은 수백 마리의 작은 포유류 동물을 잡는 것이었다. 킹은 이렇게 잡은 동물들에서 진드기를 제거했다. 킹은 진드기가 전염성 질환인 로키산홍반열의 원인임을 밝히는 연구를 했다.

새로운 도전을 원한 클래런스 버즈아이는 뉴펀들랜드 자치령(현재 캐나다 지역)의 래브라도 지역에서 현장실습을 했다. 여기서 그는 이누이트 원주민들이 잡아온 물고기를 두꺼운 얼음층 밑에서 얼리는 모습을 지켜봤다. 영하 40℃의 기온에서 물고기가 순식간에 얼었다. 더 중요한 사실은 얼린 물고기를 요리하면 맛이 좋고 신선했다는 점이다. 뉴욕에서 팔리던 냉동 물고기보다 훨씬 신선했기에 그는 이 냉동 기술의 잠재력을 즉시 인식했다.

1922년 클래런스 버즈아이는 클로델 냉장 회사에서 물고기를 냉동하는 실험을 거친 끝에, 차가운 공기(영하 43℃)로 생선 살을 얼리는 기술을 개발했다. 그는 이 냉동 기술로 제품을 만들어 팔고자 버즈아이 시푸드라는 회사를 설립했지만, 1924년에 수요 부족으로 회사가 파산했다.

그는 포기하지 않고 곧 완전히 새로운 생산 공정을 개발했다. 생선을 작은 상자에 담아 양쪽에서 급속 냉동하는 생산 공정이었다. 그는 제너럴 시푸드라는 회사를 설립해 이 방법으로 제작한 즉석 냉동식품을 판매했다.

1925년 제너럴 시푸드는 매사추세츠 주 글루세스터로 이전했고, 이곳에서 버즈아이가 새로 개발한 생선 급속 동결방식-이중 벨트 급속 냉동-을 사용했다. 포장한 생선을 나르는 두 개의 스테인리스 스틸 벨트를 차가운 액체로 냉각시켜 생선을 더 빨리 얼리는 기술로, 이 기술은 미국에서 특허(특허번호 1773079)를 받았다. 이 급속 냉동 기술은 결과가 더 좋았다. 1927년까지 버즈아이는 고기, 가금류, 과일, 야채를 냉동 포장해 판매했다.

1929년 버즈아이는 2200만 달러를 받고 골드만삭스와 포스텀컴퍼니에 제너럴 시푸드와 관련 특허들을 넘겼다. 이후 제너럴 시푸드는 제너럴 푸드로 바뀌었고, 버즈아이 냉동식품회사를 설립했다.

클래런스 버즈아이는 회사에 고문으로 남아 음식 냉동 기술을 더 개발했지만, 이제는 시간과 돈이 남아돌아 다른 여러 가지 호기심을 채울 수 있게 되었다.

여기서 교훈은, 위대한 브랜드는 비전, 호기심, 끈기를 기반으로 구축된다는 사실이다. 당신의 브랜드팀은 이 세 가지 자질을 지니고 있는가?

돈을 버는 살인사건, 클루

앤서니 프랫은 소규모로 공연했지만 비교적 성공한 음악가였다. 1920년대와 1930년대에 시골 호텔과 크루즈 여객선에서 피아노를 연주하면서 생계를 유지했다.

그는 추리소설을 좋아했다. 그가 가장 좋아하는 소설가는 레이먼드 챈들러와 애거사 크리스티였다. 그래서 자신이 피아노를 연주하러 간 시골 호텔에서 저녁에 정기적으로 열리는 추리소설 모임을 즐겼다.

이 모임에서는 호텔 투숙객들과 몇몇 배우들이 참여해 투숙객 한두 명이 살해되는 추리소설 연극을 연기했다. 호텔 방들은 미스터리가 펼쳐지는 공간이 되었고, 결국 단서들이 발견됨에 따라 사건이 해결되는 것으로 연극의 막을 내렸다.

제2차 세계대전이 시작되자, 앤서니 프랫은 버밍엄에 가서 탱크 부품을 생산하는 군수공장에 취직했다. 무미건조하게 기계를 다루다 보니 일에 싫증이 났지만 생각할 시간은 많이 생겼다. 훗날 그는 '숙고, 추측, 상상적 관념에 골몰하는 내성적 인물'이라고 자신을 소개했다.

그러한 상상의 결과물로서, 추리소설을 주제로 보드게임을 하나 개발했다. 그는 이 보드게임의 이름을 정직하게 '살인사건'이라고 지었다. 보드게임의 디자인은 아내 엘바가 맡았다. 1944년 1월 12일, 그는 영국 특허청에 이 보드게임의 특허를 신청했다.

수개월 뒤, 앤서니 프랫은 모노폴리라는 보드게임의 제작사인 웨딩턴스 게임스의 리즈 본사를 방문해, 자신이 만든 보드게임의 상품화 가능성을 문의했다. 상무이사 노먼 왓슨이 게임을 한 판 해보고는 즉시 상품화를 제의했다. 하지만 당시 영국은 전쟁으로 물자 부족 상태였기에 게임 출시가 연기되었다. 1949년 마침내 영국에서 이 보드게임이 출시되었다. 파커 브러더스와 라이선스 계약으로 미국에서는 이미 출시한 상태였다.

앤서니 프랫의 최초 버전에서는 캐릭터가 10명이었다. 이후 미스터 브라운, 미스터 골드, 미스 그레이, 미시즈 실버 캐릭터가 삭제되고, 두 캐릭터는 화이트 간호사, 옐로 대령으로 이름이 바뀌었다. 엘바가 디자인한 최초 버전의 보드에는 방이 11개 있었지만, 이후 총기실, 지하 저장고가 삭제되었고 무기 수도 줄었다.

게임 제목도 바뀌었다. 노먼 왓슨은 단서를 뜻하는 영어 단어 '클루'와, '나는 게임한다'는 뜻의 라틴어 문장 '루도'를 합쳐 '클루도'라는 이름을 제안했다. 파커 브러더스는 이를 더 줄여 '클루'라는 이름으로 미국에 출시했다.

클루도 또는 클루라고 불리는 이 보드게임은 오늘날 브라질부터 스웨덴, 뉴질랜드, 아부다비까지 40여 개국에서 판매된다. 브라질에서는 형사를 뜻하는 영어 단어인 '디텍티브'라는 이름으로 판매된다.

세계적으로 추리소설 보드게임을 좋아하는 사람은 많지만, 그런 보드게임의 발명자가 누구인지는 이 글을 읽는 당신을 비롯해 소수일 뿐이다.

여기서 교훈은, 브랜드는 '상상적 관념들'을 기반으로 구축될 수 있다는 사실이다. 당신의 브랜드는 어디서 새로운 '상상적 관념들'을 발견할 수 있을까?

여성들에게 편안함과 자신감을,
DVF 랩 드레스

벨기에 출신 패션 디자이너인 다이앤 폰 퍼스텐버그의 이야기는 패션계의 동화로, 브랜딩에 관한 흥미로운 교훈을 담고 있다.

패션계에 전해지는 이야기는 다음과 같다. 자유로운 영혼을 가진 젊고 아름다운 유럽 공주가 1970년대 초 뉴욕에 도착한다. 서른 살이 되기 전에 큰 부를 축적하고 〈뉴스위크〉 표지에 사진이 실리기도 했지만, 사업에 실패하게 된다. 파리로 돌아간 공주는 이혼과 재혼으로 공주라는 호칭을 잃게 되었다. 그러나 50대에 복귀해 국내외에 85개 점포를 운영하는 사업체를 일구었다.

브랜딩에 관한 교훈은 다이앤의 어린 시절 이야기에서부터 시작한다. 오프라 윈프리 쇼에서 그녀는 이렇게 회상했다. "어릴 적 나는 커서 뭐가 될지 몰랐지만, 어떤 유형의 여성이 되고 싶은지는 알았죠. 혼자서 자동차를 운전하고 생활비를 벌어다 쓰는 자립적인 여성이 되고 싶었어요."

1970년도에 그녀는 3만 달러를 투자해 여성 의류를 디자인하기 시작했다. "내가 퍼스텐버그의 에곤 공과 결혼하기로 정해진 사실을 알게 된 순간, 직업여성이 되기로 결정했어요. 나는 그저 가만히 있다가 원하지도 않는 결혼을 하는 소녀가 아니라 홀로 자립하는 여성이 되고 싶었죠."

다이앤을 만난 패션 잡지 〈보그〉의 편집자 디이애나 브릴랜드는 그녀의 디자인에 대해 "무척 놀랍다"고 평하고, 뉴욕 패션 위크 (1년에 두 번 뉴욕에서 유명 디자이너들의 작품을 발표하는 패션쇼가 열리는 기간-옮긴이)를 알리는 달력에 그녀의 이름을 올렸다. 이는 그녀의 브랜드를 구축하는 데에 중요한 디딤돌이 되었다.

하지만 다이앤의 이야기에서 중심은 '옷'이다.

1974년 그녀가 출시한 저지 랩 드레스는 저지(부드럽고 곱게 직조한 천-옮긴이) 소재로 만든, 여며서 입는 방식의 원피스 드레스다. 단추나 지퍼가 달리지 않고 가운처럼 디자인되었다. 출시 40년 뒤인 2014년 〈마리 클레르〉가 저지 랩 드레스를 '여성에게 가장 편리한 옷'으로 선정했다.

다이앤 폰 퍼스텐버그의 디자인은 시장조사가 아닌 관찰에서 비롯되었다. 1998년 출간한 『다이앤, 놀라운 삶』이라는 자서전에서 그녀는 이렇게 설명했다. "저에게는 함께 토론할 동료들도, 마케팅 조사팀도, 계획도 없었습니다. 저에게 있는 건 여성들이 여성성을 감추는 뻣뻣한 바지, 나팔바지, 히피 옷 외의 선택지를 원할 것이란 직감뿐이었어요. 도시 커리어 우먼에게는 저지 랩 드레스가 잘 어울렸죠. 섹시하고 실용적이었어요.

당시는 여성 사업가가 거의 없었고, 얼마 없는 여성 경영자들조차도 여성스러운 옷차림보다는 남성 같은 옷차림으로 여성성을 감추고자 했습니다. 저지 랩 드레스는 여성들에게 여성성을 지우지 않은 채 출근할 수 있게 했어요. 초기 광고를 보면 흰색 상자에 다음과 같은 문구가 적혀 있었어요. '여성스러움을 간직하려면 드레스를 입으세요.' 본인이 진실로 자각하는 자아야말로 가장 강력한 자아입니다."

드레스 재료로 저지를 선택한 것도 매우 의도적이었다. 이유를 묻는 질문에 다이앤은 코코 샤넬, 도나 카란 등 저지를 입는 여성 디자이너들을 언급했다. "착용하는 여성들이 기분 좋게 하루를 보낼 수 있는 옷이고, 우리는 그 점을 중시하기 때문입니다."

단추와 지퍼가 달리지 않은 저지 랩 드레스의 디자인이 야한 느낌이 난다는 지적도 있었는데, 이에 대한 다이앤의 답변이 유명하다. "잠자는 남편을 깨우지 않은 채 옷을 벗으려 하는데 지퍼가 달려 있다면 끔찍하겠죠."

저지 랩 드레스는 자유롭고 편하고 자주적인 옷을 선택하는 여성들을 위한 옷이었고, 지금도 마찬가지다.

"내 브랜드, DVF의 목적이 바로 그것이죠. 우리는 여성들에게 자신감을 팝니다." 이러한 자신감은 편안함과 아름다움의 조합에서 나온다.

사실 몸을 휘감는 형태의 랩 드레스라는 디자인 콘셉트는 새로운 것이 아니었다. 바느질이 생기기 이전 시대부터 세계 곳곳에서 만들어진 옷의 형태로, 디오르가 1960년대에 이러한 디자인 콘셉트를 하이 패션계에 도입했다. 하지만 DVF의 랩 드레스가 특별한 점은 마감, 천, 넥 라인에 있었다. DVF의 랩 드레스는 예쁘고, 실용적이고, 굳이 따지면 도발적이기까지 했다.

다이앤 폰 퍼스텐버그는 출시 2년 만에 500만 장의 랩 드레스를 판매하는 돌풍을 일으켰고 〈뉴스위크〉 표지를 장식했다. 원래 당시 표지는 공화당 대선 후보 경선에 처음 도전해 승리한 제럴드 포드의 사진을 실을 예정이었지만, 마지막 순간에 변경되었다. 표지 기사는 다이앤 폰 퍼스텐버그를 '코코 샤넬 이후 가장 상업적 영향력을 갖춘 여성 디자이너'라고 평가했다.

최근 〈가디언〉 인터뷰에서 그녀는 다음과 같이 인정했다. "생활비, 자녀 교육비, 뉴욕 아파트와 저택 값을 벌게 해준 랩 드레스였지만 딱히 고맙지 않았습니다. 솔직히 가끔은 싫증이 날 때도 있었어요. 하지만 지금은 DVF 랩 드레스가 저보다 큰 존재라는 사실을 알게 되었습니다. 나는 그저 이 드레스의 전달자일 뿐이죠. 랩 드레스는 DVF 브랜드의 본질입니다. 나는 랩 드레스 덕분에 현재의 위치에 있게 되었죠. 랩 드레스는 DVF 브랜드가 상징하는 모든 것을 담고 있기 때문입니다."

여기서 교훈은, 브랜드는 소비자 이해를 기반으로 구축된다는 사실이다. 당신은 소비자의 삶과 동기를 얼마나 잘 이해하고 있는가?

선물용 포장지의 대중화, 홀마크

일본의 후로시키는 물건을 쌀 때 쓰는 재사용 가능한 천으로, 에도 시대(1603~1868)부터 사용되었다. 이와 비슷한 한국의 보자기는 기원이 1세기 삼국시대로 거슬러 올라간다.

서양의 선물 포장지는 이보다 역사가 짧고, 주로 부유층에게 서 볼 수 있는 것이었다. 19세기 말 빅토리아 시대 상류층은 정교 하게 장식된 무거운 종이를 사용해 선물을 포장하고 끈으로 묶고 리본을 달았다. 특히 크리스마스 선물을 그렇게 포장했다. 빅토리 아 시대 서민들에게는 부담스러운 비용이었지만 상관없었다. 애당 초 그들은 선물을 살 돈조차 없었으니까.

20세기로 접어들자 크리스마스가 아니더라도 선물을 주고받는 경우가 늘어났고, 잘 접히지 않아 불편한 두꺼운 빅토리아 시대 포장지는 값싸고 쉽게 접히는 얇은 박엽지로 교체되었다. 당시에는 주로 빨간색, 초록색, 흰색 포장지가 쓰였다.

필요는 발명의 어머니라고 했던가. 1917년 포장지에 돌이킬 수 없는 변화가 일어났다. 미주리 주 캔자스 시티에서 조이스, 롤리 형제가 문구점을 운영하고 있었다. 크리스마스 시즌에 장사가 잘되어, 얇은 포장지가 다 떨어질 지경이었다.

형제는 '주님께서 주시리라'는 성실한 목사 아버지의 금언 대신, '주님의 수고를 조금 덜어주는 것도 괜찮으리라'는 조이스의 평소 신조를 따르기로 했다.

뭔가 대용품이 없을까 하고 창고를 뒤지던 형제는 '화려한 문양이 있는 프랑스제 종이'를 발견했다. 원래는 판매용으로 진열하는 상품이 아니라 봉투 속에 안감으로 집어넣는 종이였다.

형제는 이 종이를 1장당 0.1달러에 팔았고 순식간에 수천 장이 팔려나갔다. 훗날 조이스가 회상했다. "장식용 선물 포장지 사업은 롤리가 그 프랑스제 종이 안감을 상품 진열대에 올려놓은 날에 시작되었습니다."

형제는 화려한 문양이 있는 프랑스제 종이 안감이 선물 포장지로 잘 팔린 것이 우연에 의한 것이었는지, 정말로 수요가 많아서 그랬던 건지 가늠하기 위해 이듬해인 1918년 크리스마스 시즌에도 종이 안감을 선물 포장지로 판매했다. 이번에는 3장에 0.25달러로 판매가를 책정했다. 이번에도 날개 돋친 듯 팔려나갔다.

이로써 시장이 존재한다고 확신한 형제는 1919년도에 선물 포장 전용 장식용 종이를 생산·판매하기 시작했다.

형제의 성은 홀이고, 형제가 만든 브랜드명은 홀마크다. 홀마크는 수년간 선물 포장지 시장을 독식했다.

여기서 교훈은, 가끔 필요가 발명의 어머니가 될 수 있다는 사실이다. 당신은 역경에 직면했을 때 어떤 기회를 발견할 수 있는가?

서민도 마실 수 있는 홍차, 립톤

피니어스 테일러 바넘은 종종 사람들을 가장 즐겁게 한 쇼맨으로 평가받는다. 하지만 그와 똑같은 쇼 기술을 사용한 또 다른 19세기 기업가 토머스 립톤 역시 오늘날까지 이름을 남겼다.

토머스 립톤은 1850년 스코틀랜드 글래스고에서 태어나 15세 때 미국으로 건너갔다. 버지니아 주 담배 농장, 사우스캐롤라이나 주 쌀 농장, 뉴올리언스 주 노면전차에서 일하다가 뉴욕 시 백화점 식료품 코너 일자리를 구했다. 이곳에서 립톤은 '미국식' 마케팅의 현장을 목격하고 훗날 인생에서 성공적으로 활용하게 될 마케팅 기술을 배웠다.

미국에 건너와 고국으로 돌아가지 않은 수많은 이민자들과 달리, 토머스 립톤은 미국에서 번 돈을 모아 스코틀랜드로 돌아갔다. 가족의 식료품점에서 잠시 일한 다음 1871년 글래스고 앤더스톤 스톱크로스 101번가에 본인의 가게를 열었다.

토머스 립톤은 자신의 식료품점을 소비자들에게 홍보하기 위해 신문에 실릴 만한 깜짝 쇼를 벌였다. 일명 '글래스고에서 가장 큰 돼지들이 잡혔다'라고 불리는 퍼레이드로, '나는 글래스고 최고의 베이컨을 파는 립톤 식료품점으로 가는 중입니다!'라는 푯말을 목에 건 돼지들을 끌고 거리를 행진한 것이다. 대중의 관심을 불러일으킨 또 다른 깜짝 쇼의 예로는 세계 최대 치즈 수입과 립톤 화폐 발행 등이 있다.

토머스 립톤의 식료품점 사업은 큰 성공을 거둬 빠르게 확장해나갔다. 1880년도에 립톤은 20개 점포를 운영했고, 1890년도에는 점포 수가 300개로 늘었다. 토머스 립톤은 혁신적인 판매·홍보 기법들로 이름을 떨치고 모든 영국인이 아는 유명인사가 되었다. 이러한 성공에 안주하는 대신, 토머스 립톤은 새로운 일에 도전했다. 국제 요트 경기 대회인 아메리카 컵에 참가해 1899년부터 1930년 사이에 5차례 우승했다.

그 외에 도전한 일로는 홍차 사업이 있다. 토머스 립톤은 저렴한 가격으로 괜찮은 품질의 홍차를 판매하는 사업이 전도유망하다고 느꼈다. 그는 저렴한 가격의 홍차를 확보하고자, 전통적인 거래망과 도매 유통망을 우회하기로 했다. (당시 영국의 홍차 거래는 대부분 런던 도매업자들이 주물렀다.) 당시 홍차는 가격이 부담스러워 부자들이나 마시는 음료로 취급되었다. 홍차 가격이 1파운드에 3실링(현재 화폐 가치로 15파운드)이었는데, 토머스 립톤은 이를 1실링 7펜스(현재 화폐 가치로 7.5파운드)로 낮추고자 했다.

전통적으로 홍차는 대형 나무상자에 실어 배로 가져온 다음 마구잡이로 판매되었다. 하지만 토머스 립톤은 이를 표준화해 일정 품질이 보장되는 홍차를 다양한 무게로 포장해 판매하기로 마음먹었다. 훗날 립톤은 홍차 잎을 티백에 담아 판매하는 최초의 브랜드가 되었다.

그의 첫 홍차 하역은 늘 사람들의 이목을 끄는 립톤 스타일대로, 브라스밴드와 백파이프 연주자들을 동반한 퍼레이드 행사를 동반했다.

이후 큰 변화는 토머스 립톤이 '호주'로 휴가를 떠났을 때 일어났다. 사실 그는 호주로 갈 계획이 전혀 없었다. 호주 휴가는 실론(오늘날 스리랑카)으로 가는 일정을 다른 사람들이 모르게 하려고 둘러댄 말이다. 당시 실론은 병충해로 인해 여러 영국 커피 농장들이 파산했고, 살아남은 농장들은 커피 대신 홍차를 재배하고 있었다. 마침 땅값도 쌌기에 립톤은 또 다른 기회로 보고, 파산한 농장 다섯 곳을 매입했다. 이후 추가로 10여 개의 농장을 매입해 립톤은 "농장에서 직접 가져온 홍차를 집에서"라는 새 슬로건으로 소비자에게 광고할 수 있었다.

1893년 그는 토머스 J. 립톤 컴퍼니를 정식으로 설립하고, 립톤이라는 홍차 브랜드를 만들었다.

립톤 홍차는 영국에서 즉각적인 성공을 거뒀다. 립톤은 미국 시장으로 진출하고자, 뉴욕을 마주 보고 있는 뉴저지 주 항구 도시 호보컨에 위치한 창고를 미국 본사로 삼았다. 그는 미국에서도 깜짝 쇼를 벌였다. 뉴욕 항 어디서든 똑똑히 읽을 수 있을 정도로 거대한 립톤 홍차 광고판을 설치한 것이다.

1898년, 토머스 립톤은 국가에 기여한 바를 인정받아 빅토리아 여왕에게 기사 작위를 받고, 48세의 나이에 토머스 립톤 경이 되었다.

오늘날 립톤은 150여 개국에 진출한 세계 1위 홍차 브랜드다.

여기서 교훈은, 소비자들은 생소한 브랜드를 선뜻 구매하지 않는다는 사실이다. 당신은 어떻게 브랜드에 대한 대중의 인지도를 극대화할 것인가?

리바이스 청바지 탄생에 한몫한 러시아 남자

러시아인들이 없었다면, 특히 제이콥 유페스라는 러시아인이 없었다면, 세계에서 가장 유명한 미국 청바지 브랜드는 존재하지 않았을지 모른다.

혹시 청바지 역사를 아는 독자라면 이 대목에서 리바이스 501을 떠올리고 '리바이스는 미국 기업가 리바이 스트라우스가 만든 청바지 브랜드가 아닌가?' 하면서 잠시 당혹스러웠을지도 모른다.

정답은 '예스'이자 '노'다.

리바이스 501은 리바이 스트라우스가 만든 청바지 브랜드가 맞다. 하지만 리바이스 501 청바지를 다른 청바지와 구분 지은 작은 단추 모양의 구리 리벳과 주황색 실로 만든 이중 박음선은 제이콥 데이비스가 생각해낸 아이디어다.

제이콥 데이비스의 원래 이름은 제이콥 유페스였다. 그는 1831년 러시아 제국의 도시였고 현재는 라트비아의 수도인 리가에서 태어났다. 그는 이 도시에서 재단사로 교육 받고 근무했다. 1854년 미국으로 이주한 그는 뉴욕에 도착한 직후 제이콥 데이비스로 개명했다.

수년간 여러 주를 전전하며 재단사로 일하다가 1869년 네바다 주 리노 시에 정착해 점포를 열었다. 주요 고객은 센트럴 퍼시픽 철도 노동자들이고, 주로 팔리는 제품은 텐트, 말 담요, 마차 가림막이었다. 제이콥 데이비스는 무겁고 질긴 '코튼 덕' 천과 두껍고 질긴 '코튼 데님' 천을 사용해 이 제품들을 만들었다.

제이콥 데이비스가 코튼 데님 천을 사는 곳은 샌프란시스코에 위치한 리바이 스트라우스 앤 컴퍼니(줄여서 리바이스)라는 직물 회사였다.

1870년 12월, 데이비스에게 한 아줌마 손님이 찾아와 벌목꾼으로 일하는 남편이 입을 질긴 '작업용 바지'를 만들어달라고 요청했다. 입기 편하고 질긴 작업용 바지를 어떻게 만들까 고민하던 제이콥 데이비스는 코튼 덕 천의 특성에 착안했다. 그는 텐트와 마차 가림막을 만드는 기술을 활용해 바지를 만들기로 했다. 바지 부위 중 찢어지기 쉬운 이음매와 주머니에는 구리 리벳을 덧붙여 보강했다.

이렇게 제작된 청바지에 만족한 아줌마와 남편은 친구, 동료들에게 소문을 냈다. 철도 노동자들 사이에 소문이 빠르게 퍼짐에 따라, 제이콥 데이비스는 코튼 덕 천으로 더 많은 작업용 바지를 만들었고, 1871년에는 코튼 데님으로도 작업용 바지를 제작했다.

제이콥 데이비스는 청바지 사업의 잠재적 가치를 인식하고, 사업을 성공시키려면 타인의 도움과 자본이 필요하다고 판단했다. 1872년 리바이 스트라우스를 찾아가 자신이 특허를 신청하고자 하니 경제적으로 지원해달라고 요청했다. 리바이 스트라우스도 청바지의 잠재력을 깨닫고 후원했다. 1873년 5월 20일, 제이콥 데이비스와 리바이 스트라우스 앤 컴퍼니는 '금속 리벳을 사용해 의복 주머니를 보강하는 방법'에 대한 특허(특허번호 139121)를 받았다.

같은 해인 1873년 제이콥 데이비스는 경쟁사 청바지와 차별화하기 위해, 청바지 뒷주머니에 주황색 실로 이중 박음선을 넣기 시작했다. (이중 박음선 디자인도 나중에 미국 상표권 번호 1339254로 등록되었다.)

리바이 스트라우스는 청바지 생산을 위해 샌프란시스코에 상당 규모의 점포를 열고 재단사 제이콥 데이비스에게 가족과 함께 와서 점포를 운영해달라고 요청했다. 이후 청바지 수요가 계속 증가함에 따라, 스트라우스는 아예 청바지 제조 공장을 열게 되었고, 데이비스에게 공장 운영을 맡겼다. 데이비스는 남은 생애 동안 이곳에 계속 출근해 청바지 생산 라인뿐 아니라 작업용 셔츠 등 다른 제품 라인도 감독했다.

하지만 청바지 브랜드를 소유한 사람은 리바이 스트라우스였고, 세월이 흐름에 따라 제이콥 데이비스의 기여는 대중에게 덜 알려졌다. 오늘날 이 러시아인이 리바이스 청바지 브랜드에 기여한 바를 아는 사람은 패션업계 종사자와 브랜드 역사가들, 그리고 이 글을 읽는 당신뿐이다.

여기서 교훈은, 시장에서 일어나는 혁신은 다른 시장에서 빌려온 것일 때가 종종 있다는 사실이다. 당신은 어디서 아이디어를 빌려오겠는가?

최고의 주방 도우미, 키친에이드

호바트 사의 엔지니어 허버트 존스턴은 별종이었다. 더 정확히 말하면, 본인의 실용적 기술을 이용해 다른 사람의 문제를 해결하길 좋아하는 호기심 많은 엔지니어였다.

이런 성격인지라, 1908년에 숟가락과 손만 사용해 힘들게 빵 반죽을 만드는 제빵사를 보고 더 나은 방법을 궁리했다. 허버트 존스턴은 거의 7년에 걸친 노력 끝에 80쿼트 용량의 전기 스탠드 반죽기를 개발했다. 일단 출시하니 날개 돋친 듯 팔렸고, 전국 제빵사들의 수고를 덜어줬다.

미 해군 조달청은 미 해군 최초의 드레드노트급 전함인 사우스 캐롤라이나뿐 아니라 새로 건조한 테네시급 전함인 캘리포니아와 테네시에 구비하고자 이 제품을 주문했다. 1917년 이 스탠드 믹서는 모든 미 해군 함선의 '상비 용품'이 되었다.

이 제품이 엄청난 성공을 거두자 허버트 존스턴을 비롯한 호바트 사의 엔지니어들은 가정집 부엌에서도 쓰일 수 있을 만큼 작은 반죽기를 개발하면 어떨까 궁리하게 되었다. 제1차 세계대전 시기 미 군함 취사병들은 전기 반죽기의 혜택을 누렸지만, 미국 대중이 가정집에서 이 제품을 사용하게 된 시기는 제1차 세계대전이 끝나고 난 뒤였다.

1919년에 최초의 가정용 스탠드 반죽기인 H-5 모델이 출시되었다. 이 제품은 여러 부가장치를 갖췄을 뿐 아니라 새로운 브랜드명이 붙었다. 회사 측의 공식 기록에 따르면, 새로운 브랜드명은 한 중역 부인이 외친 말에서 따왔다고 한다. "제품명이 뭔지는 몰라도, 난 이 제품이 최고의 주방 도우미(Kitchen aid)가 되리라 확신해요!" 키친에이드(KitchenAid) 상표는 곧 미 특허청에 등록되었다.

오랜 세월 키친에이드 상표로 출시된 여러 스탠드 믹서 중 첫 제품인 H-5는 '행성이 회전'하는 방식을 본뜬 제품으로, 믹싱볼(bowl)을 회전시키면서 그와 반대 방향으로 혼합기를 회전시키는 방식으로 빵 반죽을 만들었다.

하지만 가정집 주방에 놓기에 충분히 작은 제품은 아니었다. 높이가 26인치(33센티미터), 무게가 대략 65파운드(29.5킬로그램)에 달했다.

처음에 소매업자들은 이 특이한 제품을 판매하길 주저했다.

그래서 주로 여성으로 구성된 호바트 사의 판촉 사원들이 무거운 H-5 제품을 들고 가정집을 일일이 방문했다. 가정집 주부들을 모아놓고 이 제품으로 어떻게 음식 재료를 혼합하고, 반죽하고, 자르고, 거품 내고, 얇게 썰고, 토막 내고, 잘게 갈고, 걸러내는지 시연하자 매출이 급증했다.

1927년 H-5 모델보다 가볍고 작아진 G 모델이 출시되었다. 이 제품은 출시 3년 만에 2만 개가 팔렸다. G 모델을 사용한 얼리어댑터 중에는 영화배우 존 배리모어와 진저 로저스, 기업가 헨리 포드도 있었다.

1930년대에 호바트 사는 더 싼 가격의 스탠드 믹서 모델 3개를 디자인하고자 에그만트 애런스를 채용했다. 에그만트 애런스는 문화·패션 잡지 〈배니티 페어〉의 아트 에디터이자 세계적 명성의 예술가, 디자이너였을 뿐 아니라 소비자 중심적 사고방식으로 제품 디자인과 포장에 접근해야 한다고 주장한 '산업계의 휴머니스트'였다. 에그만트 애런스의 기업 고객 명단에는 GE, 페어차일드 항공사, 제너럴 아메리칸 트랜스포테이션 컴퍼니는 물론 호바트 사도 있었다.

에그만트 애런스의 손을 거쳐 탄생한 4.5쿼트 용량의 모델 K45의 디자인은 매끈하고 시대를 훨씬 앞선 미래적 느낌이 난다. 이 제품 디자인은 오늘날까지도 거의 바뀌지 않은 채 내려오고 있다. 1937년 출시된 이 제품은 엄청난 성공을 거뒀다. 이때 이후로 오늘날까지 나온 모든 키친에이드 믹서의 부품들은 호환 가능하다.

최종적인 유명한 혁신은 1955년도에 일어났다. 애틀랜틱 가정용품 박람회에서 연분홍색, 짙은 노란색, 하늘색, 은색, 갈색 등 다양한 색상의 키친에이드 제품이 공개되었다.

여기서 교훈은, 브랜드란 사람들의 문제를 해결하는 과정에서 구축될 수 있다는 점이다. 아직 해결되지 않은 (또는 더 나은 해결책이 필요한) 문제를 생각해보자.

세계 최초 생명보험사, 스코티시 위도우스

나폴레옹은 수많은 업적으로 인정받고 있지만, 흔히 인용되는 업적 목록에는 영국에서 가장 유명한 금융 브랜드에 대한 그의 기여가 빠져 있다.

영국 보험사 스코티시 위도우스는 홈페이지에서 자사의 기원을 1812년 3월로 잡는다. 1812년은 나폴레옹 전쟁을 치르고 있었을 뿐 아니라 미영전쟁의 암운도 드리우고 있던 격동의 시기였다. 다수의 스코틀랜드 유력 인사들이 에든버러 시내의 로열 익스체인지 커피 룸스라는 카페에 모였다. '과부, 여동생 등 여성 가족에게 남겨줄 유산의 안전을 보장하는 일반기금' 창설을 논의하는 역사적 회동이었다. 이 기금은 나폴레옹 전쟁 시기나 이후에 사망할 경우 유가족들이 빈곤에 빠지는 사태를 막고자 구상되었다.

논의와 계획 과정에 다소의 시간이 걸려, 나폴레옹이 워털루 전투에서 패배한 1815년이 되어서야 스코티시 위도우스 생명보험이 스코틀랜드 최초의 생명보험사로 문을 열었다.

스코티시 위도우스 생명보험의 유래에 얽힌 이야기는 끝나지 않았다. 이 브랜드의 기원이자 생명보험의 기원은 1744년 두 명의 스코틀랜드 목사에게로 거슬러 올라간다. 그들은 '진정한 보험 기금의 창시자'로 기록될 만하다.

서로 친구지간인 로버트 월러스와 알렉산더 웹스터는 통찰력 있는 인물들이었다. 그들은 동료 목사들이 사망할 경우 아내와 자녀들의 생계가 어려워지는 현실을 안타까워했다. 신자들이 도움의 손길을 뻗었지만, 집을 잃고 무일푼으로 거리에 내몰리는 유가족이 많았다. 이러한 문제에 맞서 월러스와 웹스터는 기발한 계획을 세웠고, 이는 현재 세계 최초의 보험 기금으로 인식된다. 두 사람은 교회 목사들에게 소득의 일정 부분을 기금에 내고, 이 돈을 투자해 수익을 거두는 계획을 제안했다. 기금에 돈을 납입한 목사가 사망하면, 아내에게 기금 수익을 배당해 여생을 어려움 없이 지내게 하는 계획이었다.

남은 문제는 이 기금의 목적을 달성하기 위해 각 목사가 납부해야 하는 금액을 계산하는 일이었다. 웹스터와 월러스는 해마다 몇 명의 목사가 사망할지, 몇 명의 과부와 자녀가 돈을 수령할지, 돈을 수령하는 과부가 몇 년을 더 살지 예측해야 했다. 능력의 한

계를 자각한 두 목사는 에든버러 대학교의 수학 교수인 콜린 매클로린에게 연락했다.

세 사람은 목사들의 사망 연령 자료를 수집하고, 이 자료를 토대로 특정 연도에 몇 명의 목사가 사망할 확률이 높은지 계산했다. 이러한 계산 끝에 그들은 다음과 같이 결론 내렸다. 매년 최소 930명의 스코틀랜드 장로교 목사들이 있을 테고, 매년 평균 27명의 목사가 사망하고 18명의 과부가 생길 것이다. 아내 없이 사망한 목사 9명 중 5명에게는 자녀가 있고, 과부 둘 중 하나는 16세 미만 자녀가 딸려 있을 것이다.

그들은 이러한 과부들이 사망하거나 재혼해서 보험금을 수령하지 않기까지 몇 년이 걸릴지 계산했다. 이러한 계산 끝에 그들은 목사 1인당 (지금으로 치면 2.61파운드에 해당하는) 2.12실링과 2펜스를 매년 납입할 경우, 과부가 (당시로서는 생계 유지가 가능한 금액인) 10파운드를 매년 받게 되리라고 예측했다. 기금 투자로 수익이 생기면 과부가 해마다 더 큰 금액을 받을 수 있을 터였다. 그리고 이 기금-스코틀랜드 교회 목사의 과부와 자녀를 위한 공제기금-이 유지되려면, 1765년도에 5만 8348파운드의 자본이 쌓여 있어야 한다는 계산이 나왔다.

기록에 따르면, 1765년도에 이 공제기금의 자본은 5만 8347파운드로, 콜린 매클로린 교수가 예상한 금액에서 단 1파운드 모자랐을 따름이다.

여기서 교훈은, 브랜드가 숭고한 목적을 실현하기 위해서는 합리적인 비즈니스 모델의 뒷받침을 받아야 한다는 점이다. 당신의 브랜드는 얼마나 강력한 비즈니스 모델에 기반을 두고 있는가?

스코티시 위도우스 브랜드를 상징하는 아이콘인 '후드를 쓴 스코틀랜드 과부'의 모습은 데이비드 베일리가 감독한 1986년 TV 광고에서 처음 등장했다. 스코티시 위도우스는 '살아 있는 인물'의 모습으로 형상화한 로고를 통해 '과부'라는 단어에 담긴 부정적 이미지를 지우고, 긍정적 가치-힘, 신뢰, 성실, 혁신, 유산-를 제시하고자 했다. 이 광고 전략의 효과는 즉각 나타났다. 스코티시 위도우스는 브랜드 인지도가 34퍼센트에서 92퍼센트로 급증함으로써 영국에서 대중적인 브랜드가 되었다.

TV 속 연예인이 입은 옷, 아소스

영감이란 패션처럼 온갖 형태와 크기로 찾아온다.

아소스는 스탠더드 램프에서 영감을 얻어 탄생한, 큰 성공을 거둔 온라인 의류 소매업체 브랜드다. 공동 창업자 닉 로버트슨과 쿠엔틴 그리피스는 "미국 시트콤 〈프렌즈〉가 방영된 1999년, 극중 아파트에 등장한 스탠더드 램프를 어디서 구매할 수 있는지 묻는 전화가 NBC 방송국에 4000통이나 왔다는 통계 글을 읽었고, 이것이 우리 사업의 아이디어가 되었습니다"라고 고백했다.

그들은 다음과 같은 논리 전개를 통해 아소스 브랜드를 만들었다고 밝힌다. "영화나 TV 프로그램에 노출되는 것은 무엇이든 대중의 구매욕을 불러일으킵니다. 그래서 우리는 대중매체에 노출된 것들을 중점적으로 파는 가게를 차렸습니다."

그들이 2000년 6월에 문을 연 온라인 상점의 이름도 자연스럽게 정해졌다. 바로 '스크린에서 본 것처럼(As Seen On Screen)'이라는 문구의 머리글자를 딴 '아소스(ASOS)'다.

처음에 그들은 다양한 사업을 구상했지만, 그들이 아카디아에서 빼내온 인재였던 로리 펜이 사업 방향을 수정했다. (아카디아는 톱숍, 도로시 퍼킨스 같은 패션 브랜드를 거느린 영국 기업으로, 필립 그린이 창업했다.) 로리 펜은 패션 의류야말로 아소스가 나가야 할 길이라고 주장했다.

"우리가 처음 맞이한 바이어도 패션 의류 쪽이었고, 그 후 우리는 그쪽으로 주력했어요. 우리가 가장 큰 수익을 얻는 사업 부문도 패션 의류입니다. 그냥 '스탠더드 탑 셔츠'가 아닌 '제니퍼 애니스톤이 〈프렌즈〉에서 입은 탑 셔츠'라고 홍보하죠." 닉 로버트슨의 설명이다.

창업자들은 로리의 판단에 따라 패션 의류에 주력하기로 결정했다. 온갖 연예인 관련 상품을 취급하던 아소스는 그리하여 패션 의류만 판매하는 웹사이트로 탈바꿈했다. 그 후 매출이 25만 파운드에서 2억 파운드로 급증했다. 불과 몇 명이 일하던 온라인 상점이었던 아소스가 지금은 1000명 이상의 직원을 채용하고 웹사이트를 통해 3만 5000종이 넘는 패션 상품을 판매하고 있다.

패션은 아소스가 추구하는 길일 뿐만 아니라 선도하는 분야이기도 하다. 연예인 패션을 복제한 의류를 판매하던 아소스는 이

제 연예인 패션 트렌드에 영향을 미치기까지 한다. 아소스가 자체 브랜드로 제작한 옷을 리아나, 케이트 허드슨 같은 유명 연예인들이 입는 모습은 더 이상 놀랍지 않다.

여기서 교훈은, 새로운 브랜드에 대한 영감은 언제, 어디서든 얻을 수 있다는 점이다. 당신은 그런 영감을 얻고자 24시간 눈과 귀를 열어두고 있는가?

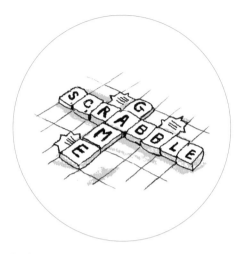

실업자가 만든 게임, 스크래블 게임

대공황 시기 미국인들은 이루 말할 수 없는 비참한 처지에 놓였다. 하지만 이 시기에 가족을 먹여 살려야 한다는 절박한 필요성 때문에 혁신을 일으킨 경우도 적지 않았다. 전작 『폭스바겐은 왜 고장난 자동차를 광고했을까?』에서 찰스 대로우가 판매 회사에서 실직한 뒤 모노폴리라는 보드게임을 개발한 일화를 소개했었다. 하지만 필요가 혁신의 어머니였던 사람은 그뿐만이 아니었다.

1933년 일자리를 잃은 건축가 앨프리드 모셔 버츠는 보드게임을 개발해보기로 했다. 그는 체계적으로 개발 작업을 시작했고, 본인은 자각하지 못했을지 몰라도 최고의 혁신 사례들에서 보이는 여러 원리들을 충실히 따랐다. 즉 시장을 분석하고, 최적의 기회 영역을 파악하고, 이 영역에 들어맞는 신상품을 개발해 시제품을 만들고 검증하는 것이었다.

그는 먼저 기존의 보드게임들을 분석했다. 뉴욕 시 퀸스에 위치한 아파트에 앉아서 보드게임을 세 유형으로 분류했는데, 기물을 움직이는 체스 유형의 게임, 빙고 같은 숫자 게임, 그리고 단어 게임이었다. 그는 기존의 단어 게임으로는 뭐가 있는지 고민해봤지만, 생각나는 단어 게임이라고는 아나그램밖에 없었다. 단어 게임을 기회 영역으로 파악한 그는 크로스워드 퍼즐의 단어 기술들과 아나그램을 조합하고 확률 요소를 추가한 보드게임을 만들기로 했다.

그는 〈뉴욕 헤럴드〉를 비롯한 신문들의 1면을 유심히 검토해, 알파벳 문자의 등장 빈도를 측정했다. 그는 이 정보를 이용해 보드게임에 쓸 각 문자 타일의 개수와 점수를 결정했다. 그 결과로 나온 보드게임은 처음에 렉시코라는 이름이 붙었고, 이후 수년간 '그것'이라든지 '크리스 크로스' 등의 이름으로 불렸다.

최초의 시제품에 들어간 보드들은 앨프리드 모셔 버츠가 직접 만들었다. 손수 건축 설계 도구를 이용해 선을 그렸으며, 블루프린팅법으로 복사하고 체스판에 풀로 붙여 제품을 생산했다. 보드게임에 쓸 타일들도 손으로 만들었고, 문자를 적어놓은 종이도 0.25인치 두께의 나뭇조각에 풀로 붙였다.

학교 교사 일을 하다가 관둔 아내 니나는 버츠가 만든 시제품을 최초로 시험하는 실험 대상이었다. 니나는 이 게임에서 버츠를 쉽게 이겼다. 버츠는 자신이 영어 단어 스펠링을 자주 실수해 이런 게임에서 불리했다고 주장했다. 니나는 타일들로 '공상가적'이란 단어를 보드 위에 조합해 300점 가까운 점수를 한 번에 얻었다.

이후 버츠와 니나는 동네 감리교 교회 홀에서 친구들과 이웃 주민들을 모아 이 보드게임을 했지만, 게임의 인기는 좀처럼 마을 밖으로 퍼져나가지 못했다.

1934년 중순까지 버츠는 고작 84개의 수제품을 판매하는 데 그쳤고, 20달러의 손실을 봤다. 주요 보드게임 제작사들에게 상품화를 제안했으나 거절당했고, 미 특허청에 특허 신청서를 제출했으나 역시 거절당했다. (다행히 미국 경제가 회복함에 따라 버츠는 건축사 무소에서 다시 일할 수 있게 되었다.) 버츠와 친구들은 이 보드게임을 계속 플레이했고, 이후 수년간 보드게임 세트가 몇 개 더 팔렸다.

1948년 제임스 브루노라는 은퇴자가 이 보드게임 세트를 구매했다. 그는 버츠에게 상품화를 제안했고, 버츠는 제안을 받아들였다. 브루노는 이 게임의 이름을 '스크래블'이라 짓고 저작권법의 보호를 받는 저작물로 등록하는 데 성공했다.

불행히도 이 제품은 즉각적 성공을 거두지 못했다. 1949년도에 브루노는 2400세트를 제작해 450달러의 손실을 봤다. 이후 2, 3년 간 스크래블 브랜드가 성장했지만 그 속도가 너무 느렸다.

그러다가 행운이 찾아왔다. 1952년 메이시스 백화점 사장이 플로리다 주에서 휴가를 보내던 중 사람들이 스크래블 게임을 하는 모습을 우연히 보게 되었다. 이 게임이 마음에 든 사장은 메이시스 백화점 매장에서 이 제품을 판매하기로 결정했다.

메이시스 백화점에서 스크래블 게임 세트가 판매되자마자 반향이 일어났다. 메이시스 백화점은 주당 6000세트의 스크래블 게임 세트를 판매하게 되었다.

1952년 증가하는 시장 수요에 맞추어 제품을 대량생산할 능력이 없다고 판단한 브루노는 미국과 캐나다에 스크래블 게임 세트를 마케팅하고 판매하기 위해 유명 게임 제조사인 셀초 앤 라이터와 라이선스 계약을 맺었다. 1972년 셀초 앤 라이터 사가 스크래블 게임 세트 저작권을 매입하면서, 브루노에게 130만 달러를, 버츠에게 26만 5000달러를 지급했다.

현재까지 29개 언어로 번역된 1억 5000만 개 이상의 스크래블 게임 세트가 판매되었다. 스크래블은 시트콤 〈사인필드〉, 애니메이션 〈심슨 가족〉, 가수 카일리 미노그와 스팅의 노랫말에 등장할 정도의 문화 아이콘이 되었다.

여기서 교훈은, 성공한 브랜드가 모두 즉각적인 흥행 돌풍을 일으킨 것은 아니라는 사실이다. 당신은 새로 출범하는 브랜드에 충분한 시간을 투자할 것인가?

●   1. 뉴욕 북부에서 어린 시절을 보낸 버츠는 이후 수익 일부를 사용해 그곳의 농가를 매입해 거주했고, 70대 후반의 나이에 두 번째 보드게임을 개발했다. 이 보드게임도 단어 게임이었다. 그의 작명 센스는 그가 아직 혁신가로서 배워야 할 점이 남았음을 보여줬다. 그는 이 게임의 이름을 '앨프리드의 또 다른 게임'이라고 지었다.

2. 스크래블 게임 개발 당시 버츠는 뉴욕 시 퀸스 자치구의 북서부인 잭슨하이츠에 거주하고 있었다. 이 점을 기념하기 위해 현재 잭슨하이츠 35번가와 81번가가 교차하는 지점에 특별한 거리 표지판이 있다. 이 표지판은 스크래블 게임의 글씨체로 거리 이름이 적혀 있고, 각 문자 밑에는 스크래블 게임 규칙에 따른 점수가 적혀 있다.

콘셉트를 바꿔 성공한 웹사이트, 팹닷컴

당신은 본인이 틀렸음을 인정할 의향이 있는가? 그것도 한 번도 아니고 두 번씩이나? 아니면 당신은 백만장자 후원자들에게 가서 실수를 저질렀다고 고백할 용기가 있는가?

제이슨 골드버그와 브래드퍼드 셀해머는 그러한 의향과 용기를 지녔다는 점에서 행운아였다. 더 다행스러운 점은 후원자들이 그들의 고백을 들어줄 뿐 아니라 변화를 수용할 의향이 있었다는 사실이다.

제이슨 골드버그와 브래드퍼드 셀해머는 2010년에 손을 잡고 패뷸리스라는 회사를 시작하기로 했다. 처음에는 남성 동성애자들을 위한 소셜 네트워크를 만들려고 했지만, 페이스북, 그라인 더 같은 기존 서비스들과 경쟁해야 했기에 신규 고객을 확보하기 어려웠다. 그들은 시장 틈새(고객들에게 필요한 서비스를 제공하는 공급자가 시장에 없는 상황-옮긴이)가 없다는 사실을 곧 깨달았다.

그래서 2011년 12월에 둘은 사업 방향을 수정해 패뷸리스를 팹닷컴으로 바꾸고, 남성 동성애자들을 위한 소셜커머스 사이트를 만들기로 결정했다. 즉, 남성 동성애자용 그루폰이 되는 것이 새로운 사업 목표였다. 그들은 이미 엔젤펀드로 투자받은 125만 달러에 더해, 퍼스트 라운드 캐피털, 워싱턴 포스트 컴퍼니, 바로다 벤처스, 젤코바 벤처스에서 투자받은 175만 달러를 사업 자금으로 확보했다.

팹닷컴은 괜찮은 출발을 보였다. 영업 20일 만에 수천 명이 넘는 회원을 확보하고, 수만 달러의 매출을 올렸다. 하지만 야심만만한 두 창업자에게 이는 아직 충분치 않은 성과였다. 2012년 〈잉크(Inc.)〉 잡지 인터뷰에서 둘은 이렇게 회상했다. "우리는 그것이 어떻게 큰 사업으로 이어질지 예측하지 못했습니다."

초기 판매 데이터를 유심히 검토한 두 창업자는 팹닷컴의 최고 인기상품 중 남성 동성애자 전용 상품은 1퍼센트도 안 되고, 상품 구매자 중 남성 동성애자는 절반도 안 된다는 사실을 깨달았다. 구매자들은 그저 팹닷컴의 상품들과 할인율에만 관심이 있었다.

창업자들은 다시 머리를 맞대고 영감을 불러일으키는 질문을 던졌다. "만약 우리에게 무엇이든 가능하다면, 무슨 일을 해야 좋을까?' 우리는 다음과 같은 세 질문을 고민하는 과정을 거쳐 선택했습니다. 첫째, 우리가 가장 열정을 느끼는 일이 무엇인가? 둘째, 우리가 세계에서 가장 잘할 수 있는 일이 무엇인가? 셋째, 우리가 큰 기회가 있는 전도유망한 시장에서 그 일을 할 수 있는가? 그리고 이 세 질문의 답은 모두 디자인, 디자인, 디자인으로 요약되었습니다." 제이슨 골드버그의 설명이다.

그들은 이처럼 확실한 답을 내놓았기에 신속히 행동에 나설 수 있었고, 이후 3주일이 극적으로 흘러갔다. "우리는 이곳 뉴욕에서 일하는 직원 10명을 3명으로 줄였습니다. 다음 사업 단계에 정말로 기여할 직원들만 고용하고 싶었기 때문이죠. 그다음에 한 일은 이사회에 가서 '우리 생각은 이렇고, 그래서 새로운 사업으로 넘어가려고 합니다' 하고 신속히 보고하는 것이었죠. 세 번째로 한 일은 기존 사이트를 즉시 폐쇄하는 것이었습니다."

그들이 도출한 답의 단순명료성은 집중성과 방향성을 제공했다. "우리는 즉시 온정신을 새로운 사업에 쏟았습니다. 한 가지 일을 하기로 결정했으면, 그 일을 다른 누구보다도 더 잘하고 싶었고, 그 외의 일에 방해받고 싶지 않았습니다. 우리는 그저 디자인에 집중했습니다. 우리가 하는 일은 모두 디자인입니다. 우리가 매일 일어나 생각하는 모든 일은 디자인입니다. 우리는 2월에 식사를 하면서 사업 변화 방안을 논의하고, 3월에 사이트를 폐쇄하고, 4월에 새로운 사업의 일부를 공개하고, 6월에 150만 명의 회원들에게 새로운 서비스를 제공하는 강행군을 벌였습니다."

제이슨 골드버그와 브래드퍼드 셀해머는 현재 사업 내용에 만족한다. 그들은 고객들을 미소 짓게 하는 것이 사업 성공의 열쇠라고 믿는다. "우리 사업이 급성장하는 원동력은 고객들을 매일 미소 짓게 하는 것입니다. 우리는 다소 단조롭고 지루한 전자상거래 세상에 신선하고 다채로운 바람을 불어넣고 있습니다. 우리는 매일 새로운 디자인으로 사람들을 즐겁게 하고, 그것이 사람들을 미소 짓게 합니다."

여기서 교훈은, 가끔은 이전 아이디어가 틀렸고 수정될 필요가 있다는 사실을 인정해야 한다는 점이다. 당신은 실수를 통해 학습하고, 필요한 변화를 일으키는가?

목마른 사람이 우물을 파야지, 레드버스

인도 남부 도시 방갈로르에서 미국 반도체 회사 텍사스 인스트루
먼트 직원으로 근무하는 파닌드라 사마는 2005년 디왈리(Diwali:
매년 10~11월경 닷새간 열리는 힌두교 최대 축제─옮긴이)를 앞두고 고향
하이데라바드로 가는 버스 티켓을 구하고자 애쓰고 있었다.

　　단골 여행사에 문의해 봐도, 다른 여행사들을 방문해 봐도, 버
스표가 남아 있지 않았다. 인도에서는 보통 가판대에서 버스표를
살 수 있지만, 그날은 방문하는 곳마다 버스표가 다 팔리고 없었다.

　　파닌드라 사마는 실망한 채, 방갈로르 남동부 코라만갈라에
위치한 아파트로 돌아갔다. BITS 필라니 대학에서 함께 공학을 전

공한 6명의 친구와 공유하는 아파트였다. 참 운이 없는 날이라고 한탄한 파닌드라 사마는 방갈로르에서 영업하는 여행사 중 한 곳에는 버스표가 한 장 남아 있지 않을까 궁금해졌다. 그 표가 아직 팔리지 않은 상태라면? 그렇다면 모든 관계자-파닌드라 사마, 여행사, 버스 회사-가 기회를 놓치는 셈이었다. 지금까지 얼마나 많은 사람들이 이와 같은 양상으로 기회를 놓쳤을까?

이때 파닌드라 사마에게 사업 아이디어가 떠올랐다. 그는 다음과 같은 생각을 친구들에게 털어놓았다. "인터넷이 답이 되지 않을까? 버스 회사들이 좌석 매매 상황을 보여주고, 고객들이 온라인으로 버스표를 구매 가능한 웹사이트를 만드는 거야."

간단하면서도 훌륭한 아이디어였다. 하지만 문제가 하나 있었다. "우리는 버스 운수업에 관해 아무것도 몰랐습니다. 소프트웨어나 웹사이트에 관해서도 무지했죠. 나는 회사에서 반도체를 설계했고, 친구(함께 살고 있는 레드버스의 공동창업자 차란 파드마라주)는 임베디드 칩을 설계했죠. 우리는 소프트웨어 제작법을 설명한 교과서들을 가져와 공부하기 시작했습니다."

그들은 사업 아이디어가 얼마나 현실에서 통할지 가늠하고자 버스 회사 관계자, 승객, 벤처 캐피털리스트 등 다양한 사람들과 만났다. 버스표 예약 사이트라는 사업 아이디어를 들은 사람들은 모두 크게 반가워했다. 사업 계획을 세워 스타트업 양성 기관인 타이에 문의했고, 길게 설명하지 않고도 긍정적인 평가를 받았다. 파닌드라 사마와 그의 친구들은 직장을 관두기로 결정함으로써 실제 모험의 막을 올렸다.

인도는 5000곳이 넘는 시외버스 업체들이 적게는 5대, 많게는 500대의 버스를 운행하는 나라다. 전통적인 오프라인 여행사들과 거래하는 데에 익숙해진 인도 시외버스 업체들이 인터넷을 활용해 사업하기로 마음먹기란 쉽지 않았다. 파닌드라 사마가 웹사이트 구축을 비롯해 다른 모든 요소들을 구비하기까지 수개월이 걸렸다.

파닌드라 사마가 사이트 이름으로 생각한 '레드버스'는 다른 기업 사례에서 영감을 받아 만들어낸 합성어다.

"우리는 사이트 이름에 색상을 나타내는 단어를 집어넣고 싶었습니다. 그리고 웹사이트 이름으로는 쉽고 짧은 단어가 늘 최고죠. 색상을 나타내는 단어 중 '레드'가 가장 길이가 짧습니다. 빨강은 에너지와 젊음을 상징하는 색상이기도 합니다. 당시 저는 영국 기업가 리처드 브랜슨의 자서전을 읽으면서 많은 영감을 받았습니다. 그가 만든 버진 브랜드의 색상도 빨간색이죠."

마침내 그들은 모든 준비를 마쳤다. 2006년 8월, 그들은 첫 예약을 접수했다. 어쩌면 당연하겠지만, 사무실에는 흥분감에 못지않게 초조한 분위기가 감돌았다. 버스 티켓을 예약한 승객을 버스 기사가 들여보낼까? 컴퓨터로 인쇄한 버스 티켓을 한 번도 본 적이 없는 버스 기사가 승객의 승차를 거부할지도 몰랐다.

"우리는 덜컥 겁이 났습니다. 그래서 고객의 승차를 돕고자 모두 버스 정류장으로 갔죠. 우리가 안내한 첫 고객은 티루파티 시로 가는 버스 티켓을 예약한, 인도 IT 기업 인포시스 직원이었습니다. 상서로운 출발이었습니다."

그 후 레드버스는 나날이 성장했다. 현재 레드버스는 1500개 이상의 버스 회사, 8만 개 버스 노선의 표를 예약할 수 있는 사이트로 성장해 한 달에 100만 장 이상의 버스표를 판매한다. 2012년 미국 경영 전문지 〈패스트 컴퍼니〉는 애플, 페이스북, 구글과 함께 레드버스를 세계 50대 혁신 기업으로 지목했다.

여기서 교훈은, 새로운 사업을 창조하려는 자는 새로운 기술을 학습하려는 의지를 지녀야 한다는 점이다. 당신은 기존 방식에 너무 안주한 나머지 새로운 아이디어를 펼치지 못하고 있지는 않는가?

초콜릿 애호가들이 뽑은 신의 직장, 호텔 쇼콜라

호텔 쇼콜라는 가장 수직적으로 통합된 브랜드 중 하나다. (수직통합이란 기업이 동일한 생산 부문 내에서 원재료 생산부터 최종 판매까지 관련된 사업 운영을 인수하는 전략이다.—옮긴이)

호텔 쇼콜라는 앵거스 설웰, 피터 해리스가 2003년에 출범한 초콜릿 브랜드로, 몇 차례의 개명을 거쳐 탄생했다. 두 창업자는 1993년 박하사탕 판매 회사 MMC를 설립했고, 수년간 사탕 시장을 공략하다가 자신들이 진정으로 사업하고 싶었던 분야인 초콜릿 시장에 진출하기로 결정하고 회사 이름을 제네바 초콜릿으로 바꾸었다.

앵거스 설웰, 피터 해리스의 명시적 사업 목표는 입을 즐겁게 하는 초콜릿을 만들고, 다양한 사람들이 초콜릿을 즐기게 하는 것이었다. 이 목표를 달성하고자 초콜릿 온라인 판매를 시작함으로써 아마존, 이베이보다도 이른 시점에 영국에서 전자상거래를 하는 업체가 되었다. 이후 또 회사 이름을 바꾸었다. 이번에는 촉 익스프레스였다.

1998년에 그들은 신청자에게 매달 초콜릿을 보내 맛을 테스트하는 서비스인 초콜릿 테이스팅 클럽을 시작했다. 이 서비스는 현재도 유지되고 있고, 신청자 수가 10만 명에 달한다.

2003년에 촉 익스프레스는 호텔 쇼콜라로 이름을 바꾸었다. 호텔 쇼콜라는 2004년에 시내 중심에 첫 오프라인 소매점을 열었다. 어디였을까? 런던? 뉴욕? 파리? 제네바? 뜻밖에도, 런던 북쪽에 있는 소도시인 왓퍼드였다. 이는 호텔 쇼콜라의 초콜릿에 대한 독특한 입장, 시장의 일반적 규칙을 따르지 않겠다는 태도를 보여주는 쇼케이스였다.

기존의 초콜릿 회사들은 한 입에 먹기 좋은 크기로 균일하게 나누어서 초콜릿을 팔아야 한다고 생각했다. 하지만 앵거스 설웰과 피터 해리스는 울퉁불퉁한 모양으로 아이콘이 된 자이언트 슬랩스라는 초콜릿 제품을 출시했다.

이스터 에그(부활절에 선물로 주는 달걀 모양 초콜릿-옮긴이)를 만들 때, 전문가들은 달걀을 최대한 얇게 만들고 표면에 초콜릿 장식을 붙이라고 조언했다. 하지만 앵거스와 피터는 정반대로 했다. 이스터 에그를 열어볼 소비자의 재미를 위해, 달걀 껍질을 매우 두껍게 만들고, 모든 초콜릿을 그 안에 숨겨놓았다.

초콜릿 시장에서 코코아 함량을 높이고 설탕 함량을 줄이는 추세가 나타나기 훨씬 이전부터, 호텔 쇼콜라의 밀크 초콜릿은 코코아 비율이 50퍼센트였고, 화이트 초콜릿은 코코아 비율이 36퍼센트였다. 이는 당시 시장 평균치보다 높은 비율이었다.

기존 시장의 모든 규칙을 깨버렸지만 호텔 쇼콜라는 큰 성공을 거뒀고, 영국 전역 그리고 나중에는 미국과 유럽의 다른 초콜릿 업체들도 호텔 쇼콜라를 모방했다.

2005년 한 여성 고객이 남편의 서재를 정리하다가 발견한 책을 앵거스 설웰에게 보냈다. 그녀는 이 책이 그의 관심을 끌 것이라고 생각했지만, 얼마나 큰 관심을 끌지는 미처 예상치 못했다.

그것은 『코코아와 초콜릿, 플랜테이션에서 고객에 이르기까지 초콜릿의 역사』라는 제목으로 1920년도에 출간된 책이었다. 이 책은 서인도 제도에서 재배되는 코코아의 역사를 다루었다. 앵거스는 서인도 제도에서 어린 시절을 보냈기에 이 책을 흥미롭게 읽었다. 더 큰 이유는, 그가 문자 그대로나 은유적으로나 호텔 쇼콜라 브랜드를 초콜릿의 역사적 뿌리와 더 긴밀히 연결시키고 싶었기 때문이다.

그렇게 광범위한 조사가 시작되었다. 여러 서인도 제도 섬을 조사한 앵거스 설웰과 피터 해리스는 세인트 루시아 섬에 있는 라보 이스테이트 농장을 발견했다. 이 코코아 농장이 무척 마음에 든 두 기업가는 2006년 4월에 농장을 매입했다.

이제 호텔 쇼콜라 브랜드는 판매하는 코코아 중 일부를 직접 재배하고, 초콜릿을 직접 제조하고, 고유의 레시피를 개발하고, 직영점에서 제품을 판매하기에 이르렀다. 하지만 호텔 쇼콜라 브랜드의 이러한 수직적 확장은 아직 시작일 뿐이었다.

2011년 호텔 쇼콜라는 호텔이라는 단어가 들어간 브랜드답게, 부컨 호텔이라는 게스트하우스를 열었다. 부컨 호텔은 피톤 산맥의 산등성이에 자리 잡은 라보 이스테이트 농장 가장자리에 지어졌다. 이 고급 호텔에는 스파 시설과 6개의 산장, 코코아를 이용한 요리를 판매하는 부컨 레스토랑이 딸려 있다. 이 사업도 성공을 거뒀다. 세계 각국 사람들이 이곳의 음식을 즐기고자 비행기를 타고 찾아왔다.

2014년 앵거스 설웰과 피터 해리스는 이 코코아 농장 호텔 사업의 경험을 살려 영국에서도 비슷한 사업을 하기로 결정하고, 런던과 리즈에 각각 하나씩 새 레스토랑을 열었다.

앵거스와 피터는 이에 만족하지 않고, 런던 중심 지구인 코번트 가든에 있는 코코아 도매 시장에 초콜릿 대학교를 설립했다. 이곳에서는 초콜릿 제조 과정을 보여주고, 초콜릿 시식 이벤트를 열고, 초콜릿을 좋아하는 아이들부터 코코아에 중독된 회사원들까지 다양한 사람들을 위한 맞춤형 파티를 개최한다.

2015년 앵거스와 피터는 첫 요리책을 출간했다. 제목은 『초콜릿을 응용한 새로운 요리법』이다. 이 책을 보면 누구든 요리 대회에서 상을 받은 초콜릿 요리를 집에서 해 먹을 수 있다.

앵거스 설웰은 두말할 것 없이 본인의 일에 만족한다.

"나는 세계 최고의 행운아라고 생각해요. 초콜릿, 진정한 창의성, 정직한 재료에 대한 갈망을 충족시켜주는 직장에서 일하고, 세인트 루시아 섬에 있는 코코아 농장을 보며 서인도 제도에서 보낸 어린 시절을 추억할 수 있으니까요."

호텔 쇼콜라는 수백만 명의 초콜릿 애호가들이 들어가고 싶은 신의 직장일 셈이다.

여기서 교훈은, 열정을 목적으로 전환함으로써 브랜드를 구축할 수 있다는 사실이다. 당신의 열정은 어떻게 새로운 브랜드의 기초가 되었는가?

네이밍과
아이덴티티

NAMING AND IDENTITIES ─────────────

브랜드 네이밍과 브랜드 디자인은 서로 다르지만 똑같이 중요한 마케팅 분야다. 둘은 고전적인 브랜드 정의에서 핵심을 차지한다. 예를 들어, 필립 코틀러는 『시장 관리』라는 책에서 브랜드를 다음과 같이 정의한다. "한 판매자 또는 판매자 집단이 자신이 제공하는 재화나 서비스를 지칭하고, 경쟁자의 상품과 차별화하기 위해 사용하는 이름, 용어, 상징, 디자인 또는 그것들의 조합."

브랜드 네이밍은 오랜 역사를 지닌다. 브랜드명 뒤에 숨은 일화들과 전략들은 흔한 이야깃거리다. 사실 브랜드에 얽힌 일화와 전략에는 합리적인 부분과 이상한 부분이 흥미롭게 혼재된 경우가 많다. 여러 브랜드에 얽힌 일화들은 자신의 브랜드에 이름을 붙이려는 모든 이에게 영감과 아이디어를 제공해준다.

아름다움이란 보는 사람의 마음에 달렸다는 말이 있지만, 최고의 브랜드 디자인은 브랜드를 알아보게 하는 데에 그치지 않고, 브랜드의 의미를 드러낸다. 브랜드 로고부터 브랜드 아이콘까지, 이제부터 소개할 브랜드 디자인 관련 일화들은 디자이너가 상업적 목적을 위해 어떻게 상상력과 기술을 활용하는지 보여준다. 이미지, 색상, 심지어 죽은 사자를 활용한 일화들은 흥미로운 읽을거리다. 이러한 일화들이 약간의 길잡이가 되길 바란다.

런던에 사는 일본 캐릭터, 헬로 키티

다음 단서들만으로 어떤 브랜드인지 추측할 수 있겠는가?

그녀의 성은 화이트다.

그녀는 런던에 산다.

그녀의 생일은 11월 1일이다.

그녀에게는 미미라는 쌍둥이 자매가 있다.

그녀가 가장 좋아하는 음식은 애플파이다.

그녀가 가장 좋아하는 단어는 우정이다.

그녀가 가장 좋아하는 학교 과목은 영어, 음악, 미술이다.

그녀의 키는 사과 5개를 쌓은 정도고, 그녀의 몸무게는 사과 3개 정도다.

그녀는 초등학교 3학년이고, 학교가 끝나면 세계 각지를 돌아다니며 새 친구를 사귄다.

그녀는 밝고, 친절하고, 야외 활동을 무척 좋아한다.

그녀에게는 입이 없다.

그녀가 첫 등장한 시기는 1974년이고, 그 뒤로 전혀 나이를 먹지 않은 듯 보인다.

그녀는 바로 전 세계적으로 사랑받는 캐릭터, 헬로 키티다.

키티의 이야기는 1962년으로 거슬러 올라간다. 이해에 쓰지 신타로가 산리오를 설립하고 꽃 그림이 그려진 고무 신발을 팔기 시작했다. 얼마 뒤, 그는 귀여운 그림을 상품에 그려 넣을 때 매출과 이익이 증가한다는 사실을 발견했다. 그래서 만화가들을 고용해 귀여운 캐릭터들을 디자인하도록 했다.

1974년 쓰지 신타로는 시미즈 유코에게 새로운 캐릭터 디자인을 의뢰했다. 지침서에서는 '영국 캐릭터'라는 설정으로 만들라는 요구사항이 적혀 있었다. 1970년대 중반 일본에서 외국, 특히 영국은 멋진 나라로 인식되었기 때문이다. 또 다른 요구는 '사회적 소통'이라는 산리오의 모토를 반영해 새로운 브랜드명을 만들어 달라는 것이었다.

시미즈 유코는 머리에 빨간 리본을 달고 파란 멜빵바지를 입은 재패니스밥테일 품종의 고양이를 그렸다. 그리고 루이스 캐럴의 『거울 나라의 앨리스』에서 주인공 앨리스가 자신의 고양이를 부를 때 쓰는 단어인 '키티'를 캐릭터 이름으로 삼았다. 처음에 시미즈는 사회적 소통을 나타내기 위해 '하이 키티'라는 이름을 붙일까 하다가 친근한 느낌을 살리고자 '헬로 키티'로 변경했다.

헬로 키티의 특징은 입이 없다는 점이다. 산리오 대변인들은 헬로 키티의 입이 없는 이유를 시대별로 각기 다르게 말했다. 전에는 '시청자들이 본인 기분을 헬로 키티에게 투영하게 하려고' 또는 '시청자들이 헬로 키티와 함께 행복해하거나 슬퍼하게 하려고' 입을 그려 넣지 않았다고 설명했다.

이 캐릭터는 일본에서 비닐 동전 지갑에 그려진 그림으로 첫 등장했다. 헬로 키티가 우유병과 금붕어 어항 사이에 앉아 있는 그림이었다. 미국에 처음 등장한 시기는 1976년이다.

원래 여자 어린이들을 대상으로 만든 캐릭터지만, 헬로 키티 시장은 성인 여성들도 포함할 정도로 커졌다. 현재 헬로 키티는 학용품부터 패션 액세서리와 고급 소비재에 이르기까지 다양한 상품들을 홍보하는 캐릭터다. 여러 편의 헬로 키티 TV 애니메이션이 방영되었고, 헬로 키티를 메인 캐릭터로 삼은 산리오 테마 파크 2곳 (하모니랜드, 산리오 퓨로랜드)이 일본에서 운영되고 있다.

2014년 헬로 키티는 거의 광고에 등장하지 않았는데도 연간 70억 달러의 경제적 효과를 일으킨 것으로 추산되었다.

여기서 교훈은, 브랜드는 배경 이야기의 혜택을 입을 수도 있다는 사실이다. 당신의 브랜드 뒤에는 어떤 이야기가 있는가?

어둠 속에서도 알아볼 수 있는 코카콜라 병

"형태가 너무나 특이해서, 심지어 어둠 속에서 만져도 무슨 병인지 알 수 있고, 부서진 조각만 봐도 무슨 병이었는지 한눈에 알 수 있는 유리병."

1915년 코카콜라 사가 새로운 병 디자인을 도입하고자 병 공급업체들을 상대로 공모전을 열었을 때 보낸 지침서의 내용이다.

인디애나 주 테러호트 시에 위치한 루트 유리공장 사장, 챕먼 루트는 이 프로젝트를 임원들에게 위임했다. 임원으로는 회계 감사관 클라이드 에드워즈, 공장 감독관 알렉산더 새뮤얼슨, 병 디자이너이자 병 주형 관리자 얼 딘이 있었다.

그들은 숙고 끝에, 코카콜라의 주요 원료 중 하나를 병 디자인에 반영하자는 아이디어를 냈다. 코카 잎이나 콜라 열매가 후보였는데, 이때 작은 문제가 생겼다. 코카 잎이나 콜라 열매가 어떻게 생겼는지 아무도 모른다는 점이다. 얼 딘과 클라이드 에드워즈가 이멜린 페어뱅크스 기념 도서관에 가서 자료를 찾아봤지만, 코카나 콜라에 대한 정보를 얻는 데 실패했다.

시간이 허비되는 가운데, 얼 딘이 브리태니커 백과사전에서 박처럼 생긴 코코아 콩 꼬투리 그림을 보고 영감을 얻었다. 그는 코코아 콩 꼬투리 그림을 종이에 대충 옮겨 그리고, 공장으로 돌아와 루트 사장에게 코코아 콩 꼬투리 형태를 병 디자인에 어떻게 적용할지 설명했다. 이 아이디어가 마음에 든 루트 사장은 설명한 대로 병 디자인을 개발하라고 지시했다.

하지만 얼 딘은 두 번째 문제에 봉착했다. 병 주형 제조기의 정기 수리 기간이 다가오고 있었기 때문이었다. 24시간 동안 얼 딘은 바쁘게 움직였다. 병 디자인 콘셉트 그림을 스케치해 다음 날 아침 루트 사장에게 승인을 받고, 주형 제작 기계가 꺼지기 전에 이 디자인대로 병 주형을 만들어 몇 개의 시제품을 생산했다.

1915년 11월, 이 특유의 병 디자인이 특허를 받았다.

1916년 보틀링 업체들이 모인 컨벤션 회의에서 얼 딘의 '컨투어 병' 디자인이 우승작으로 선정되었지만, 그가 만든 시제품은 생산으로 이어지지 못했다. 컨투어 병의 허리 부분 지름이 바닥 부분 지름보다 긴 탓에 컨베이어 벨트 위에서 이동할 때 넘어지기 쉬웠기 때문이다. 얼 딘은 이 문제를 해결하고자 허리 부분 지름을 줄였고, 이렇게 수정된 디자인으로 생산된 코카콜라 병이 1916년도가 끝나기 전에 출시되었다.

1920년 컨투어 병 디자인은 코카콜라 사의 표준이 되었다. 오늘날 컨투어 코카콜라 병은 세계에서 가장 쉽게, 심지어 어둠 속에서도 알아볼 수 있는 포장용기가 되었다.

얼 딘은 노력에 대한 보상으로 500달러의 보너스나 루트 유리공장에서 평생 근무할 수 있는 권리 중 하나를 선택하라는 말을 들었다. 그는 후자를 선택했고, 루트 유리공장이 오언스 일리노이 유리 회사에 인수당한 1930년대 중반까지 일했다.

여기서 교훈은, 포장용기는 조용한 세일즈맨이 될 수 있다는 사실이다. 당신은 자사의 포장용기에 충분히 신경을 쓰고 있는가?

포효하는 사자처럼 성공한 영화사,
메트로 골드윈 메이어

메트로 골드윈 메이어(MGM) 영화사는 사자가 울부짖는 인트로 로고로 유명하다. 사실 이 로고 속 사자는 여러 차례 교체된 역사가 있다.

1917년 새뮤얼 골드윈이 홍보 담당자 하워드 디츠에게 골드윈 영화사 로고 디자인 작업을 위임했다. 하워드 디츠는 모교인 컬럼비아 대학교와 이 학교 육상부인 더 라이언스를 기리고자, 골드윈 영화사 로고에 들어갈 마스코트로 사자를 선택했다. 특히, 응원가인 〈포효하라, 사자여, 포효하라〉에서 영감을 받았다고 전해진다. 디츠는 '예술을 위한 예술'이라는 뜻의 라틴어 문구 '아르스 그라티아 아르티스'를 골드윈 영화사 로고에 집어넣었다.

메트로 영화사, 골드윈 영화사, 메이어 영화사가 합병해 탄생한 MGM 영화사는 이 사자 로고를 계속 사용했다.

MGM 영화사의 인트로 로고에 가장 처음 등장한 사자의 이름은 슬래츠(1917~1928)다. 더블린 동물원에서 태어났고, 당시 할리우드 최고의 동물 조련사인 보니 파이퍼에게 조련 받았다. 둘은 MGM 영화사 출범을 홍보하기 위해 미국 전역을 함께 돌아다녔고, 둘의 우정은 더욱 돈독해졌다. 1936년 슬래츠가 죽자 파이퍼는 사자의 시체를 자신의 농장에 묻고 '사자의 영혼을 잡아두기 위해' 화강암 비석과 소나무로 무덤 위치를 표시했다.

재키(1928~1956)는 포효 소리와 함께 MGM 영화사 로고에 등장한 최초의 사자다. 재키의 포효 소리가 들어간 로고가 처음으로 삽입된 작품은 이 영화사의 첫 유성영화로, 1928년 개봉한 〈남해의 하얀 그림자〉다. 재키는 100편이 넘는 영화에 동물 배우로 출연하기도 했다.

재키는 운이 없는 사자였다. 지진, 배 침몰 사고, 스튜디오 폭발 사고를 한 번씩 당했고, 기차 사고를 두 번 당했으며, 비행기 사고로 애리조나 주 야생에 한동안 방치된 적도 있다. 하지만 이렇게 많은 사고를 당하고도 살아남은 걸 보면 운이 좋은 사자라고 해석할 여지도 있기에 '행운아'라는 별명이 붙었다.

텔리(1928~1932)와 커피(1932~1935)는 컬러영화 제작법 중 하나인 테크니컬러를 테스트하던 짧은 시기에 MGM 영화사 로고에 등장했다.

태너는 이른바 '할리우드 황금기' 내내 MGM 영화사 로고에 등장한 사자다. 작가 딘 쿤츠는 늘 이빨을 드러내며 으르렁거리는 태너를 MGM 로고 사자들 중 '가장 분노한 사자'라고 평했다. 1934년부터 1956년까지 개봉한 거의 모든 테크니컬러 영화와 1935년 말부터 1958년까지 개봉한 거의 모든 애니메이션에 이 로고가 쓰였지만, 몇몇 예외도 있다. 가장 유명한 예외는 1939년 개봉한 〈오즈의 마법사〉다. 이 영화는 주인공이 오즈에서 겪는 일을 그린 영화로, 중간 부분은 컬러영화지만, 나머지 부분은 흑백영화이기 때문에 흑백으로 제작한 재키 로고가 쓰였다.

조지(1956~1958)는 태너의 뒤를 이어 MGM 영화사 로고에 등장한 사자다. 그러나 활동 기간이 비교적 짧아 그리 인상을 남기지 못했다.

레오는 역대 최장 기간인 1957년부터 현재까지 MGM 영화사 로고에 등장 중인 사자다. 재키와 마찬가지로 레오는 로고에 등장하는 것에 그치지 않고 동물 배우로도 출연했다. 〈타잔〉 영화 시리즈와 〈타잔〉 TV 드라마를 비롯한 여러 작품에 출연했다.

비록 레오라는 이름으로 널리 알려졌지만, 레오는 이 사자의 실제 이름이 아닐지도 모른다. 이 사자를 영화사에 판 사람은 헨리 트레플리치라는 동물 판매상인데, 그가 이 사자를 실제로 어떻게 불렀는지는 아무도 모른다. 레오는 영화사 직원이 붙인 이름이고, 그 후 이 이름으로 계속 불렀다.

가끔은 더 유머러스한 대역들이 레오 대신 MGM 영화사 로고에 등장했다. 영화 〈박쥐성의 무도회〉에는 사자 막스 브러더스가 발톱에 피를 묻힌 채 나왔고, TV 드라마 〈더 메리 테일러 무어 쇼〉에는 개구리 밈시 더 캣이 개굴개굴거리며 나왔고, 애니메이션 〈톰과 제리〉에는 고양이 톰이 야옹거리며 등장했다.

여기서 교훈은, 최고의 브랜드 아이덴티티는 꾸준히 업데이트할 경우 계속 살아남을 수 있다는 사실이다. 당신의 브랜드 아이덴티티는 세월의 흐름을 견딜 만큼 강력한가?

제비 자동차 vs 재규어 자동차

윌리엄 라이언스는 1922년 스왈로우라는 사이드카 제조사를 설립했다. 그는 스피드와 우아함을 연상시킨다는 이유로 스왈로우(제비)란 이름을 택했다.

야심만만한 기업가 윌리엄 라이언스는 사이드카 사업의 성공에 힘입어 사업 영역을 확장키로 결정하고, 안정적 주행감을 갖춘 오스틴 세븐이라는 승용차를 출시했다. 오스틴 세븐에는 사이드카 생산으로 역량을 축적한 디자이너와 노동자들이 제작한 역동적이고 강렬한 차량 보디를 사용했다. 동시대 다른 차량들은 주로 초록색이나 검은색으로 도색해 고루해 보인 반면, 오스틴 세븐은 밝은 도색과 크롬 외장으로 눈길을 사로잡았다.

윌리엄 라이언스는 런던 그레이트 포틀랜드 91번가에서 자동차 매장을 운영하는 판매상 버티 헨리와 프랭크 허프를 찾아가 오스틴 세븐 차량을 판매해달라고 설득했다. 버티 헨리가 SS1, SS2 모델 차량 500대를 주문했고, 이는 매장에서 잘 팔렸다.

최신형인 SS100 모델을 출시할 무렵, 윌리엄 라이언스는 기억에 잘 남는 새로운 이름을 붙이고 싶었다. 광고 대행사 넬슨에게 문의한 뒤 윌리엄 라이언스가 선택한 이름은 '재규어'였다. 그는 1935년 9월부터 이 이름을 자사 자동차에 붙였고, SS100 모델은 SS 재규어로 알려졌다. 제2차 세계대전이 발발하자 영국 정부가 민간 공장과 생산시설을 군용으로 전환했기에, 재규어 자동차 생산도 중단되었다. 하지만 사이드카 생산은 계속해 영국 육군 기갑 부대가 쓸 사이드카를 1만 대 이상 생산했다.

제2차 세계대전이 끝나자, 스왈로우 사는 세단형 자동차(문이 4개고 뒤에 트렁크가 있는 일반 승용차-옮긴이)와 드롭헤드 쿠페(문이 2개인 4인승 승용차-옮긴이)를 처음으로 생산하게 되었다. 후자는 마크4 모델이라 불렸다.

당시 경영진은 당사의 이름을 SS 자동차에서 재규어 자동차로 바꾸는 편이 낫겠다고 판단했다. 나치 친위대가 SS로 약칭되었기에, SS란 단어에서 부정적 느낌이 났기 때문이다.

몇 년 뒤, 윌리엄 라이언스는 고양잇과 동물의 우아하고 세련된 모습, 힘, 민첩성이 자사 자동차의 특성을 잘 표현할 뿐 아니라, '역동적으로 살아 있는 느낌을 주는 단어'인 재규어로 회사 이름을 바꾸었다.

여기서 교훈은, 최고의 브랜드명 중 일부는 제품의 이미지를 연상시킨다는 점이다. 당신은 다음에 출범할 브랜드의 이름을 어떻게 선택하겠는가?

고객이 정해준 브랜드명, 런던 프라이드

런던 서부 치스윅에 위치한 풀러스 브루어리는 가족이 운영하는 독립 양조업체로, 350년이 넘는 역사를 지녔다.

2013년 풀러스 브루어리는 새로운 맥주 광고를 내보냈다.

"1950년대에 우리는 새로운 에일 맥주를 창조했습니다.

맛이 풍부하고 부드럽고 놀랍도록 균형이 잡힌 맥주였죠.

우리는 어떤 이름을 붙일지 고민했습니다.

당시에는 트위터가 없었기에, 런던 시내를 돌아다니면서 사람들에게 의견을 물었지요.

어떤 분이 좋은 이름을 제안해주셨습니다.

꽃 이름이었습니다.

기존에 널리 알려진 꽃 이름이 아니었죠.

바로 '런던 프라이드'입니다. (정확한 학명은 Saxifraga x urbium 입니다.)

작은 희망의 촛불처럼, 바람이 거센 지역의 자갈들 사이에서도 살아남는 작은 다년초입니다.

불굴의 의지를 지닌 런던 시에게도 알맞은 이름이고, 우리의 에일 맥주에도 딱 맞는 이름입니다.

우리는 런던에게 감사합니다."

여기서 교훈은, 브랜드 네임은 고객을 비롯해 누구든 제시할 수 있다는 사실이다. 당신은 다음에 출범할 새 브랜드의 이름을 어떻게 정할 것인가?

● 출처: 2013년 런던 프라이드 광고 캠페인 〈No Wall flower〉; 광고 대행사 더 코너 런던 제작

우울한 초록색 거인이 사랑받기까지,
졸리 그린 자이언트

덩치가 산만 한 원시인이 찡그린 얼굴로 거대한 콩 꼬투리를 느릿
느릿 운반하는 모습이 세계적인 광고 아이콘이 되리라 누가 상상
이나 했을까?

통조림 회사 미네소타 밸리가 첫인상이 나쁘다는 이유로 광
고 아이디어를 폐기하지 않은 것은 광고에 등장하는 초록색 거인,
졸리 그린 자이언트에게 다행스러운 일이었다.

1903년 미네소타 주 르 쉬외르 시에 설립된 통조림 회사 미
네소타 밸리는 머리에 쏙 들어오는 이름도, 기억에 남는 이름도 아
니었다.

미네소타 밸리는 최신 캔 기술을 사용해 흰 크림이 들어간 옥수수 통조림을 미국 전역에 판매했다. 4년 뒤인 1907년 미네소타 밸리는 콩 통조림, '얼리 준 피스'를 제품군에 추가했고, 1924년에는 더 달콤하고 색이 노란 크림이 들어간 옥수수 통조림을 내놓았다.

1925년, 미네소타 밸리는 또 다른 신제품을 출시했다. 이번에는 얼리 준 피스보다 훨씬 풍미가 좋고 달콤하면서 부드러운 큼직한 완두콩 통조림이었다. 경영진은 이 제품을 '그린 자이언트 그레이트 빅 텐더 피스'라고 부르기로 했다.

판매는 비교적 순조로웠고 경영진은 매출 증가를 촉진하고자 광고를 내보내기로 결정했다. 광고에 출연할 초록색 거인 캐릭터도 개발했다.

초록색 거인, 그린 자이언트는 〈그림 동화〉 이야기에서 영감을 받아 만들어진 캐릭터라고 전해진다. (그린 자이언트는 미국 민담에 나오는 거인 폴 버니언을 모티브로 만든 캐릭터다.—옮긴이) 그린 자이언트가 처음으로 광고에 등장했을 때의 모습은 다소 우울했다. 곰 가죽옷을 입고 얼굴을 찡그린 채, 거대하고 무거운 완두콩 꼬투리를 운반하는 모습으로 묘사되었다. 소비자들에게 친숙하게 다가갈 캐릭터가 아니었고, 심지어 피부가 초록색인 것도 아니었다.

1928년 처음 나간 광고는 솔직히 실망스러운 결과를 남겼다. 광고는 실망스러웠지만, 완두콩 통조림의 품질이 좋았기에 매출은 계속 증가했다. 미네소타 밸리는 다시 그린 자이언트가 등장하는 광고를 내보내기로 결정하고, 광고 대행사 어윈 웨이시에 광고 제작을 의뢰했다. 당시 어윈 웨이시에서 근무하던 젊은 광고 제작가 레오 버넷이 초록색 거인 캐릭터를 탈바꿈시켰다.

레오 버넷은 초록색 거인 캐릭터를 육중한 가죽옷을 입고 무섭게 찡그린 모습에서 가벼운 나뭇잎 옷을 입고 활짝 웃는 모습으로 수정했다. 그는 거인의 거대한 키와 덩치를 강조하기 위해 곡물이 자라는 골짜기-그린 자이언트 밸리-의 모습을 배경에 집어넣었다. 이 광고가 나가자 매출 증가세가 빨라졌다.

레오 버넷이 1935년에 퇴사하고 광고 대행사를 설립하자 당연히 미네소타 밸리는 그에게 광고를 의뢰했다. 광고 대행사 버넷은 신문 광고, 포스터 광고에서 초록색 거인의 모습을 계속 수정했다. 이 초록색 거인의 인기가 너무도 높아지자, 미네소타 밸리는 회사 이름을 아예 그린 자이언트 컴퍼니로 바꿔버렸다.

하지만 TV 광고를 방영하면서 다시 재앙이 닥칠 뻔했다. TV 광고 제작은 쉽지 않았다. 광고 대행사는 애니메이션 광고도 만들고, 실사 광고도 만들었지만, TV 화면으로 보이는 초록색 거인은 원래 의도한 친숙한 보호자로 보이지 않았다. 초록색 거인은 또다시 다가가기 어렵고 약간 으스스한 느낌마저 나는 캐릭터가 되었다.

이 문제를 해결하고자 초록색 거인이 돋보이도록 작은 계곡 세트장을 만들었다. 그리고 초록색 거인을 근접 촬영하지 않고, 거인이 계곡과 농작물을 지키는 모습을 멀리서 촬영했다.

초록색 거인은 졸리 그린 자이언트라는 새 이름이 생겼고, "호, 호, 호!"라는 캐치프레이즈도 얻었다.

1961년 그린 자이언트 컴퍼니가 냉동 야채식품을 출시하자 초록색 거인은 방한용으로 빨간 스카프를 맨 채 광고에 등장했다.

1973년에는 초록색 거인을 도와 계곡을 지키고, 소비자들이 궁금해 할 거인과 제품들에 관한 정보를 질문하는 역할의 견습생 캐릭터로 스프라우트라는 초록색 꼬마가 추가되었다.

현재 졸리 그린 자이언트는 역사상 가장 인지도가 높은 광고 아이콘 중 하나다. 광고 전문지 〈애드버타이징 에이지〉는 가장 인지도 높은 20세기 광고 캐릭터들을 소개하며, 졸리 그린 자이언트를 로널드 맥도날드, 말보로 맨에 뒤이은 3위로 선정했다.

심지어 1979년에는 그의 고향으로 설정된 미네소타 주 블루어스 시에 섬유유리로 제작한 16.7미터 높이의 졸리 그린 자이언트 상이 세워졌다.

여기서 교훈은, 브랜드명을 문자 그대로 광고 아이콘으로 삼는 작업이 늘 성공적인 것은 아니며, 가끔은 광고 제작자가 창의적 수정을 가하도록 허용할 필요가 있다는 사실이다. 당신은 어떻게 로고를 광고로 각색해 로고의 매력과 호소력을 높일 것인가?

여자의 심장을 뛰게 하는 티파니 블루

속설에 따르면, 작은 푸른색 상자에 손을 대는 행위만으로도 여성의 심장 박동이 빨라진다. 다만 특정한 색조의 푸른색 상자여야 한다.

밝고 푸른 하늘색을 가리키는 단어인 티파니 블루는 1837년 설립 직후부터 세계적 명성을 누린 보석 회사인 티파니가 1845년부터 자사를 상징하는 색상으로 사용해왔다.

찰스 티파니와 존 영이 뉴욕에서 만든 티파니 브랜드는 원래 맨해튼 남부에서 티파니 영 앤 엘리스라는 이름의 문구류 팬시용품 상점으로 출발했다. 1853년 찰스 티파니가 경영권을 잡고 보석에 주력하기로 결정하면서 간판을 티파니 앤 컴퍼니로 바꾸었다.

1887년 찰스 티파니는 유진 황후의 유명한 다이아몬드 목걸이를 포함해, 프랑스 왕관 보석들 중 3분의 1을 경매로 매입함으로써 '다이아몬드의 왕'이라는 별명을 얻었다.

티파니의 첫 우편 주문 카탈로그는 1845년 미국에서 제작되었고, 이때 표지 색상으로 눈에 잘 띄는 밝은 하늘색이 쓰였다. 이 카탈로그는 이윽고 '블루 북'이라는 이름으로 알려졌으며, 오늘날까지도 계속 발행되고 있다.

이 밝은 하늘색은 미국을 비롯해 여러 국가에서 색상 상표권으로 등록되어 보호받고 있다. 이 밝은 하늘색은 1만 가지 이상의 색을 체계화한 그래픽 디자인 기업 팬톤이 '팬톤 매칭 시스템 번호 1837번'을 부여한 맞춤형 색상으로, '티파니 블루'라는 이름으로 더 잘 알려져 있다. 상표권으로 등록한 색상이기에 다른 기업들이 사용할 수 없고, 팬톤의 색상표 견본에도 나오지 않는다.

티파니가 이 색상을 고른 이유는 무엇일까?

가장 많이 인용되는 설명은 유진 황후가 가장 좋아한 색상이었기 때문이라는 설이다. 유진 황후는 나폴레옹 3세의 아내로, 당시 유럽의 패션 스타일과 트렌드 형성에 상당한 영향을 미친 글로벌 패션 아이콘이었다.

밝은 하늘색 표지인 카탈로그가 즉각적인 좋은 반응을 얻자, 찰스 티파니는 상자와 가방 등 다른 판촉상품들의 색상도 밝은 하늘색으로 정했다. 그리고 그는 많은 사람이 열광하는 밝은 하늘색 상자를 티파니 제품을 산 고객에게만 주도록 방침을 정했다.

1906년 일간지 〈뉴욕 선〉은 티파니 상자의 특별한 매력을 다음과 같이 설명했다. "티파니에는 당신이 아무리 많은 돈을 주어도 살 수 없는, 오직 티파니만이 당신에게 줄 수 있는 한 가지가 있다. 그것은 바로 티파니 상자다."

여기서 교훈은, 브랜드를 상징하는 고유 색상을 정함으로써 소비자에게 특별한 인상을 줄 수 있다는 점이다. 당신이라면 브랜드를 상징하는 색상으로 어떤 색을 고를 것인가? 그 이유는 무엇인가?

사자 시체에서 나온 꿀, 라일 골든 시럽

사자는 몸집이 크고 풍성한 갈기가 있어 위엄 있는 모습을 자랑하기에 '동물의 왕'이라 불린다. 미술계와 문학계에서는 힘, 권력, 리더십, 심지어 충성심을 상징하는 동물로 오랫동안 표현되었다.

때문에 사자를 브랜드 아이콘으로 삼은 업체들도 많았다. 당장 떠오르는 예만 들어도 ING, 푸조, MGM, 잉글리시 프리미어 리그 등이 있다.

그런데 살아 있는 사자가 아닌 죽은 사자를 로고로 사용하는 브랜드도 있다. 사실 죽은 사자가 아니라 '썩어문드러진 사자 사체를 둘러싼 한 무리의 벌들'이라고 하는 편이 더 정확하다.

바로 영국에서 가장 오래된 브랜드 중 하나인 라일 골든 시럽이다. 라일 골든 시럽의 기원은 사탕수수 정제 과정에서 나온 부산물이다. 에이브럼 라일이 부산물의 당밀 성분을 요리에 사용 가능한 맛있는 잼이자 감미료로 만들 수 있다는 사실을 발견하게 되었다. 그는 제품화 방법을 개발하고, 런던 항구 도크랜즈 지역의 플래이스토우 공장에서 시럽을 담은 캔 제품을 생산하기 시작했다.

에이브럼 라일은 신앙심이 깊은 남자였다. 죽은 사자를 로고에 집어넣은 이유도 종교에 있었다. 구약성경 사사기 14장에는 신붓감을 구하고자 필레스티아 지역을 여행한 삼손의 이야기가 나온다. 여행 도중 사자를 만난 삼손은 사자를 죽인다. 그리고 며칠 후 다시 가보니 그 사자 시체의 입에 꿀벌이 벌집을 만들어 놓았다. 삼손은 이때 본 모습을 기억하고, 훗날 결혼식 때 신부 측 들러리에게 "강한 것이 죽자 달콤한 것이 나왔다. 이게 뭘까?"라는 수수께끼를 던졌다.

이러한 성경 일화에서 유래한 "강한 것에서 달콤한 것이 나왔다"라는 문구와 사자 시체를 둘러싼 벌떼 무리 그림이 1904년 라일 골든 시럽 브랜드의 아이콘으로 등록되었다. 이 문구와 사자와 벌떼 그림은 오늘날에도 여전히 라일 골든 시럽 제품에서 볼 수 있다.

여기서 교훈은, 최고의 디자인은 단지 사람들 눈에 잘 띌 뿐 아니라 의미를 전달한다는 점이다. 당신의 브랜드 디자인은 다른 브랜드와 구분되는 것 외에 무슨 기능을 수행하는가?

메르세데스는 누구의 이름일까?

당신은 아마도 에밀 엘리넥이라는 이름을 듣고 누군지 모를 테지만, 그의 딸 이름을 들으면 '아하!' 하고 알 가능성이 높다.

에밀 엘리넥은 스피드광이었고, 자동차 시대의 도래에 초기부터 관심을 보였다. 1897년 독일 칸슈타트 다임러 공장을 방문해, 처음으로 다임러 자동차를 한 대 주문했다. 6마력 2실린더 엔진을 장착한 벨트 구동 차량이었다. 이 차량의 최고 속력은 당시로서는 인상적인 시속 24킬로미터였다. 하지만 에밀 엘리넥은 이에 만족하지 못했다. 그는 차량을 2대 더 주문했는데, 이번에는 최고 속력이 시속 40킬로미터가 되어야 한다고 요구했다. 그 후 엘리넥이 받은 2대의 다임러 피닉스 차량은 세계 최초로 4실린더 엔진을 장착한 자동차였다.

에밀 엘리넥은 국제 금융계와 귀족사회 인맥을 활용해 다임러와 협상했고, 다임러 차량을 홍보하고 판매하는 일을 시작했다. 1899년 다임러는 에밀 엘리넥에게 차량 10대를 공급했다. 1900년도에 이 수치는 29대로 증가했다.

하지만 에밀 엘리넥은 더 빠르고 강한 차량을 원했다. 그래서 그는 자동차 레이스 대회에 참가하고 싶었다. 당시 가장 유명한 대회 중 하나는 나이스 위크였다. 엘리넥은 본인의 자동차 레이스팀 이름을 열 살짜리 딸 이름을 따서 지었고, 이 이름은 곧 자동차 업계에서 유명해졌다.

1900년도에 에밀 엘리넥과 다임러는 새로운 엔진을 개발하고, 엘리넥의 딸 이름과 다임러를 조합한 이름을 이 엔진에 붙이기로 합의했다. 엘리넥은 새로운 엔진을 장착한 차량을 36대 주문하는 데에 총 55만 마르크의 가격을 지불했다. 이는 당시로서는 거대한 금액이자 큰 주문이었다. 몇 주 뒤, 엘리넥은 36대의 차량을 추가로 주문했다.

다임러가 제작한 신형 엔진을 최초로 장착한 차량인 35마력의 레이싱 카가 엘리넥에게 도착한 시기는 1900년 12월 22일이다. 차량 무게 중심이 낮고, 강철로 제작된 프레임을 썼고, 가볍고 출력이 강한 엔진, 전열 면적을 늘리고자 벌집 형태로 만든 벌집 냉각기를 장착한 이 신형 차량은 수많은 혁신 기술을 적용했으며 최초의 현대적 자동차로 오늘날 평가받고 있다.

1901년 나이스 위크 자동차 레이스 대회는 크게 성공했고, 엘리넥과 다임러의 신형 차량들은 더 많은 관심을 받았다. 다임러는 곧 12/16HP, 8/11HP라는 자매 모델들을 출시했다.

1902년 6월 23일, 다임러는 엘리넥의 딸 이름을 상표로 등록하고자 신청서를 제출했고, 9월 26일에 법적으로 상표 등록이 되었다. 엘리넥 딸의 이름은 스페인어로 '우아함'을 뜻하는 메르세데스였다.

메르세데스라는 이름이 너무 마음에 든 에밀 엘리넥은 1903년 6월 본인 이름을 엘리넥 메르세데스로 개명했다. 그는 "나는 딸의 이름을 받은 사상 최초의 아버지일 것"이라고 말했다.

여기서 교훈은, 상당 기간 우여곡절을 거쳐 브랜드 네임이 결정되는 경우가 가끔 있다는 사실이다. 당신은 브랜드 네임을 너무 성급하게 결정한 적이 없는가?

판다 로고의 비밀, 세계야생동물보호기금

1961년 4월 29일, 스위스의 작은 마을인 모르주에서 유력 인사들이 모여 자연보호에 앞장서겠다고 약속했다. 그들은 밀렵과 서식지 파괴로 수많은 야생동물을 멸종으로 몰아넣는 행위를 중단할 것을 세계에 촉구했다.

"우리는 세계의 야생동물을 보호해야 합니다. 이는 국제적 선언입니다. 오늘날 인간의 무분별하고 불필요한 자연 파괴로 인해 세계 각지의 불쌍하고 무해한 야생동물들이 목숨이나 서식지를 잃고 있습니다."

이러한 모르주 선언은 세계야생동물보호기금 설립의 청사진이 되었다. 세계야생동물보호기금은 세계 최초의 환경보호 조직 중 하나로, 지금은 WWF(World Wide Fund for Nature, 세계자연기금)라고 불린다.

WWF 설립자 중에는 존경받는 생물학자 줄리언 헉슬리가 있었다. 그 밖에도 벨기에, 프랑스, 독일, 폴란드, 수단, 스웨덴, 스위스, 미국 측의 협정 서명인이 참여했다.

1961년 9월 WWF 사무국이 스위스에 설립되었고, 1961년 11월 영국을 시작으로 세계 각국에 WWF 본부가 하나둘씩 문을 열었다.

대중의 기억에 남는 강렬한 로고의 필요성을 인식한 WWF는 설립에 참가한 저명한 조류학자 피터 스콧에게 좋은 로고를 추천해달라고 요청했다. 피터 스콧은 해가 뜰 때나 질 때 습지 위를 날아가는 거위나 오리 떼 그림으로 유명한 화가이기도 했다. 그는 WWF 로고 제작에 필요한 예술적 직감을 가지고 있었다.

그는 WWF의 요청에 따라 로고 제작에 착수했지만 곧 제약사항을 알게 되었다. 다른 색을 사용하지 않고 흑백으로만 로고를 제작해야 한다는 것이다. 당시 신생 조직이던 WWF는 예산이 부족했기에 로고 인쇄비용이라도 아끼려고, 로고를 흑백으로 제작하길 원했다.

다행스럽게도 피터 스콧은 바로 그 해인 1961년 런던 동물원에 도착한 판다 치치에게서 영감을 얻었다. 그는 털이 복슬복슬하고 눈 주위가 검은 판다가 WWF의 로고로 적합하리라 생각했다.

피터 스콧은 영국 환경운동가이자 예술가인 제럴드 워터슨에게 판다를 스케치해달라고 요청했다. 그는 이 스케치 자료를 토대로 첫 로고를 제작했고, 훗날 이렇게 말했다.

"우리는 이처럼 귀여운 동물이 멸종위기에 처했다는 사실을 세계인들에게 알리길 원했습니다. 검은색과 흰색만 써도 충분히 표현 가능한 동물을 로고에 집어넣어 인쇄비를 아끼려는 의도도 있었죠."

WWF 로고는 이후 몇 차례 수정되었지만 (1978년, 1986년, 2000년) 흰색과 검은색만으로 판다를 표현한 간단명료한 로고 디자인은 계속 유지되었다.

오늘날 WWF 로고는 세계에서 가장 인지도가 높은 브랜드 중 하나다.

여기서 교훈은, 엄격한 업무 지시서가 좋을 때가 종종 있다는 점이다. 당신은 업무 지시서를 명확하고 간결하게 작성하기 위해 최선을 다하고 있는가?

시급 2달러에 탄생한 명품 로고, 나이키

1971년 포틀랜드 주립 대학교 디자인학과 여학생 캐롤린 데이비드슨은 대학 홀에 앉아서 드로잉 과제를 하다가 유화 강좌를 수강할 수 없는 본인의 경제 사정을 서글퍼하고 있었다. 지나가던 젊은 조교수가 이 사실을 알고선 자신이 얼마 전에 문을 연 회사에 와서 일을 도와주지 않겠냐고 물었다. 조교수는 시급 2달러를 주겠다고 제안했다. 여학생은 제안을 받아들였다.

젊은 조교수의 이름은 필 나이트였다. 그는 블루 리본 스포츠라는 회사를 운영하는 데 필요한 돈을 보충하고자 포틀랜드 주립 대학교에서 강의를 하고 있었다. 블루 리본 스포츠는 일본에서 만든 타이거 브랜드 운동화를 미국 서부에 유통하는 신생 회사였다.

캐롤린 데이비드슨이 회사에서 처음 맡은 일은 필 나이트가 일본 회사 중역들을 만나 회의할 때 필요한 차트와 그래프를 제작하는 것이었다.

하지만 나이트는 더 큰 계획을 가지고 있었다. 그는 자체 브랜드로 스포츠화를 판매하길 원했다. 필 나이트는 그리스 신화에 나오는 승리의 여신의 이름을 따서 브랜드 이름을 나이키라고 지었다. 그리고 나이키 브랜드에 어울리는 '줄무늬 계급장' 같은 로고가 필요하다고 생각했다. 그는 움직임을 나타내지만 아디다스, 퓨마, 타이거 로고와는 구분되는 로고를 제작해달라고 캐롤린 데이비드슨에게 요청했다.

이후 2주일간 캐롤린 데이비드슨은 수많은 아이디어를 생각하고, 그중에서 가장 나아 보이는 아이디어를 선별해 얇은 종이에 그린 다음 신발 그림 위에 올려놓고 어울리는지 봤다. 그리고 그중에서 가장 좋아 보이는 대여섯 개의 안을 필 나이트와 또 다른 나이키 중역 두 명에게 제출했다.

필 나이트와 중역들은 캐롤린이 제출한 안에 시큰둥했다. 캐롤린의 첫 발표가 끝나자 중역들은 "더 없습니까?" 하고 물었다. 하지만 당시 나이키는 빨리 일을 진행해야 하는 상황에 있었기에, 중역들은 할 수 없이 캐롤린이 제안한 로고 디자인 중 하나를 채택하고자 했다.

필 나이트는 당시 캐롤린이 제출한 로고를 보고 든 생각을 이렇게 정리했다. "음, 지금은 마음에 들지 않지만, 어쩌면 차차 마음에 들게 될지도 모르지." 너무 시간이 촉박했기에 캐롤린이 제출한 시안을 수정하지 않고 그대로 썼을 정도다.

1972년 6월 오리건 주 유진 시에서 열린 올림픽 미국 대표 선발전에서 캐롤린 데이비드슨이 만든 로고가 새겨진 최초의 나이키 운동화가 소개되었다.

캐롤린 데이비드슨은 17.5시간을 투입해 로고를 만들었다며, 나이키에게 35달러를 청구했다.

여기서 교훈은, 브랜드 아이덴티티가 완전히 받아들여지기까지 어느 정도 시간이 필요한 경우가 때때로 있다는 사실이다. 당신은 너무 성급하게 브랜드 아이덴티티를 판단한 적이 없는가?

● 캐롤린 데이비드슨은 1971년 그래픽 디자인학과 학사 학위를 받고 포틀랜드 주립 대학교를 졸업했다. 그녀는 계속 나이키에서 근무하며 광고, 브로슈어, 포스터, 카탈로그를 디자인했다.
1975년에 나이키의 폭발적 성장으로, 이제 그녀 혼자서는 나이키의 모든 광고와 디자인 수요를 감당하지 못하게 되었다. 나이키와 캐롤린은 그녀가 맡던 디자인 업무를 이제 전문 광고 대행사에 맡길 때가 되었다는 데에 동의했다. 캐롤린은 이후 가정 일을 하면서 파트타임으로 일부 디자인 업무를 수행했다.
나이키는 1980년도에 증시 상장했다. 1983년 나이키 중역들은 캐롤린을 위해 깜짝 파티를 열었다. 그들은 캐롤린에게 작은 다이아몬드가 박힌 나이키 로고 모양의 황금 반지를 선물로 줬다. 또 감사패와 나이키 주식 500주도 함께 줬다.
선물을 받은 캐롤린 데이비드슨은 감격하며 이렇게 말했다. "사장님이 이렇게 선물을 준비해주시다니 놀랐습니다. 원래 저는 로고 제작비를 청구해서 받았거든요."

그녀는 선물로 받은 나이키 주식을 전혀 팔지 않았다. 그녀가 그 주식을 지금까지 보유했다면, 주식 가치가 50만 달러에서 100만 달러에 달할 것으로 추산된다.

몽블랑 스타 로고의 진짜 의미

문구점 주인, 은행가, 엔지니어가 만나면 무슨 일이 벌어질까?

20세기 초 함부르크에서는 세 사람이 만나 특별한 브랜드가 탄생했다. 문구점 주인 클라우스 요하네스 포스, 은행가 알프레드 네헤미아스, 엔지니어 아우구스트 에버스타인은 1906년 함께 모여 심플로 필러 펜 컴퍼니라는 회사를 설립했다. 그들은 함부르크에서 고급 펜을 생산하기 시작했다.

첫 출시한 모델은 루주 에 누아르였다. 하지만 뒤이어 몽블랑 모델이 출시되었고, 훗날 이 모델의 이름을 따서 회사 이름도 바뀌었다. 몽블랑은 '일요일에 차려입고 나간 양복에 잉크 얼룩이 전혀 생기지 않는 펜'이라고 광고했다.

몽블랑이라는 이름의 유래는 다음과 같다. 창업자의 친척 한 명이 카드 게임을 하다가, 새로 출시한 만년필의 펜촉이 인근 알프스 산맥에서 가장 높고 장엄한 봉우리인 몽블랑과 닮았다고 이야기했다. 창업자들은 이 말을 듣고 좋은 아이디어라고 생각해 몽블랑을 브랜드명으로 채택했다. 그리고 몽블랑 봉우리가 연상되도록 만년필 뚜껑의 끝부분을 하얗게 칠했다. 그 후 몽블랑이라는 브랜드명이 지금까지 이어졌고, 흰색이던 끝부분은 육각형의 하얀 별 모양인 몽블랑 스타 로고로 진화했다. 두 디자인은 현재 몽블랑의 상표로 등록되어 있다.

한편 일각에서는 몽블랑 스타 로고의 정확한 의미에 대한 논쟁이 여전히 벌어지고 있다. 몽블랑 스타 로고가 눈송이를 가리킨다고 말하는 사람도 있고, 그냥 산봉우리를 묘사한 것이라고 주장하는 사람도 있다. 『1914~1992년 덴마크에서 몽블랑의 비화』라는 책에서 저자 홀튼과 룬트는 다음과 같은 설명을 내놓았다. "몽블랑 본사는 1908년부터 함부르크 시의 슈테른샨체 구에 있었다. 독일어로 '슈테른'은 별이라는 뜻이고, '슈테른샨체'는 별 모양의 요새라는 뜻이다." 슈테른샨체 구의 상점과 식당들은 현재도 하얀 별을 동네를 상징하는 문양으로 삼는다.

몽블랑이 1929년에 첫 출시한 모델의 이름은 독일어로 걸작이라는 뜻인 마이스터스튁이다. 마이스터스튁은 펜촉에 몽블랑 산의 높이인 4810미터를 의미하는 숫자 4810을 새겨 넣음으로써, 몽블랑 정상과 같은 품질을 지닌 펜이라는 자부심을 담았다. 이는 오늘날까지도 몽블랑이 브랜드 커뮤니케이션에서 반복하는 주제다.

여기서 교훈은, 브랜드 아이덴티티는 다양한 매체를 통해 다양한 형태로 표현될 수 있다는 사실이다. 당신은 당신의 브랜드 커뮤니케이션 자산을 어떻게 더 개발할 수 있을까?

이름부터 범상치 않은 위스키, 몽키 숄더

몽키 숄더는 평범한 위스키가 아니다. 몽키 숄더를 마셔본 사람은
'크리스마스 아침에 빨간 머리 아가씨와 함께 안장 없이 말을 타고
스코틀랜드 황야를 지나갈 때의 기분'이나 '턱시도 잠수복을 입은
007 요원의 기분'이라고 평가한다. (첫 번째 평을 읽고는 나도 꼭 마셔
보고 싶다는 생각이 들지만, 두 번째 평을 읽으니 꺼림칙하다.)

   2005년 출시된 몽키 숄더는 윌리엄 그랜트 앤 선스의 몰트
마스터인 데이비드 스튜어트의 아이디어였다. 그는 최초의 '트리
플' 몰트 위스키를 제조하고 싶었다. 그는 더 맛있는 위스키를 만
들기 위해 글렌피디치, 발베니, 키니비라는 3개의 각기 다른 스피

사이드 싱글몰트 위스키(맥아로 만들었고 단일 증류소에서 생산한 위스키를 가리키는 명칭-옮긴이)를 섞었다.

몽키 숄더는 특이하게 들리지만, 의외로 평범한 어원을 지닌 브랜드다. 몽키 숄더는 과거에 커다란 나무 삽으로 보리를 계속 돌리며 장시간 일한 맥아 제조 근로자들이 느낀 피곤한 상태를 가리키는 속어다. 작업이 너무 고된 나머지 어깨가 축 처져 마치 원숭이처럼 팔이 늘어나 보였기에, 근로자들은 이런 상태를 몽키 숄더(원숭이 어깨)라고 불렀다.

몽키 숄더 브랜드의 소유주이자 경영자인 윌리엄 그랜트는 지금도 자사 직원들이 수작업으로 맥아를 제조하지만, 근무 시간이 짧아지고 노동 강도가 약해져 더 이상 원숭이처럼 어깨가 축 처지는 일은 없다고 자랑스럽게 말한다.

몽키 숄더는 '과거와 현재의 모든 맥아 제조 근로자들의 노고를 기리기 위한' 애정 어린 브랜드명인 셈이다.

여기서 교훈은, 새로운 브랜드명을 생각할 때 제품의 역사에서 영감을 받을 수 있다는 사실이다. 당신은 미래에 쓸 이름을 찾기 위해 과거를 돌아볼 수 있는가?

마케팅 전략

MARKETING STRATEGY ——————————

당신이 하고 싶은 일이 무엇인지는 당신도 안다. 하지만 그 일을 실제로 어떻게 해야 할까? 어떤 고객을 타깃으로 삼아야 할까? 그 이유는 무엇인가? 고객들이 당신의 제품을 써보도록 어떻게 유도할 것인가?

목적지에 대한 비전을 가지는 것은 좋지만, 목적지에 도착하려면 알맞은 계획과 행동이 필요하다.

당신의 전략은 무엇이고, 어떻게 그 전략을 실행할 것인가? 경쟁자보다 많은 돈을 쓸 수 없는 처지라면, 경쟁자보다 앞선 생각은 할 수 없는가?

당신은 자사에 유리하게 시장을 세분화할 수 있는가? 다른 모든 경쟁자가 급격한 방향 전환을 할 때 당신은 직진해야 할까? 다른 모든 이가 문제만 발견할 때 당신은 기회를 볼 수 있는가? 당신은 브랜드를 구축하고 있는가, 혁명을 시작하고 있는가?

성공 사다리, GM의 시장 세분화 전략

1909년 헨리 포드는 이렇게 말했다. "나는 자동차를 대중화할 겁니다. 내가 이 일을 마치면, 모든 미국인이 자동차를 소유할 수 있을 테고, 거의 모든 미국인이 자동차를 소유할 겁니다."

헨리 포드는 비용 절감 효과가 뛰어난 조립 라인 방식을 도입해 자동차를 생산하고, 모델 T 차량을 개발했다. 모델 T의 출시로 포드 자동차가 시장을 지배했다. 포드의 비전은 한 가지 모델만 생산함으로써 규모의 경제를 달성하는 데 기반을 뒀다. 그래서 포드는 검은색 차량만 생산했다. "검은색이기만 하다면 어떠한 색이든 선택하실 수 있습니다."

이를 기반으로 포드는 초기 자동차 시장을 키우고 발전시킬 능력을 보유하게 되었다. 그러나 이는 앨프리드 슬론이 이끄는 제너럴 모터스(GM)가 포드를 추월해 시장을 선도하는 기업이 될 기회를 제공하기도 했다.

앨프리드 슬론은 코네티컷 주 뉴헤이븐에서 태어나, MIT에서 전기공학을 전공했다. 그는 롤러와 볼 베어링을 제조하는 하이엇 롤러 베어링의 소유주이자 사장이 되었고, 올즈모빌 등 초기 자동차 기업들에 볼 베어링을 공급했다.

그러다 1916년, 급성장하는 자동차 시장의 흐름에 맞춰 하이엇 롤러 베어링은 몇몇 기업들을 합병해 유나이티드 모터스가 되었고, 얼마 지나지 않아 제너럴 모터스에 합병되었다. 슬론은 1923년에 GM 부사장, 1937년에 GM 이사회 회장이 되었다.

앨프리드 슬론의 경영 접근 사례들은 마케팅에 대한 뛰어난 직감과 소비자에 대한 통찰을 보여준다. 슬론은 모든 사람의 취향이 같지 않으며, 소비자의 취향이 변화하고 진화한다는 점을 깨달았다. 기본적인 기능만 있고 저렴한 차량은 많은 소비자를 만족시키지만, 모든 소비자를 만족시키지는 못했다. 특히 남들과 다른 자동차를 통해 본인의 힘, 스타일, 사회적 지위를 과시하고픈 부자들을 만족시키지 못했다.

따라서 앨프리드 슬론은 '고객마다 다른 욕구와 목적에 부합하는 맞춤형 차량'을 판매한다는 경영 전략을 세웠다. 그리고 이에 입각해, 각기 다른 고객층을 공략하는 5개의 브랜드를 출범했다. 쉐보레, 폰티악, 올즈모빌, 뷰익, 캐딜락이 그것이다. (가장 저렴한 자동차 브랜드부터 가장 비싼 자동차 브랜드까지.) 각 브랜드는 각기 다른 계층의 고객들에게 선택과 다양성을 제공했다. 소비자를 다섯 계층으로 분류해 각기 다른 브랜드로 공략하는 시장 세분화 전략을 도입한 것이다. 고객들은 소득이 증가함에 따라 더 고가의 자동차를 생산하는 브랜드로 이동했고, 앨프리드 슬론은 이를 "성공의 사다리"라고 불렀다.

소비자의 변화하는 취향에 따른 니즈를 충족하기 위해, 그리고 소비자들이 또다시 GM 자동차를 사도록 유도하기 위해 슬론은 제품 디자인을 자주 바꾸었다. 따라서 최신 트렌드에 뒤처지지 않으려면 새 차를 살 필요가 있었다. 이러한 슬론의 전략은 최초의 '계획적 진부화(고객의 제품 교체 주기를 빠르게 하기 위한 제조사의 의도적 행위-옮긴이)'라는 평가를 종종 받는다. 하지만 슬론은 패션업계 등 다른 산업에서 이미 채택한 전략을 모방한 것뿐이다.

이러한 앨프리드 슬론의 전략이 효과를 거둔 덕분에-그리고 포드가 시대 흐름에 저항하는 실수를 저지른 탓에-1930년대 초 GM이 포드의 매출액을 제쳤고, 이후 70년간 매출액 1위 자동차 기업이라는 자리를 유지하게 되었다.

여기서 교훈은, 고객 취향에 맞춘 제품 개발과 생산 효율성의 균형을 맞추는 것이 시장 세분화 전략의 핵심이라는 사실이다. 당신에게 유리하게 시장을 세분화하려면 어떻게 해야 할까?

제품 수를 70% 줄이다, 애플

"실리콘밸리에서 형편없는 경영과 실패한 테크노드림의 대표적 사례로 꼽히는 기업이 또다시 위기 국면에 접어들고 있다. 매출 급감, 기술 전략 실종, 상처 입고 피 흘리는 브랜드 네임에 대처해야 하지만, 침울하게 굼뜬 동작으로 허둥댈 뿐이다."

1996년 경영 전문지 〈포춘〉이 가리킨 기업은 다름 아닌 애플이었다.

1996년 1분기에 애플 매출액은 30퍼센트 감소했고, 애플 브랜드는 몰락 일보직전이었다. 다행히도 이런 애플을 구하고자 합류한 천재가 있었다. 바로 스티브 잡스다. 1976년 애플을 공동 설립하고 1985년 애플에서 쫓겨난 스티브 잡스는 1997년에 애플로 복귀했다.

마이크로소프트와 체결한 파트너십 덕분에 1억 5000만 달러의 자금이 수혈되어 생명이 연장되었지만, 애플은 잠재된 문제들을 풀지 못했다.

스티브 잡스는 회사 상황을 점검하면서, 애플이 너무도 중구난방으로 여러 제품을 생산하고 있는 점에 놀랐다. 한 제품에도 여러 가지 버전이 있었다. 소매업체들의 요구를 충족하고자, 소매업체별로 약간의 수정을 가한 다른 버전의 제품을 공급하느라 막대한 비용을 지출하고 있었다. 가령 매킨토시 컴퓨터는 12개의 다른 버전으로 판매되고 있었다.

이렇게 많은 버전이 완전히 불필요하다는 본인의 가설을 시험하고자, 최고경영진에게 물었다. "친구들에게 우리 제품을 사라고 권하고 싶은데, 어떤 제품이 좋겠습니까?"

임원들은 단순한 답변을 내놓지 못했지만, 스티브 잡스는 문제에 단순한 해답을 내놓았다. 잡스는 애플 제품 수를 70퍼센트 줄였다. 그렇게 없앤 제품 중에는 PDA, 애플 뉴턴도 있었다. 또 다른 극약 처방은 3000명에 가까운 애플 직원을 해고하는 것이었다.

잡스는 훗날 인터뷰에서 이렇게 말했다. "무엇을 하지 말아야 할지 결정하는 것은 무엇을 할지 결정하는 것만큼이나 중요합니다. 기업에도, 제품에도 적용되는 이치입니다."

잡스는 향후 애플이 네 가지 제품에 초점을 맞추겠다는 전략을 발표했다. 전문가용 제품인 파워 매킨토시 G3 데스크톱 컴퓨터, 파워북 G3 노트북 컴퓨터, 일반 소비자용 제품인 아이맥 데스크톱 컴퓨터, 아이북 노트북 컴퓨터가 그것이다. 잡스는 또한 엄격히 선정한 몇 가지 혁신에 초점을 맞추기로 했다.

애플의 실적 전환은 곧바로 이뤄지지 않았다. 잡스가 복귀한 첫 회계연도에 10억 달러가 넘는 손실을 기록한 애플은, 그가 "파산까지 90일이 남았다"고 말할 정도로 절박한 상황이었다. 하지만 1년 뒤 애플은 3억 900만 달러의 이익을 기록했다.

여기서 교훈은, (스티브 잡스의 말처럼) 무엇을 하지 말아야 할지 결정하는 것은 무엇을 할지 결정하는 것만큼이나 중요하다는 사실이다. 당신은 어떤 것에 '노'라고 말해야 할까?

미쉐린 타이어는
왜 레스토랑에 별점을 매겼을까?

둥글고 검은 고무라는 단어를 듣고 음식을 연상하는 사람은 없을 것이다. 탄 오징어 요리를 본 적이 없다면 말이다. 하지만 '미쉐린'이라는 단어를 덧붙이면 달라진다.

현재 세계적으로 유명한 미쉐린 가이드와 별점 제도의 기원은 모호하다. 미쉐린 가이드와 별점 시스템의 기원은 프랑스 도로를 달리는 자동차가 수천 대에 불과하던 1900년도로 거슬러 올라갈 수 있다. 당시 타이어 제조사를 운영하던 앙드레와 에두아르 미쉐린 형제가 참신한 타이어 판촉 방안을 궁리하다가 여행 가이드북이라는 개념에 착안해 만든 것이 바로 미쉐린 가이드다. 그들은 사람들이 더 많이 여행을 떠날수록 자동차 타이어가 마모되어 새 타이어를 사게 되리라 예측했다.

초기 미쉐린 가이드는 무료 배포되었고 지도, 타이어 수리·교체 방법, 정비소·주유소·호텔 목록 등 자동차 운전사들에게 유용한 정보를 담았다. 1904년 미쉐린 형제는 벨기에 지역을 다룬 미쉐린 가이드를 배포했고, 이후 유럽 각국을 다룬 미쉐린 가이드들이 나왔다.

제1차 세계대전 시기에는 자연히 미쉐린 가이드 출판이 중단되었다. 제1차 세계대전이 끝난 뒤 미쉐린 형제는 미쉐린 가이드를 무료로 배포하는 방침을 재검토하게 되었다. 어느 날 타이어 상점을 방문한 앙드레 미쉐린은 작업대 높이를 올리려고 미쉐린 가이드 책자들을 받침으로 깔아둔 모습을 보고 "사람은 대가를 지불한 대상만 진정으로 존중한다"는 오랜 격언이 옳다는 생각이 들었다. 형제는 미쉐린 가이드를 유료 판매하기 시작하면서, 미쉐린 가이드에 레스토랑들을 소개하고 광고는 빼버리는 등 약간의 변화를 줬다.

많은 사람들이 미쉐린 가이드를 찾고 실제로 활용하자, 신이 난 형제는 미쉐린 가이드를 보강하려는 의욕이 생겼고, 식당을 방문해 평가하는 특별 평가단을 모집했다. 이 평가단은 공정한 평가를 위해 미쉐린 평가원이라는 사실을 숨기고 식당을 방문하도록 지시 받았다.

1926년 미쉐린 가이드는 고급 식당에 별 하나를 부여하기 시작했다. 처음에는 평가 등급이 하나뿐이었다. 평가단은 식당에 별 하나를 주거나 아예 안 줬다.

1931년에야 식당의 수준에 따라 별을 하나부터 셋까지 부여하는 별점 제도가 도입되었다. 그리고 1936년에야 각 등급의 기준이 공개되었다.

별 하나: 해당 지역을 방문하면 들를 가치가 있는 매우 좋은 식당
별 둘: 요리가 훌륭해 본래 여행지에서 다소 떨어진 곳이라도 들를 가치가 있는 식당
별 셋: 요리가 너무도 훌륭해 맛을 보기 위해 특별한 여행을 떠날 가치가 있는 식당

여기서 교훈은, 판촉물도 독자적 가치를 지닐 수 있다는 사실이다. 당신은 판촉물을 상품화할 수 있는가?

● 제2차 세계대전 시기에 미쉐린 가이드 출판이 다시 중단되었지만, 1944년 연합군 측의 요청으로 1939년도 프랑스 지역을 다룬 미쉐린 가이드가 군용으로 다시 인쇄되었다. 미쉐린 가이드에 수록된 지도들은 프랑스에 상륙할 연합군 입장에서 양질의 최신 지리 정보를 담은 지도로 평가되었다. 정기 미쉐린 가이드 출판이 재개된 시점은 연합군이 나치 독일의 항복을 받아들인 유럽 전승 기념일(1945년 5월 8일)에서 1주일이 지난 1945년 5월 16일이다.

어떤 새가 가장 빠를까? 기네스가 만든 기네스북

탕!

탕!

"젠장!"

그가 쏜 총이 빗나갔고, 물떼새가 멀리 날아올랐다.

1951년 11월, 기네스 양조회사의 상무이사인 휴 비버는 아일
랜드 남동쪽 웩스퍼드 슬레이니 강 어귀의 노스 슬롭 지역에서 새
사냥을 즐기고 있었다.

새를 놓쳐 실망한 휴 비버는 유럽 수렵조 가운데 검은가슴물

떼새가 가장 빠른 새라는 사실을 위안으로 삼았다. 최소한 그는 그렇게 생각했다.

이후 함께 사냥을 즐기던 여러 친구들과 격론이 오갔다. 검은 가슴물떼새가 가장 빠른 새일까, 붉은 뇌조가 가장 빠른 새일까? 숙소인 캐슬브리지 하우스로 돌아가는 내내 논쟁이 계속되었다.

숙소 서가에 있는 책들을 열심히 뒤져봤지만, 아쉽게도 누구 말이 옳은지 확인해줄 정보를 찾지 못했다.

휴 비버는 새도 놓치고 답도 못 얻었으니 실망할 만했지만, 애써 긍정적 면을 생각해보니 새로운 기회가 보였다. 자신과 친구들이 이처럼 풀리지 않는 문제를 놓고 잔뜩 열이 오른 상태일진대, 하물며 전국의 술집과 클럽에서 얼마나 많은 뜨거운 논쟁들이 벌어질까?

수많은 논쟁이 벌어지는 술자리에서 자사 상품이 판매되고 소비되는 기네스 양조회사가 논쟁자들에게 정답을 알려주면 어떨까?

이리하여 기네스북이 탄생했다. (그리고 이번에는 허탕 치지 않았다.)

여기서 교훈은, 언제 어디서 비즈니스 기회가 생길지 모른다는 점이다. 당신은 기회를 발견하기 위해 24시간 눈과 귀를 열어두고 있는가?

●　　　사실, 휴 비버의 생각이 옳았다. 유럽 수렵조 가운데 가장 빠른 새는 검은 가슴물떼새다.

커피 향을 되살리자, 스타벅스

사람들은 종종 왔던 길을 되돌아가지 말라고 말한다. 하지만 하워드 슐츠는 자신이 창조한 브랜드의 경영 현장으로 복귀할 용기를 지녔다.

2000년 슐츠는 스타벅스 CEO에서 물러나 일상 경영 업무에서 손을 떼고, 이사회 회장직을 맡았다. 그러나 7년 뒤, 그는 스타벅스 상황을 보고 걱정이 들었다. 2011년 출간한 자서전 『온워드』에서 이렇게 회상했다. "올 나간 스웨터가 점점 뜯어지듯 회사가 서서히 조용히 점점 더 망가지고 있었다."

더 이상 물러선 채 손 놓고 지켜볼 수 없었던 그는 당시 CEO

짐 도널드에게 '스타벅스 경험의 범용화(자사 제품이 경쟁 제품과 격차가 줄어들고 차별성이 사라지는 현상─옮긴이)'라는 제목의 유명한 편지를 보냈다.

슐츠는 편지에서 이렇게 말했다. "1000개 미만이던 체인점을 1만 3000개 이상으로 늘리는 데 필요한 성장, 발전, 규모를 달성하기 위해 지난 10년간 우리가 내린 일련의 결정들이 지금 되돌아보면 스타벅스 경험의 희석이라는 결과를 낳고, 더 나가 스타벅스 브랜드의 범용화로 이어졌습니다."

이어서 슐츠는 그동안 매일 일어나자마자 커피 냄새를 맡았다고, 아니 더 정확히 말하자면 더 이상 커피 냄새를 맡을 수 없었기에 잠에서 퍼뜩 깼다고 밝혔다. 그는 매장에서 극장 같은 분위기와 낭만이 사라진 점을 아쉬워하고, 매장에서 막 간 커피 대신 봉지 커피를 사용하는 추세 때문에 '스타벅스 매장의 가장 강력한 비언어 신호인 커피 향'이 사라지는 점을 개탄했다.

그는 계속해서 이렇게 진단했다. "스타벅스 매장에는 더 이상 영혼이 없는 것 같습니다. 따뜻한 분위기가 나는 동네 카페와 대조적인 체인점이 되어버렸습니다. 일부 고객들은 스타벅스 매장들이 과거의 열정이 사라진 무색무취하고 흔한 커피 가게로 변모했다고 평가합니다."

슐츠는 성장 지상주의 전략은 독이 된다는 사실을 알았다. 그래서 미국경제가 한창 불경기로 접어들고 스타벅스가 쇠락의 길을 걷던 2008년 슐츠가 CEO로 복귀해 이러한 실책들을 바로잡기 시작했고, 이후 2년간 스타벅스 비즈니스와 브랜드의 극적인 턴어라운드를 이끌었다. 그는 훗날 〈매킨지 쿼털리〉 인터뷰에서 이렇게 밝혔다. "성장은 전략(strategy)이 아니며, 전략이 되어서도 안 됩니다. 성장은 전술(tactic)입니다. 지난 몇 년간 내가 얻은 핵심 교훈은 성장과 성공이 여러 실책을 은폐한다는 사실입니다."

하워드 슐츠가 실행한 첫 번째 조치는 직원들이 무슨 생각을 하는지 자신에게 직접 이메일로 알려달라고 촉구한 것이다. 그러자 즉시 5000통에 달하는 이메일이 도착했다.

2009회계연도에 슐츠는 5억 달러 이상의 비용 절감에 착수했다. 신속하고 과감한 행보였다. 800곳가량의 미국 매장과 수백 곳의 해외 매장을 폐쇄하고 7퍼센트가 넘는 직원을 해고했다. 이에 따라 연매출액도 감소했다.

그가 비용 절감만 신경 쓴 것은 아니었다. 슐츠는 스타벅스가 어떤 가치를 표방하는 브랜드인지 잊지 않았다. 그렇기에 수천 명의 시간제 바리스타에게 제공하는 의료보험 혜택을 삭감하라는 외부 압박에도 불구하고, 이를 선택하지 않았다. 또한 공정무역인증 커피 구매량을 두 배로 늘려, 2009년도에 4000만 파운드의 공정무역인증커피를 구매했다.

슐츠의 그다음 행보는 스타벅스 브랜드의 낭만을 되찾고, 고객에게 양질의 커피를 제공한다는 원래의 목표로 되돌아가는 것이었다. 슐츠는 모든 매장에 적용 가능한 유연한 디자인을 개발했다. 또한 커피 로스팅 도구들을 매장에 돌려놓고, 갓 볶은 커피를 제공하기로 했다. 매장에서 일하는 바리스타가 커피콩을 갈고, 30분 이상 지난 커피는 폐기하도록 지시했다.

하워드 슐츠의 가장 상징적 조치는 2008년 2월에 있었다. 그는 바리스타들을 재교육하기 위해 7100개 미국 매장을 3시간 반 동안 모두 폐쇄했다. 이 때문에 스타벅스가 치른 비용은 600만 달러로 추산된다.

슐츠는 사람들이 스타벅스를 소비하지 않던 장소로까지 스타벅스 브랜드를 확장했다. 집에서도 스타벅스 커피를 즐길 수 있도록, 비아(VIA)라는 인스턴트커피 브랜드를 만든 것이다. 초기에 일부 우려 섞인 시선이 있었지만, 이 브랜드 확장 선택은 성공을 거뒀다.

2012년 스타벅스 연간 매출액은 140억 달러였고, 전 세계 스타벅스 직원 수는 15만 명에 달했다. 이제 하워드 슐츠는 밤에 눈을 감을 때, 다음 날 아침 눈을 뜨면 갓 볶은 신선한 커피 향을 맡을 수 있으리라 기대한다.

여기서 교훈은, 단기적 성장이 전부가 아니라는 사실이다. 당신은 브랜드의 핵심 가치를 충실히 유지하고 있는가?

농구 홍보 대사의 운동화,
컨버스 척 테일러 올스타

마이클 조던과 나이키가 성공적 파트너십을 체결하기 훨씬 이전에 보다 성공적인 파트너십 사례가 있었다. 당시에는 나이키와 별개의 회사였으나 지금은 나이키의 자회사가 된 브랜드가 한 농구 선수와 맺은 파트너십이다. 그렇게 탄생한 농구화는 역사상 가장 많이 팔렸고, 미국인 60퍼센트가량이 가지고 있거나 과거에 소유한 적이 있다.

농구화 브랜드는 '컨버스'이며, 농구 선수는 척이라는 이름으로 더 잘 알려진 찰스 H. 테일러다. 둘이 만나서 탄생한 농구화가 바로 '컨버스 척 테일러 올스타'다.

마퀴스 밀스 컨버스가 1908년 설립한 컨버스 러버 코퍼레이션은 당초 스포츠화 제조사가 아닌, 계절별 수요에 맞춰 방수 신발과 작업용 고무 신발을 생산하는 회사로 출발했다.

몇 년 뒤, 회사 측은 직원들을 전일제로 고용한다는 목표를 세우고 사업을 확장했다. 당시 농구 인기가 높아지는 것을 사업 확장 기회로 본 것이다. 그리고 농구 경기를 할 때 신기 좋은, 운동화 바닥에 고무창을 댄 신발을 개발하기로 결정했다. 그 결과 1917년 출시된 농구화가 올스타다. 이 농구화는 밑창이 매우 두꺼운 고무로 만들어졌고 질긴 천이나 가죽이 발목 부위를 감싸도록 되어 있다.

초창기 올스타 농구화 매출 증가 속도는 코트 위를 달리는 농구 선수와 달리 굼벵이처럼 느렸다. 그러다가 1921년 모든 것이 바뀌기 시작했다. 원동력은 척 테일러였다.

콜럼버스 고등학교 농구 선수였던 척 테일러는 1917년에 올스타 농구화를 발견하고 그때부터 이 제품을 애용했다. 1921년 테일러는 일자리를 구하고자 시카고 지역 컨버스 신발 판매 부서를 찾아갔다. 운동을 좋아하던 직원, 밥 플레츠가 그가 농구 선수로 뛰었음을 알아보고 즉시 채용했다.

척 테일러는 실력 있는 세일즈맨일 뿐 아니라 끊임없는 제품·마케팅 아이디어를 내놓아 컨버스 올스타 브랜드를 개선시켰다. 선수로 뛴 경험 덕분에 그는 다른 선수들이 뭘 원하는지 알았고, 선수들이 원하는 유연성과 기능성을 강화하는 방향으로 제품 디자인을 바꾸는 방안들을 제안했다. 컨버스 농구화의 별 로고가 붙은 발목 보호대 디자인도 그의 아이디어였다.

1922년 척 테일러는 그 해 농구계에서 최고의 선수·코치·
팀·순간들을 기념하는 컨버스 농구 연감을 발행했다. 이는 좋은
홍보 효과를 거둬 1928년에 확대 발행되었다.

하지만 척 테일러가 컨버스 올스타 농구화의 홍보 수단으로
가장 관심을 쏟은 것은 초심자에게 농구의 기초를 가르쳐주는 '농
구 클리닉'이었다. 첫 농구 클리닉은 1922년 노스캐롤라이나 주립
대학교에서 열렸다. 훗날 그는 미시간 대학교를 찾아가 미식축구
감독 필딩 요스트와 함께 컨버스 운동화 '시연 행사'를 했고, 이후
컬럼비아 대학교에서도 한 차례 시연 행사를 했다고 회상했다. 척
테일러는 30년간 흰색 캐딜락 차량을 타고 미국 전역을 돌아다니
며 농구 클리닉을 열었다.

스티브 스톤 전 사장은 컨버스 브랜드의 성공 과정을 이렇게
회상했다. "척의 작전은 작은 마을을 찾아가 운동부 코치를 설득해
농구 클리닉을 여는 것이었죠. 그는 기존 스포츠 코치의 이권을 침
해하지 않는 범위에서 주민들에게 농구를 가르치고 동네 스포츠용
품 상인과 거래했습니다."

1932년 회사 측은 그의 노고를 기리는 의미에서 척 테일러의
서명을 컨버스 올스타 농구화 로고에 삽입하고, 브랜드 이름을 '컨
버스 척 테일러 올스타'로 바꾸었다.

척 테일러는 1936년 올림픽에 출전하는 미국 선수들이 신을
농구화도 디자인했다. 성조기를 상징하는 빨간색과 파란색 테두리
를 두른 흰색 농구화였다.

테일러는 컨버스 사에서 봉급을 받고, 경비를 마음껏 사용할

수 있는 권한도 누렸지만, 지금까지 척 테일러란 이름으로 팔린 8억 개 이상의 컨버스 농구화에 대한 아무런 수수료도 받지 못했다.

이외에도 테일러는 1935년 다루기 쉬운 '실밥 없는 농구공'을 개발한 것을 비롯해, 여러 가지로 농구에 기여했다. 농구화를 개발하고 농구를 끊임없이 홍보한 공로를 인정받아, 척 테일러는 종종 '농구 홍보 대사'로 불렸고, 1968년 농구 명예의 전당에 헌액되었다.

척 테일러는 1969년 사망했지만, 그의 농구화는 여전히 사랑받는다.

여기서 교훈은, 유명인의 열정적 홍보는 단순한 광고보다 훨씬 효과가 크다는 사실이다. 당신은 유명인을 활용해 홍보 효과를 극대화하고 있는가?

바비와 켄이 다시 사귈까?
마텔이 소비자들의 관심을 끈 방법

두 남녀는 광고 촬영장에서 처음 만나, 함께 TV 광고에 출연했다. 시청자들은 즉각 뜨거운 반응을 보였고 둘은 세계에서 가장 인기 있는 커플이 되었다. 그러다 2004년 밸런타인데이, 여자가 자신들은 더 이상 연인관계가 아니라고 선언했다. 여자는 동네 여기저기 모습을 드러냈지만, 남자는 자취를 감췄다.

    2010년 둘은 영화 촬영장에서 재회했다. 이 영화는 큰 인기를 끌었고 남자의 인기도 다시 올라갔다. 남자는 여자의 마음을 돌리기 위해 온갖 노력을 기울였고, 2011년 밸런타인데이에 둘이 다시 함께 다닌다는 뉴스가 터졌다.

흔한 연예인들의 연애 기사 내용일까?

이는 바비와 켄의 러브스토리, 즉 '인형' 이야기다.

둘의 상서로운 만남을 보여주는 1961년 광고에는 다음과 같은 내레이션이 흘러나온다. "그러다가 켄을 만났어요. 그녀는 왠지 켄과 사귀게 될 것 같은 예감이 들었죠."

둘의 사랑은 오랫동안 변함없이 지속되었다. 비록 공식적으로 결혼한 적은 없지만, 켄과 바비는 43년간 함께 지냈다. 그동안 수많은 의상을 입고 다양한 분장을 했지만, 안타깝게도 2004년 밸런타인데이에 헤어졌다. 마텔 사의 러셀 애론스 부사장은 "다른 연예인 커플들처럼 둘의 할리우드 로맨스도 종국을 맞았습니다"라고 발표하면서 "둘은 친구로 남을 것"이라고 덧붙였다. 혼자가 된 바비는 곧 서핑을 즐기는 호주 출신 블레인을 남자친구로 사귀었다.

하지만 켄은 바비를 포기하지 않았다. 2006년 할리우드 스타일리스트 필립 블로치의 도움으로 새롭게 단장해 나타났지만, 별 효과가 없었다. 켄은 2009년 바비 인형 탄생 50주년을 기념하고자 바비의 첫 뉴욕 패션 위크 쇼 런웨이에 깜짝 등장했다. 이 패션쇼에서 바비는 큰 호평을 받았지만, 바비의 마음을 돌리려는 켄의 계획은 성공하지 못했다.

하지만 그러한 모습을 눈여겨본 픽사 제작진이 이듬해 개봉할 극장용 애니메이션 〈토이 스토리 3〉에 출연시키고자, 바비와 켄을 카메라 앞으로 불렀다. 이 재결합을 계기로 바비의 마음을 돌리기 위한 마지막 시도를 하기로 결정한 켄은, 둘이 처음 만난 때와 너무도 달라진 21세기에 멀티미디어 캠페인을 벌이기로 결심한다.

켄은 뉴욕과 로스앤젤레스 시내에 자신의 사랑을 '고백'하는 포스터들을 붙였다. "바비, 당신은 나의 유일한 인형이야" "바비, 우리는 플라스틱으로 만들어졌을지라도 우리의 사랑은 진짜야" 같은 문구가 적힌 포스터들이었다.

마텔 사의 바비 인형 마케팅 부장인 로렌 브룩스는 켄의 페이스북 페이지와 트위터 계정을 보고 "소비자들이 그냥 장난감이 아닌 현실 속 인물처럼 받아들이게 되었다"고 평가했다.

마텔 사는 온라인 데이팅 서비스 업체 매치닷컴과 제휴해 켄이 새로운 연인을 찾고 있지만, 결국 켄에게 딱 맞는 연인은 여전히 바비라는 점을 보여주는 영상을 만들었다.

수백만 명의 사람들이 켄과 바비가 서로 다른 사람과 바람피우는 모습을 지켜봤다. 마텔 사는 설문 사이트를 만들고 둘의 사진 밑에 '사랑 계측기'를 붙인 다음 바비가 다시 켄을 만나야 할지 소비자들에게 물었다. 50만 명이 넘는 팬들이 투표했고, 둘의 결합을 지지하는 여론이 압도적으로 높게 나왔다.

마침내 바비는 켄의 구애를 받아들였다. 마텔 사는 2011년 밸런타인데이에 바비와 켄이 다시 연인이 되었다고 공식 선언했다. 현대 미디어 환경에 익숙한 바비는 NBC 방송국 아침 정보 프로그램 〈투데이〉 인터뷰에서 이렇게 말했다. "켄이 어쩌나 오랫동안 사랑을 고백하던지 두 손 들었어요. 여자 마음을 사로잡는 법을 안다니까요!"

바비 인형과 켄 인형의 제조사인 마텔로서는 성공적인 PR 활동이었다.

여기서 교훈은, 콘텐츠 제작이 소비자들의 브랜드 관심도를 높이는 강력한 수단이라는 사실이다. 당신은 브랜드에 대한 관심을 높일 콘텐츠를 만들고 있는가?

제1차 세계대전이 낳은 생리대, 코텍스

제1차 세계대전이 초래한 사상자 규모는 상상을 초월했다. 당시 치열한 전투로 너무나 많은 부상병이 속출한 탓에 의무대 붕대가 동이 나기 일쑤였다.

　종이 소재 개인용품 시장 점유율 1위 기업인 킴벌리클라크가 이 문제를 해결하고자 신제품을 출시했다. 소량의 솜과 나무 펄프 섬유소로 제작한 면 대용품 '셀루코튼'이 그것으로, 면보다 흡수력이 좋으면서도 가격은 더 저렴했다. 셀루코튼은 방독면 필터나 긴급 구호 재킷 안감으로도 쓰였지만, 가장 중요한 용도는 의료 패드와 붕대였다.

킴벌리클라크는 통 큰 결정을 내렸다. 아무 이윤을 남기지 않고 셀루코튼을 국방부와 적십자사에 납품하기로 한 것이다. 셀루코튼이 전장에 투입되고 얼마 지나지 않아, 제작사가 예상치 못한 새로운 용도가 발견되었다. 부상병들을 돌보는 여성 간호사와 수녀들이 '숙녀의 날(당시에 월경을 지칭하던 표현)'에 셀루코튼 몇 장을 모아 야전용 간이 생리대를 만들어 사용하기 시작한 것이다. 셀루코튼은 기존에 생리대로 쓰인 천 조각들보다 위생적이고, 효과가 좋았다.

제1차 세계대전이 끝난 1918년 11월 11일, 킴벌리클라크 사의 창고에는 주문 받아 생산한 75만 파운드 분량의 셀루코튼이 거의 출하되지 않은 채 쌓여 있었다. 킴벌리클라크는 아무 보상 없이 주문 취소를 받아들이는 이타적 행보를 보였다. 하지만 설상가상으로 전시에 막대한 셀루코튼을 쌓아둔 미군이 민간 병원에 터무니없이 낮은 가격으로 셀루코튼을 팔았기에, 킴벌리클라크가 창고에 쌓아둔 셀루코튼을 병원에 팔 기회가 사라졌다.

킴벌리클라크는 하루 빨리 셀루코튼의 새로운 용도를 찾아내야 했다. 다행히 여성 간호사와 수녀들이 셀루코튼을 간이 생리대로 썼다는 소문을 들은 킴벌리클라크 경영진은 셀루코튼을 여성용 위생 패드로 판매하는 방안을 시도했다.

셀루냅이라는 이름으로 출시한 이 제품은 최초의 일회용 생리대로 약국에 공급되었다. 소매업자들은 이 제품이 성공할 가능성이 있다고 보았지만, 이 제품이 여러 사람 눈에 띄면 소란이 일어나리라 걱정했기에 잘 보이는 곳에 진열하지 않고 계산대 뒤에 숨겨뒀다.

제품 판매는 좀처럼 늘지 않았다. 대부분 남성인 약국 직원에게 여성 소비자들이 생리대를 달라고 하길 꺼렸기 때문이다. 킴벌리클라크는 새로운 접근법을 택했다. 첫째, 약국에서 사람들 눈에 띄어도 무슨 제품인지 추측하기 어렵도록 '솜 같은 천'이라는 말에서 도출한 무의미한 합성어인 '코텍스'를 제품명으로 삼았다. 둘째, 더 중요한 변화로, 여성 소비자들이 점원에게 말하지 않고도 코텍스를 살 수 있도록 코텍스를 카운터에 진열하도록 했다.

카운터와 진열대에 제품이 진열됨에 따라 매출액과 브랜드 인지도도 높아졌다.

여기서 교훈은, 잘 보이는 곳에 제품을 진열하는 것, 즉 부담 없는 접근성이 얼마나 중요한지 간과하기 쉽다는 사실이다. 당신은 어떻게 소비자들이 부담 없이 접근할 수 있도록 하는가?

• 코텍스 판매가 증가함에 따라 킴벌리클라크 본사에 소비자들의 편지가 쇄도했다. 대부분은 제품을 우호적으로 평가하는 편지였지만, 여성 신체 구조와 생리 과정을 더 알고 싶어 하는 여성들이 보낸 편지도 많았다. 그래서 킴벌리클라크는 소비자 교육 부서를 신설하고, 여성들이 궁금해 하는 정보를 우편으로 발송하기 시작했다. 그중 하나인 '마조리 메이의 열두 번째 생일'이란 팸플릿은 성을 노골적으로 표현했다는 이유로 초기에 몇몇 주에서 배송 금지 처분을 당했다.
훗날 킴벌리클라크는 애니메이션 제작사 디즈니와 협력해 '월경 이야기'라는 동영상을 제작했고, 7000만 명 이상의 아이들이 학교에서 이 동영상을 시청했다. 디즈니 작품 세계와 가장 거리가 멀지만, 가장 많은 이가 시청한 디즈니 영화인 셈이다.

구멍 뚫린 사탕, 라이프 세이버

클래런스 크레인에게는 문제가 있었다. 솜씨 좋은 초콜릿 판매상이었지만, 해마다 여름만 되면 매출액이 줄어 고민이었다. 20세기 초 오하이오 주 개러츠빌 마을에서 무더운 여름철에 초콜릿을 녹지 않게 운송하기란 여간 어려운 일이 아니었다.

크레인은 '여름철에 판매할 사탕'을 개발하기로 마음먹고, 페퍼민트 사탕을 연구했다. 당시 대부분의 민트 사탕은 유럽에서 수입되었고, 사각형 모양이었다. 어느 날 향료를 몇 병 사려고 약국을 방문한 그는 약사가 제약기계를 사용하는 모습을 지켜봤다. 약사는 손으로 이 기계를 작동시켜 둥글고 납작한 알약을 만들었다.

이때 크레인의 머릿속에 아이디어가 번뜩였다. 이 제약기계를 사용해 둥글고 납작한 민트 사탕을 만드는 것이었다. 뒤이어 더 좋은 아이디어가 떠올랐다. 둥글고 납작한 사탕 가운데에 작은 구멍을 뚫는 것이었다.

그는 이 특이한 모양에서 영감을 얻어 "구멍 뚫린 사탕"이라는 기억하기 쉬운 광고 문구뿐 아니라 라이프 세이버(크레인의 페퍼민트 구멍 튜브)라는 브랜드명을 생각해냈다. 당시 미국에서는 반지 형태의 흰색 구멍 튜브를 구비하는 선박들이 늘었기에, 이런 이름만 들어도 어떤 형태의 사탕인지 즉시 머릿속에 떠올랐다. 크레인은 이를 상표로 등록했다.

하지만 1913년에 클래런스 크레인이 사려 깊지 못한 결정을 내렸다. 라이프 세이버 사탕 제조법을 단돈 2900달러에 매각한 것이다. 제조법을 매입한 에드워드 존 노블은 1913년에 라이프세이버스 앤 캔디 컴퍼니라는 회사를 설립하고, 페퍼민트 라이프 세이버 사탕을 팔기 시작했다.

에드워드 존 노블은 가장 먼저 제품 질을 개선하려 했다. 민트 향을 오래 유지하기 위해 일반 종이 대신 은박지로 제품을 포장했다. 이 공정은 수작업으로 진행되다가 1919년도에 동생 로버트가 기계를 개발해 제조 공정을 최적화했다.

노블 형제는 시대를 앞선 안목을 지녔다. 오늘날 우리가 '충동적 구매'라고 부르는 소비 패턴을 인식하고 식당, 술집, 담배 가게, 식료품점 주인들에게 현금인출기 옆에 라이프 세이버 사탕을 진열하도록 했다.

뛰어난 통찰력과 직관력으로 오늘날 우리가 '행동 경제학'이라 부르는 소비자 심리를 이해한 노블 형제는 늘 5센트짜리 동전으로 거스름돈을 주라고 상점 주인에게 지시했다. 당시 라이프 세이버 사탕 가격이 5센트였기에 '5센트짜리 동전을 거스름돈으로 가져갈 바에야 라이프 세이버 사탕을 사자'라고 생각하는 손님이 늘었다.

노블 형제의 세 번째 야심찬 성장 전략은 다양한 향의 사탕 출시였다. 1919년까지 여섯 개 향의 신제품-윈트오그린, 클로브, 리코리치, 시노몬, 바이올렛, 초콜릿-을 개발했다.

1919년 예상치 못한 요소가 작용해 라이프 세이버 사탕 판매량이 날개를 달았다. 금주법이라고도 불리는 수정헌법 18조가 1919년 발효된 것이다. 미국 전역에서 주류 판매가 금지됨에 따라 사람들은 몰래 술을 마셨다. 현금인출기 옆에 제품을 진열한 노블 형제의 선견지명 덕분에 페퍼민트 라이프 세이버 사탕은 불법으로 술을 마신 사람들이 입에서 나는 술 냄새를 감추는 수단으로 애용되었다.

여기서 교훈은, 계절에 따라 제품 판매량이 떨어지는 현상을 오히려 기회로 활용할 수도 있다는 사실이다. 당신은 브랜드 활용도를 어떻게 넓힐 것인가?

---

1. 자녀가 사탕을 먹다가 목이 막힐 뻔한 사고를 당한 클래런스 크레인이

아이들이 실수로 사탕을 삼키다 질식하는 사고를 막으려고 사탕 가운데에 구멍을 뚫고 '라이프 세이버(구명 튜브)'라는 브랜드명을 붙였다는 도시전설이 전해진다. 하지만 기록에 따르면 이는 사실무근이다.

2. 영국에서 매우 인기가 높은 폴로는 라이프 세이버처럼 가운데에 구멍이 뚫린 사탕 브랜드다. 적지 않은 영국인들이 폴로가 가운데에 구멍이 뚫린 최초의 민트 사탕이라고 믿는다. 하지만 이는 사실이 아니다. 영국 최초의 구멍 뚫린 사탕은 1948년 캔디 제조사 론트리의 직원 존 바지웰이 개발했다. '폴로'라는 제품명은 폴로 사탕을 빨 때 느껴지는 시원하고 신선한 공기를 상징하고자 '극지방'이라는 단어에서 따왔다고 전해진다.

놀라운 영웅들이 만든 보잉 747

세계 최대 항공기인 보잉 747은 회사 하나를 파산시킬 수 있는 규모의 엄청난 예산으로 개발되었다. 이 프로젝트에 참가한 5만 명의 직원들이 '놀라운 영웅들'이라고 불린 것은 이상한 일이 아니었다.

최초의 제트 여객기 보잉 707이 1958년 출시되어 큰 성공을 거둠에 따라 1960년대 초 항공 여행객 수가 폭증했다. 팬 아메리칸 항공사의 창업자이자 당시 사장이었던 후안 트립은 빠르게 성장하는 고객 수요에 맞춰 한 번에 400명의 승객을 실을 수 있는 대형 항공기를 개발해달라고 보잉에 요청했다. 이 400명이라는 수치는 보잉 707 탑승객 수의 2배에 달하는 것이었다. 후안 트립 사장은 더 큰 항공기를 당장 얻길 원했다.

다행히도 타이밍은 완벽했다. 보잉은 마침 미 공군의 거대 수송기(C5) 프로젝트에 선정되기 위해 초대형 항공기 설계를 연구해 왔다. 비록 보잉은 이 프로젝트 입찰 과정에서 록히드에 밀려났지만, 후안 트립이 원하는 초대형 여객기 생산에 필요한 기술과 설계 경험을 보유했다.

당초 보잉의 설계안은 1, 2층에 모두 승객 좌석을 배치한 복층 여객기였다. 1층에 좌우로 8개 좌석, 2층에 좌우로 7개 좌석을 배치하고, 좌석 사이 통로는 1, 2층 모두 2개씩 둔 구조였다. 하지만 승객 대피 경로가 복잡해지고, 화물 운송 능력이 제한되리란 우려 때문에 좌우를 더 넓힌 1층 여객기로 설계해야 한다는 의견이 대두했다. 그래서 좌우로 10개 좌석을 배치하고 그 사이에 통로를 2개 두기로 레이아웃을 변경했다. 실로 세계 최초의 '광폭 동체 항공기'인 셈이었다.

2층은 취소하지 않고, 2층 앞부분에 조종실을 뒀다. 2층을 만든 덕분에 노즈콘(항공기의 원추형 앞부분−옮긴이)을 위로 열어, 대형 화물을 싣는 장치를 설치할 수 있게 됐다. 2층의 앞부분만 유지하고 뒷부분은 없앴기에, 밖에서 측면을 보면 2층 앞부분이 마치 머리처럼 불룩 튀어나온 특이한 모습이 되었다. 보잉은 2층 조종실 뒤에 조금 남은 자투리 공간을 활용할 방안을 고민한 끝에 고정 좌석이 없는 라운지를 만들기로 했다.

이렇게 설계한 초대형 여객기 보잉 747을 생산하려면 먼저 고 바이패스비 엔진 기술을 개발해야 했다. 이 혁명적인 신형 엔진은 이전의 터보제트 엔진에 비해 출력이 2배에 달하고, 연료 소모량이 3분의 1 적을 것으로 기대됐다.

GE가 이 기술 콘셉트를 먼저 연구했지만, GE는 미 공군과 록히드의 C5 갤럭시 수송기에 들어갈 엔진을 개발하는 데에 전념했다. 보잉에게는 다행스럽게도, 엔진 제조 기업 프랫앤휘트니도 똑같은 기술을 연구하고 있었기에 두 회사가 함께 협력해 이전의 어떠한 상업용 제트 엔진보다도 강력하고 연료 효율이 높으며 소음이 적은 JT9D 고 바이패스비 엔진을 개발했다.

보잉에게는 이런 혁신적 엔진이 필요했다. 새로 생산할 보잉 747은 동체 길이가 미식축구장만 하고, 꼬리 부분은 6층 건물 높이이며, 빈 항공기 무게가 보잉 707의 3배에 가까울 정도로 거대하고 무거운 여객기이기 때문이었다.

보잉이 747 여객기에 투자한 개발비는 총 10억 달러가 넘었다. 이 여객기가 실패하면 회사도 함께 망할 판이었다. 당시 적지 않은 애널리스트들이 보잉 747이 재앙이 될 것이라 예측했다. '너무 커서 날 수나 있을까' '충돌 사고를 낼 것이다' '활주로를 마비시킬 것이다' '공항 터미널을 혼잡하게 만들 것이다' 등의 부정적 전망이 가득했다.

1968년 9월 30일 활주로로 나온 첫 보잉 747 여객기가 문제에 부딪혔을 때 애널리스트들은 예상대로라고 생각했다. 하지만 '놀라운 영웅들'은 한층 더 노력해 문제를 수정했고, 1969년 12월에 보잉 747 여객기는 운행 적합 판정을 받았다.

팬 아메리칸 항공사는 1970년도에 보잉 747 여객기로 승객을 운송하기 시작했다. 엔진 문제로 첫 비행은 예정보다 7시간 늦었지만, 이후 보잉 747 여객기는 세계 각국 공항과 터미널 체계에 거의 완벽하게 적응함으로써 논란을 잠재웠다.

2005년 말까지 1365대의 보잉 747 여객기가 80개 항공사에게 인도되었고, 세계 인구의 절반 이상에 해당하는 35억 명의 승객을 실어 날랐다. 이윽고 보잉 747 여객기에는 점보라는 애칭이 붙었다. 보잉 747이 얼마나 빨리 대중의 호감을 얻었는지 알 수 있는 애칭이다.

여기서 교훈은, 최고의 브랜드는 한 사업 부문에서 학습한 바를 다른 사업 부문에도 적용할 수 있다는 사실이다. 당신은 어떤 정보를 다른 부서와 공유해야 할까?

남들과 다르게 가자, 링크드인

리드 호프먼, 앨런 블루, 콘스탄틴 게릭, 에릭 라이, 장 뤽 바양이 2003년 5월 5일 설립한 비즈니스 인맥 사이트인 링크드인은 수많은 스타트업이 꿈에 그리는 엄청난 성공을 거뒀다.

돌이켜보면 2003년은 프렌드스터, 마이스페이스 같은 소셜 네트워크 서비스들의 전성기였다. 따라서 또 다른 소셜 네트워크를 만드는 일은 그리 합리적인 선택처럼 보이지 않았다. 하지만 공동 설립자 콘스탄틴 게릭이 훗날 〈블룸버그 비즈니스위크〉 인터뷰에서 밝혔듯, 링크드인은 전통적인 청년층 위주의 소셜 네트워크들과 다른 시각으로 접근했다.

그들은 본인 근황 알리기에 만족하는 청소년과 청년 대신, 전문적 분야에 관심이 많고 새로운 사업 기회를 모색하는 고연령층을 공략하기로 했다.

"우리는 여기에 비즈니스를 하러 왔지, 멋진 걸 만들려고 온 것이 아닙니다. 마이스페이스와 페이스북도 지금까지 잘해왔죠. 그들은 아마도 전자상거래 기능을 추가함으로써 지금까지 쌓아온 것들을 현금화할 수 있을 겁니다. 하지만 나는 비즈니스 인맥 사이트가 잡을 수 있는 기회가 궁극적으로 더 크다고 생각합니다."

링크드인의 비즈니스 아이디어는 다음과 같은 통찰을 기반으로 한다. "최소 10년간 일한 사람은 인맥이 넓습니다. 특별히 노력하지 않아도, 그냥 출근만 해도 자동으로 생기죠. 하지만 사람들은 곧 서로 연락하지 않으면서 인맥을 잃어버립니다."

콘스탄틴 게릭은 다음과 같이 믿었다. "이러한 인맥들은 귀중합니다. 나는 기업 활동이 다윈이 말하는 진화의 원리처럼 돌아간다고 봅니다. 사람들은 개인 인맥을 통해 사람을 채용하고 비즈니스 결정을 내립니다. 입사지원서를 보거나 면접을 본다고 해서 지원자가 정직한지 근면성실한지 알 수 없습니다. 그래서 사람들은 믿을 만한 인간관계에 의존합니다."

이러한 차이점 때문에 링크드인은 2000년도 '닷컴 버블'이 붕괴한 뒤 찾아온 '닷컴 기업의 겨울'에도 확신을 가지고 견딜 수 있었다. 그는 일반 소비자를 대상으로 하는 인터넷 벤처 기업들이 회의적인 평가를 받았기에, 새로운 벤처 기업 입장에서는 다른 모든 기업과 차별화하는 것이 중요했다.

링크드인에서 웹 개발 팀장을 맡았던 크리스 새처리는 초기 링크드인 회원 수가 꽤 느리게 증가했다고 설명한다. 링크드인 회원 수는 첫 주에 2500명이었고, 1개월이 지나자 6000명으로 늘었으며, 6개월이 지났는데도 회원 수는 3만 7000명에 머물렀다고 한다. 서비스 시작 3개월 만에 회원 수가 300만에 이른 프렌드스터와 비교하면 느린 속도였다.

서비스 시작 2년 뒤, 링크드인은 170만 명 이상의 전문가를 회원으로 확보했다. 링크드인은 이러한 인맥들이 비즈니스 인맥을 유지하고픈 회원들에게 소중할 뿐 아니라, 링크드인에게도 수입원이 될 수 있다는 사실을 입증하고자 했다.

링크드인은 첫 행보로, 온라인 구인 정보를 링크드인 추천 엔진과 결합한 링크드인 잡이라는 서비스를 출범했다. 링크드인은 채용 담당자들이 링크드인사이트라는 기능을 활용해 지원자의 인간관계, 참고사항, 평판을 알아봄으로써 지원자의 역량을 평가할 수 있게 한다. 이는 몬스터, 핫잡스, 커리어빌더 같은 경쟁업체들과 차별화되는 점이다.

그 뒤 링크드인은 구독 프로그램, 스폰서 업데이트(기업에서 돈을 받고 기업 광고를 뉴스피드에 노출시키는 광고 상품 - 옮긴이), 프리미엄 회원 서비스 등 다른 서비스들도 도입했다.

링크드인은 2006년 3월 흑자로 전환했다.

서비스를 시작하고 겨우 10년을 넘긴 2013년 6월, 링크드인은 200여 개국에서 2억 5900만 명 이상이 가입했고, 분기 매출액이 3억 2500만 달러에 육박한다고 발표했다.

여기서 교훈은, 남들과 같지만 다른 기업일 때 기회가 생긴다는 사실이다. 당신은 기존의 시장 공간에서 어떻게 새로운 시각으로 기회를 발견할 것인가?

그 남자는 왜 탱크를 몰고
타임스스퀘어로 갔을까? 버진 콜라

1966년 리처드 브랜슨이 첫 사업을 시작한 이래 철도부터 화장품, 보드카, 비디오까지 온갖 사업 분야의 100개 가까운 기업에 버진이라는 이름이 붙었다. 버진 레코드, 버진 애틀랜틱, 버진 미디어 등 몇몇 기업은 큰 성공을 거뒀다. 나머지 기업은 그렇지 못했다. 사실 큰 실패를 맛보고 흔적도 없이 사라진 기업들도 있다. 이번에는 가장 큰 실패를 겪은 기업 사례를 소개하겠다.

버진 콜라(Virgin Cola)는 1990년대 초 리처드 브랜슨이 캐나다의 코트 사와 손잡고 만든 브랜드다. 세계시장에서 통할 강력한 브랜드를 찾고 있던 OEM 전문 음료 회사인 코트 사에 버진 브랜드는 안성맞춤처럼 보였다.

리처드 브랜슨도 버진 콜라에 큰 기대를 걸었다. 1994년 영국 대형마트 테스코와 유통계약을 체결하고 처음으로 버진 콜라를 시장에 선보였다. 그는 훗날 당시의 상황을 이렇게 회상한다. "버진 콜라는 세계시장 1위가 될 것처럼 보였죠. 우리에겐 버진이라는 훌륭한 브랜드가 있었고 제품도 좋았습니다. 코카콜라보다 우리 콜라 맛이 더 좋았죠. 우리는 영국에서 출시한 첫해에 코카콜라와 펩시 판매량을 앞질렀습니다. 이 놀라운 성공을 거둔 첫해에 우리는 버진 콜라가 탄산음료를 찾는 모든 이가 선택하는 브랜드가 되리란 꿈을 꾸었죠."

하지만 이 첫해가 지나자 상황이 많이 악화되었다. 코카콜라가 마케팅 지출을 늘려가며 공세에 나섰다. 코카콜라의 대대적인 판촉 행사로 버진이 누리던 가격 우위가 감소했다. 이윽고 버진 콜라는 시장점유율을 잃고 상점에서 사라지고 유통망이 축소되었다.

버진 콜라는 반격을 시도했다. 1996년 버진 콜라는 코카콜라가 한 일을 더 잘할 수 있다는 믿음으로 '패미'를 출시했다.

패미는 500밀리리터 용량의 버진 콜라 병에 붙은 애칭이다. 1990년대 인기 드라마 〈베이워치〉로 영국에서 인기가 높았던 여배우 패밀라 앤더슨의 몸매를 모방해 굴곡지게 만든 병이었다. 이는 1930년대 인기 여배우의 이름을 따서 메이 웨스트라는 애칭으로 불린 코카콜라 병에 대한 오마주이자 도전이었다.

하지만 시장에서 영향은 미미했고 버진 콜라는 계속 몰락했다. 궁지에 몰린 리처드 브랜슨은 영국에서 코카콜라를 이길 수 없다면 코카콜라의 고향인 미국으로 쳐들어가서 싸워보자고 생각했다. 1998년 버진 콜라는 리처드 브랜슨의 깜짝 쇼를 통해 미국 시장 진출을 알렸다. 그는 구식 셔먼 탱크를 타고 뉴욕 타임스스퀘어에 나타나 거대한 코카콜라 광고판을 조준했다. 그리고는 12미터 높이의 버진 콜라 광고판을 타임스스퀘어의 버진 매장 바로 위에 세웠다.

버진 드링크 USA는 타깃 코퍼레이션 등과 같은 미국 소매업체들과 유통계약을 맺었지만, 미국 시장에서도 별 성공을 거두지 못했다. 미국 시장 점유율은 0.5퍼센트를 넘기지 못했고, 결국 2001년 4월 버진 드링크 USA는 문을 닫았다. 2002년 바닐라맛 콜라인 버진 바닐라가 출시되었지만, 곧 코카콜라 사가 비슷한 제품을 출시했다.

2007년 실버 스프링이 버진 콜라 영국 사업권을 인수했다. 하지만 이 회사도 2012년 파산해 제품 생산을 중단했다. 버진 콜라 영국 사업권 인수자는 다시 나타나지 않았다. 하지만 리처드 브랜슨은 실패를 낙담하지 않고 받아들이는 법을 배웠다.

"지나간 일을 오래 후회하지 말라는 말을 어릴 적부터 귀에 못이 박히도록 어머니한테 들었습니다. 나는 이 원칙을 사업 활동 내내 유지하고자 노력합니다. 오랫동안 나와 동료들은 실수, 실패, 불운 때문에 좌절하지 말자고 마음먹었습니다. 한 사업 분야에 도전해 실패했더라도 우리는 수익을 낼 만한 다른 시장 틈새가 없는지 조사하고, 또 다른 기회를 찾으려고 시도합니다. 사업 기회들은 버스와 같습니다. 언제나 다음 기회가 오죠."

여기서 교훈은, 어느 전장에서 전투를 벌일지 신중하게 선택하는 편이 낫다는 점이다. 당신은 꼭 이겨야 하는 전투에서 이길 수 있다고 확신하는가?

적보다 못한 형제, 레드 스카이

펩시코의 자회사 워커스가 레드 스카이 감자 칩을 출시하는 데 기여한 조 고이더는 통찰력 있는 임원이었다. 그는 레드 스카이 감자 칩을 자랑스러워했고 자주 대화 주제로 삼았다. 레드 스카이 감자 칩을 집으로 잔뜩 가져가 가족과 친구들에게 자신이 개발한 과자라고 자랑했다. 그는 웨스트 컨트리 베이컨 맛과 크림치즈 맛 레드 스카이 감자 칩이 지금까지 개발된 모든 감자 칩 중 최고라고 자부했다. 2014년 워커스가 레드 스카이 감자 칩 판매를 중단할 때까지는 말이다. 조 고이더는 레드 스카이 브랜드가 처음에는 괜찮았다고 회상한다.

"우리의 전략적 토대는 탄탄했습니다. 영국에서 워커스는 케틀, 버츠를 비롯한 프리미엄 감자 칩 브랜드에 수개월째 시장점유율을 뺏기고 있었습니다. 우리는 그 브랜드들을 매입하거나 눌러야 하는 처지였습니다. 그래서 후자를 시도했습니다. 우리는 시장을 이해하기 위해 수집 가능한 상당한 시장 데이터를 분석했습니다. 정확히 누가, 언제, 어디서, 어떤 프리미엄 감자 칩을 먹는지 분석하고, 대처 방법을 연구했습니다.

우리는 제품 콘셉트와 실제 제품 특성이 불일치하는 문제를 해결하고자 연구했습니다. 이전에 우리의 제품 콘셉트는 전통적인 영국 감자 칩이었는데, 정작 우리 제품은 그렇지 못했어요. 소비자들이 기대하는 전통적 영국 감자 칩은 두꺼운 감자 칩인데, 정작 우리 공장은 얇은 감자 칩만 만들었습니다. 할 수 없이 우리는 이전의 콘셉트를 포기하고, 광고 대행사 AMV와 손을 잡고 전원적 낙관주의라는 콘셉트로 시장에 포지셔닝하는 방안을 연구했습니다. 우리는 '양치기들은 저녁에 하늘이 붉게 물들면 다음 날이 맑을 징조라 여겨 기뻐한다'는 속설에 주목했습니다. 이 문구를 그대로 브랜드명으로 쓰기에는 부적절했어요. 그래서 숙고하고 자료를 분석한 끝에 일부 문구를 따서 레드 스카이(붉게 물든 하늘)를 브랜드명으로 정했습니다. 우리는 콘셉트 및 제품 테스트를 거쳐 이 브랜드가 성공할 가능성이 있다고 판단하고 출시에 나섰습니다.

우리는 런던에 있는 광고 컨설팅사 지구라트와 함께 훌륭한 감자 칩 포장 디자인을 만들었고, AMV는 꽤 매력적인 광고를 만들었습니다. 이러한 결과물들은 데이터 연구를 토대로 개발하고 최적화한 것이었습니다."

그러나 조 고이더는 "그때부터 문제가 복잡해지기 시작했다"고 토로한다.

레드 스카이 감자 칩이 시장에서 어떤 위치에 있는지 조사한 바에 따르면, 일부 소비자들은 얇은 감자 칩이 '전혀 전원적이지 않고, 다른 워커스 감자 칩과 같다'고 느꼈다. 이러한 소비자 반응을 본 워커스는 제품을 하나 더 출시하는 편이 나을 것이라 판단했다. '워커스 엑스트라 크런치'라는 감자 칩을 출시할 기회로 본 것이다.

조 고이더는 이렇게 설명했다.

"처음에는 우리의 브랜드 개발 계획으로 제품이 하나도 아니고 두 개나 나온 점에 기뻐했습니다. 불행히도 새 제품은 우리의 가장 큰 경쟁자가 되어버렸습니다. 제품 두 개를 거의 동시에 출시한 탓에 제품 하나에 투입되는 마케팅 예산이 줄었죠. 이는 합리적 논리로 결정된 사안이지만 새 브랜드를 만드는 입장에서는 금기를 깨는 셈이었죠.

새 브랜드는 소비자의 인지도가 낮기에 기존 유명 브랜드만큼 광고를 내보내도 효율이 낮아요. 워커스 제품군에서 우리가 출시한 레드 스카이 브랜드는 우선적 지원을 받지 못했어요. 우리가 기대한 만큼 예산이 오지 않았어요. 그 대신 워커스 엑스트라 크런치로 예산이 가더군요. 돌이켜보면, 브랜드란 아기와 같아요. 브랜드를 만드는 일이 브랜드를 키우는 일보다 재밌죠. 처음에는 새 브랜드를 만들려고 적극적으로 나서던 경영진이 나중에 브랜드 유지비를 지출해야 할 때가 오면 주저하죠.

결과적으로 우리가 만든 작은 브랜드를 소비자에게 어필하기 위해 5년간 노력했는데, 그 과정에서 우리의 마케팅 예산과 생산 라인을 뺏어갈 워커스의 하위 브랜드도 만들어버린 셈이에요."

워커스 엑스트라 크런치라는 자사 제품이 잠재력을 갉아먹고 있었기에, 레드 스카이는 경쟁사가 공격하지 않아도 자멸하고 있었다. 조 고이더와 동료들은 붉게 물든 하늘이 좋은 징조가 아니라 불길한 징조라고 생각하는 편이 나았을지 모른다.

여기서 교훈은, 같은 회사 제품끼리 경쟁하느라 공멸하는 경우가 가끔 있다는 사실이다. 당신이 회사에서 우선적으로 지원받는 최고의 옵션이 되려면 어떻게 해야 할까?

라임 한 조각의 비밀, 코로나 맥주

스페인어로 '왕관'을 뜻하는 코로나는 멕시코 시장 점유율 1위이자, 미국 내 수입산 프리미엄 맥주 시장 점유율 1위로 세계에서 가장 많이 팔리는 멕시코 맥주 브랜드다.

1925년 출시한 코로나의 마케팅팀은 투명한 유리병에 담아 판매하는 데 따른 몇 가지 문제를 발견하고, 맥주 향을 보존하기 쉽게 어두운 병에 담아 판매하는 안을 검토했다. 하지만 결국 그들은 어두운 병으로 바꾸는 안을 폐기하고, 원래대로 계속 투명한 유리병에 담아 팔기로 했다. 그리고 이 투명한 유리병은 코로나를 다른 맥주와 차별화하는 특징이 되었다.

이 결정은 예상치 못한 방식으로, 코로나 브랜드가 성공하는 데 열쇠가 되었다. 코로나가 초기에 부닥친 맥주 향 보존 문제는 맥주업계 용어로 '일광취'라고 한다. 맥주 특유의 향기와 쓴맛을 내는 주요 성분은 홉(hop)인데, 맥주를 오래 햇빛에 노출시켜 홉이 자외선, 가시광선과 만나면 변형이 생겨 좋지 않은 맛과 냄새가 난다. 이를 일광취라고 한다.

화학적으로 설명하면, 가시광선은 맥주에 들어 있는 비타민 리보플래빈으로 하여금 홉에 함유된 이소후물론 분자와 반응해 이를 분해시키도록 만든다. 그 결과 3-메틸부트-2-엔-1-티올 분자가 생긴다. 이 분자는 스컹크가 천적으로부터 몸을 보호하기 위해 분사하는 메르캅탄 분자와 화학적으로도 냄새로도 비슷하다. 그렇기에 햇빛에 오래 놔둔 맥주는 '스컹크 같은 냄새'가 나거나 '스컹크 같은 맛'이 난다는 평을 받는다.

이러한 일광취 문제에 대처하기 위해 대부분의 시중 맥주는 어두운 병에 담겨 팔린다. 실제로 도스 에퀴스, 테카테 같은 멕시코 시장의 경쟁 제품들은 늘 갈색 병에 담겨 팔렸다. 하지만 코로나는 투명한 유리병 포장을 고수하면서 이에 따른 문제가 불거지지 않기를 바랐다.

모든 일이 잘 풀려 코로나 브랜드는 번창했고 1935년 멕시코 시장에서 1위를 차지했다. 하지만 1976년 미국으로 수출함에 따라 장기간 운송 과정에서 햇빛에 노출된 탓에 코로나 맥주 맛이 형편없다고 불평하는 소비자가 늘었다. 코로나 경영진은 투명한 유리병이 이제는 코로나 브랜드를 상징하는 자산이 되었다고 판단하고, 일광취가 나는 맥주가 널리 퍼지지 않기만을 바라며 계속 투명한 유리병을 고수했다.

유리병을 바꾸거나 문제의 원인을 제거하려 노력하는 대신, 경영진은 문제가 터졌을 때 이를 감출 방법을 찾았다. 모든 코로나 병 입구에 라임을 한 조각 끼워서 팔아, 맥주에 달콤한 맛을 더하고 '일광취'를 감추는 것이었다. 이 해법은 예상 밖으로 크게 주효했다. 코로나 병 입구에 라임을 끼워 판 뒤, 일광취 문제를 불평하는 소비자가 사라지고 매출이 급증했다.

코로나의 의도와는 상관없이 코로나 맥주병에 라임 한 조각을 끼워 먹는 행위는 소비자들에게 다른 맥주와 차별화된 음주 의례로 받아들여졌다. 코로나는 미국 수입산 맥주 시장 1위에 올랐고, 현재는 180여 개국에서 팔리고 있다.

코로나 병에 꽂은 라임 한 조각은 현재 코로나 브랜드의 확고한 커뮤니케이션 자산이 되었다. 라임 한 조각을 입구에 꽂은 투명한 유리병의 이미지를 모든 EU 회원국에서 보호받는 상표권으로 등록하려고 했으나 2005년 6월 30일 EU 사법재판소에서 기각 당했다. 다른 멕시코 맥주 회사들도 라임을 입구에 꽂아 마시라고 광고했지만, 코로나는 여전히 멕시코 1위 맥주 브랜드라는 입지를 유지 중이다.

여기서 교훈은, 좋은 브랜드는 문제를 기회로 바꾼다는 사실이다. 당신은 문제를 어떻게 유리하게 활용할 것인가?

맥주에 라임을 곁들여 마시는 이유를 다르게 설명하는 사람들도 있다. 라임을 쥐어짜 맥주에 라임 즙을 넣어 마시는 것이 원래부터 맥주 맛을 좋게 하려는 멕시코 풍습이었다고 설명하는 사람도 있고, 라임의 산성 물질로 해로운 박테리아를 없애려는 목적으로 멕시코 원주민 사이에서 내려온 풍습이라고 주장하는 사람도 있다. 멕시코 식당에서 파리가 들어가지 않도록 병 입구를 라임 조각으로 막은 채 손님에게 내놓은 것이 시초라고 말하는 사람도 있다.

늘 라임과 함께 코로나 맥주를 마시는 다른 나라 사람들과 달리, 정작 멕시코 사람들은 미국 사람들이 다른 맥주를 마시듯이 코로나 맥주를 마신다. 멕시코 사람들은 코로나 맥주에 라임이 필요한 이유에 대한 설들을 듣고 코웃음 치고, 그런 설들은 '관광객들을 위한 소설'에 불과하다고 간주한다. 1980년대 이전 멕시코 시장에서 내보낸 코로나 맥주 광고를 보면 병에 라임 조각을 꽂아놓은 모습을 볼 수 없다. 따라서 본문에서 소개한 이야기가 더 개연성 있는 설명일 것이다.

대통령이 사랑한 젤리빈, 젤리 벨리

젤리 벨리 캔디 컴퍼니가 성공한 것은 높으신 분들을 친구로 삼은 덕분이다. 그리고 이 회사 제품을 우주로 가져간 우주비행사들을 제외하면, 미국 대통령보다 더 높은 위치에 있던 친구는 없었을 것이다.

1967년 캘리포니아 주지사 첫 임기를 수행하던 로널드 레이건은 담배를 끊는 데 도움이 될 만한 음식을 찾고 있었다. 그는 지방 함량이 적고 칼로리가 너무 높지 않으며 니코틴 유혹을 끊기에 충분할 정도로 향이 좋은 음식을 원했다. 그러다가 젤리빈이 이런 조건을 잘 충족하는 음식임을 깨달았다.

9년간 시중의 아무 젤리빈이나 먹으며 지내던 중 1976년 HG 캔디 컴퍼니라는 샌프란시스코 기업이 새로운 종류의 젤리빈을 출시했고, 레이건의 취향은 바뀌었다. 2001년 젤리 벨리 캔디 컴퍼니로 이름을 바꾸게 될 이 회사의 대표 제품인 젤리 벨리는 향이 강하고 자연스러웠다. 레이건은 젤리 벨리의 가장 유명한 팬이 되었다.

1981년 대통령에 당선한 로널드 레이건은 젤리 벨리를 취임식 하객들에게 대접하길 원했다. 하지만 문제가 하나 있었다. 당연히 대통령 취임식의 테마 색상은 미국 국기의 색상인 빨강, 하양, 파랑이었는데 당시 젤리 벨리에는 파란색이 없었다. HG 캔디 컴퍼니는 급하게 파란색 젤리빈 개발에 착수했고, 여러 테스트를 거친 끝에 블루베리 젤리 벨리를 내놓았다.

결국 3.5톤에 달하는 빨간색, 흰색, 파란색 젤리 벨리가 대통령 취임식에 맞춰 워싱턴 DC로 공수되었다. 1톤이면 대략 80만 개의 젤리 벨리 무게다. 3.5톤이면 280만 개의 젤리 벨리를 실어 나른 셈이다. 이 젤리 벨리는 백악관 방문자들에게 대접되었고, 각료회의에도 나왔다. 당연히 대통령 전용기에도 구비되었다. 비행기가 크게 흔들릴 경우에 바닥에 흘리지 않도록 특별 제작한 젤리 벨리 거치대도 있었다.

1983년 레이건 대통령은 챌린저호를 타고 우주로 가는 우주비행사들에게 깜짝 선물을 보냈다. 물론 젤리 벨리였다. 이로써 젤리 벨리는 우주로 나간 최초의 젤리빈으로 기록되었다.

2004년 로널드 레이건이 사망하자, 젤리 벨리 캔디 컴퍼니는 젤리빈으로 만든 로널드 레이건 모자이크 초상화를 만들어 걸고,

여기에 검은 리본을 달았다. 추모객들은 그의 대통령 박물관에 작은 젤리빈들을 남겨놓고 갔다.

HG 캔디 컴퍼니 회장은 로널드 레이건의 젤리 벨리 사랑이 "우리를 하루아침에 세계적 기업으로 만들어줬다"고 밝혔다.

여기서 교훈은, 대중의 주목을 받는 고위직 인물을 팬으로 확보하는 것은 그럴 만한 가치가 있다는 사실이다. 당신의 브랜드를 옹호해줄 유명인으로는 누가 있을까?

●　블루베리 젤리 벨리는 이후 대중에게 큰 사랑을 받았지만, 로널드 레이건
　　은 그렇게 좋아하지 않았다. 그가 가장 좋아한 젤리 벨리는 검은 감초 향
　　젤리 벨리였다.

고객들의 친구, 레이클랜드

소비자와 얼굴을 맞대지 않는 판매 채널인 다이렉트 메일(상품 등의 광고를 위해 특정 고객층 앞으로 직접 우송하는 서신·카탈로그 등의 인쇄물-옮긴이)을 통해 판매하고, 시장조사도 하지 않는 주방용품 브랜드가 어떻게 최고의 고객 서비스를 제공하는 브랜드로 자리매김할 수 있었을까?

창업자 앨런 레이너는 원래 농업용 플라스틱 제품을 판매하는 사업을 했다. 건초 더미나 사료를 덮는 비닐, 갓 태어난 새끼 양을 보호하는 비닐 코트, 그리고 가장 익숙한 물건으로, 병아리를 담는 비닐봉지를 판매했다. 이 업체의 이름은 원래 레이클랜드 가금류 포장업체였고, 현재는 그냥 레이클랜드다.

1974년 앨런 레이너가 은퇴하고 세 아들인 샘 레이너, 마틴 레이너, 줄리언 레이너가 사업을 이어받았다. 세 아들이 최초로 한 일은 사업 방향 변경이었다. 오늘날 레이클랜드 브랜드의 진정한 토대를 마련한 결정이었다.

당시 레이너 형제는 집에서 음식을 얼려 보존하는 홈 프리징이 유행하는 것을 보고 다음과 같이 생각했다고 한다. "영감이 떠올랐어요. 음식을 냉동하는 사람들은 나중에 음식을 녹여 조리할 테니 '가정 요리를 위한 모든 것'이라는 카탈로그를 만들어 보자. 우리는 농업용품 판매 비중을 줄이고 주방용품에 주력했어요." 이는 훌륭한 결정이었음이 입증되었다.

레이클랜드는 매년 끊임없이 신제품들을 출시한다. 해마다 가정용품, 청소용품, 수공예품, 크리스마스 장식물 등 3500개 제품을 홍보하는 18개의 카탈로그를 소비자에게 보낸다. 영국에 70개 정도의 지점을 운영 중이고, 인터넷 비즈니스도 번창하고 있다.

레이너 형제가 사업을 맡고 얼마 뒤 미셸 커쇼가 합류했다. 홈 프리징, 주방용품에 관해 알아야 할 바를 재빨리 학습한 그녀는 곧 전문가가 되었고, 레이클랜드의 얼굴로 떠올랐다. 이윽고 미셸 커쇼는 고객 담당 팀장이 되었다. 줄리언 레이너는 이렇게 순순히 인정한다. "미셸이 곧 레이클랜드였어요. 성격이 좋고 자신감이 넘쳤죠. 그녀를 대체할 인물이 없었어요. 어떤 제품에 문제가 있을 경우 미셸이 알려줬죠. 그녀는 고객의 입장에서 문제점을 이야기해 줬어요."

요리를 별로 하지 않았던 미셸 커쇼는 청소용품에 관심이 많았다. 매주 금요일, 그녀는 제품을 한가득 집으로 가져가 주말에 테스트해봤다. 어떤 제품이 '쓰레기'라고 생각될 경우 솔직히 그렇게 말했고, 어떤 제품이 제대로 기능을 발휘할 경우에는 고객들에게 홍보하려고 했다.

미셸은 늘 아침 7시에 사무실에 출근해 커피를 1리터 끓였다. "그분은 늘 완벽한 옷차림으로 다녔고, 집 침실이 화려한 옷들로 가득 찬 탓에 침실만 한 방이 또 있어야 했죠. 그분 앞에선 어떤 물건이 좋다는 말을 조심해야 했어요. 그걸 그대로 줬으니까요. 그만큼 관대한 분이었죠." 미셸의 개인비서로 일한 바버라 셰퍼드의 회고다.

레이클랜드 고객들은 미셸의 친구였다. 그들은 집에서 키우던 개가 죽으면 미셸에게 전화했고, 윈더미어에 있는 그녀의 집에 놀러왔고, 그녀에게 안부를 묻는 카드를 보냈다. 휴일에 놀라운 제품을 발견하면 곧바로 그녀에게 전화해 알려줬다. 부드러운 맛이 나서 큰 인기를 끈 호주산 감초가 이런 식의 고객 제안을 통해 레이클랜드에서 판매하기 시작한 상품 중 하나다.

이는 레이클랜드가 정식으로 시장조사를 하지 않았고, 하지 않고, 할 필요도 없다는 사실을 의미한다. 고객들을 직접 만나 얘기하기 때문이다.

미셸 커쇼는 2003년 3월 폐암 진단을 받았지만, 이후에도 장시간 근무를 계속했다. 아침 8시 30분 이전에 출근할 필요도 없고, 출근하지 말라는 말을 들었어도 언제나처럼 일찍 출근했다.

수개월 뒤 그녀는 홈쇼핑 업계에 기여한 바를 인정받아 평생 공로상을 수상했다.

2004년 사망 전날, 미셸 커쇼는 오후에 다른 사람이 운전해주는 차를 타고 회사 주차장에 도착했다. 혼자서 밖으로 나오지 못할 정도로 쇠약해진 그녀는 차 안에서 카탈로그 초안들을 체크했다. 다음 날 아침 그녀는 고객 편지를 쓰다가 쓰러졌다. 미셸 커쇼의 사망 소식을 들은 고객들은 진심으로 가슴 아파하며 애도를 표했다.

여기서 교훈은, 최고의 브랜드는 고객들을 이해하고 돌본다는 사실이다. 당신은 고객을 진정으로 돌보기 위해 무슨 일을 하는가?

펑크족의 맥주 회사, 브루독

스코틀랜드에 본사를 둔 국제적 맥주 회사, 브루독의 설립자인 제임스 와트는 본인을 펑크족이라 소개한다. 그는 그냥 주먹으로 싸우지 않는다. 쌍권총을 들고 싸움에 뛰어드는 펑크족이다.

『창업의 시대, 브루독 이야기』라는 자서전에서 제임스 와트는 창업 배경을 이렇게 설명한다. "2007년 스코틀랜드 북동부의 외진 공업용 부지에서 브루독이 탄생했다. 나는 최고의 친구인 마틴 디키와 함께 작은 양조장을 설립했다. 나는 영국 맥주업계에 혁명을 일으키고 영국 맥주 문화를 완전히 재정의한다는 원대한 사명의식을 지녔다."

그들의 목표는 다른 사람들이 자신들만큼이나 훌륭한 수제맥주에 열광하는 팬이 되게 하는 것이었고, 이는 지금도 마찬가지다.

브루독 브랜드는 날로 성장했다. 두 사람과 개 한 마리에서 시작한 이 사업체는 현재 500명이 넘는 직원을 거느리고 있다. 브루독은 50여 개국으로 맥주를 수출하고, 세계 유명 도시들에 위치한 40여 개의 브루독 맥주 바를 운영 중이다. 최근 4년 동안 브루독은 영국에서 가장 빨리 성장한 식품 제조사였다.

브루독의 이러한 급성장 비결은 기존 틀에 얽매이지 않는 거침없는 경영 스타일에 있다. "우리 회사 임원들도, 경쟁사들도, 익명의 사람들도, 규제기관들도 나를 완전히 싫어해도 상관없다."

2010년 제임스 와튼은 영국 바에서 브루독 수제맥주를 3분의 2파인트(약 200밀리리터) 크기의 잔에 담아 팔기로 했다. 3분의 2파인트 단위로 팔면, 맛이 강하고 복잡한 브루독의 일부 수제맥주들을 사람들이 시험 삼아 마셔볼 수 있으리란 기대에서였다. 그리고 이는 국민들의 음주량을 줄이려는 영국 정부의 의도에도 들어맞았다.

하지만 브루독은 이것이 3분의 2파인트 단위의 주류 판매를 금지하는, 300년 전에 입법되어 아직 폐기되지 않은 인허가법을 위반하는 행위임을 알지 못했다. 이 법을 폐기하고자 제임스 와튼과 브루독 경영진은 의회에 편지를 보내고 정치인들을 로비했지만, 통상적인 방법으로는 문제가 풀리지 않았다. 그들은 더 파격적인 수단을 택하기로 했다.

브루독이 고용한 키가 135센티미터인 난쟁이 한 명이 펑크족 분장을 하고선 "크기는 중요합니다" "모두를 위한 작은 잔" 같은 슬로건을 적은 플래카드를 들고 의회와 총리 관저가 있는 웨스트민스터, 다우닝가 10번지 거리를 1주일간 행진했다. 사람들은 이를 두고 "세계에서 가장 작은 시위"라고 불렀다. 청원과 소셜미디어 운동이 즉각 이어졌다.

이는 효과를 발휘했다. 2011년 과학부 장관 데이비드 윌렛이 인허가법을 개정해 '스쿠너'라고 불리는 3분의 2파인트 크기 잔에 맥주를 담아 판매하는 행위를 허용키로 했다고 밝혔다. 소식을 들은 제임스 와트는 이렇게 말했다.

"수제맥주 혁명으로 낡은 인허가법을 없앴습니다. 이는 브루독에게 기념비적인 승리입니다. 우리가 소비자들을 대변하고, 영국 맥주 시장의 변화하는 지형을 이해하고 있음을 정부 차원에서 인정한 셈입니다. 3분의 2파인트 크기 잔이 허용됨으로써 영국의 맥주 애호가들은 대담하고 창의적인 맥주를 책임감 있게 마실 수 있게 되었습니다. 우리는 정부가 시대의 변화를 받아들이리란 점을 알았고, 확인했습니다."

그는 브루독 블로그에서 이렇게 너스레를 떨었다. "만약 우리가 맥주를 만드느라 바쁘지 않았다면 아마도 세계적 문제를 대부분 해결했을 겁니다."

여기서 교훈은, 새로운 브랜드는 혁명을 시작할 필요가 있을지 모른다는 점이다. 당신의 브랜드는 어떤 혁명을 이끌고 싶은가?

치약 회사에서 글로벌 가전 기업으로, LG

락희화학공업사는 1947년 한국에서 설립되었다. (락희는 영어 단어 러키의 한국식 표기다.) 이 회사는 비누와 세제 같은 위생용품들을 생산했고, 럭키 치약, 페리오 치약이라는 브랜드로 인지도가 높아졌다. 1952년에는 한국 기업 중 최초로 플라스틱 산업에 뛰어들었다.

1957년 락희화학공업사의 윤욱현 기획실장이 창업자 구인회 사장이 주재하는 임원회의에 참석해 대화를 나누었다. 윤욱현 기획실장이 대화 도중 무심코 말했다. "요새는 저녁마다 라디오를 듣습니다."

이야기를 듣던 구인회 사장이 물었다. "라디오가 그렇게 좋다니, 우리가 그거 만들 수 있을까?"

1950년대 말은 극적인 기술 변화가 일어나던 시기였다. 한국인들에게 세계 뉴스를 전해주는 라디오는 현대 문명을 구현한 첨단제품으로 간주되었다. 하지만 당시 한국은 아직 전쟁의 상흔에서 회복 중이었고, 라디오는 한국 기업이 제조하기에는 너무도 먼 물건처럼 보였다.

윤욱현 기획실장이 중역들의 생각을 대변하듯 정중히 대답했다. "안 될 거야 없지요. 다만 우리 기술 수준이 낮아서 어렵겠지요."

구인회 사장은 납득하지 못했다. 그는 라디오 생산을 할 수 있고, 해야만 한다고 확신했다. "그럼 문제가 없구먼. 기술은 외국에서 배워 오거나. 그래도 안 되면 외국 기술자를 초빙하면 되지. 윤 실장, 한국에서 전자산업을 일으켜 봅시다."

1년 뒤인 1958년 10월 1일, 구인회 사장은 금성사를 설립하고, 한국 최초의 라디오인 A501 생산에 필요한 기술을 연구했다. 라디오 부품을 수입하는 편이 더 안전했을 테지만, 금성사는 부품을 자체 개발하기로 결정했다. 당장의 문제를 해결하는 데 급급하지 않고 전자산업을 장기적으로 바라보고 투자하는 대담한 결정이었다. 이는 훗날 주요 IT 기업으로 성장하게 될 토대를 마련했다. 금성사는 자체 기술로 스위치, 변환기, 소켓을 생산하기 시작했고 1959년 11월 15일 드디어 최초의 A501 라디오를 공장에서 출하했다.

금성사는 이 성공을 기반으로 재빨리 두 번째 라디오 개발에 착수했다. 과감한 도전을 두려워하지 않는 금성사는 당시 떠오르고 있던 트랜지스터 기술을 적용해 트랜지스터 라디오 T701을 생산했다. 하지만 신기술 사용으로 가격이 껑충 뛴 탓에 판매량은 형편없었다. 금성사는 하마터면 큰 위기를 맞을 뻔했다. 다행히 한국 정부가 농촌 지역에 라디오를 보급하겠다는 계획을 발표하고 금성사와 라디오 생산 계약을 맺으면서 숨통이 트였다.

1960년도에 수천 대에 불과하던 라디오 판매량이 1961년에는 100만 대 이상으로 늘었다. 1962년 금성사는 라디오 수출을 시작해 추가 소득과 귀중한 외화를 얻었다. 입지가 탄탄해진 금성사는 이후 한국 최초의 국산 TV, 냉장고, 세탁기, 에어컨을 차례차례 생산해나갔다.

금성사는 1983년 럭키와 합병해 럭키금성이 되었다. 1995년에는 서구 시장에서 더 효과적으로 경쟁하기 위해 그룹명을 'LG'로 바꾸었다.

여기서 교훈은, 최고의 브랜드는 큰 꿈을 꾸고 대담한 목표들을 설정한다는 사실이다. 당신이 더 멀리 바라보고 생각했다면 어떤 일을 할 수 있었을까?

커뮤니케이션

COMMUNICATION

과거 브랜드와 고객들 간의 커뮤니케이션은 단방향 소통이었다. 브랜드는 자사 제품을 쓸 경우 누릴 수 있는 혜택을 어른이 아이에게 설명해주듯이 대중에게 홍보할 뿐이었다.

요즘은 상황이 매우 달라졌다. 대중은 미디어뿐 아니라 마케팅의 의도도 알아차린다. 소비자들은 일방적으로 설득당해 구매하는 대신 기업과 대화할 수 있길 바란다.
미디어 채널의 수도 늘었다. 인터넷과 소셜미디어는 30년 전에는 상상도 하기 어려웠을 정도로 소비자의 참여를 촉진했다. 소비자들은 자체적인 브랜드 콘텐츠를 자유롭게 만들고 있고, 일부 브랜드 콘텐츠는 제작자가 의도한 것 이상의 가치를 담고 있다.

대중광고의 황금기인 20세기부터 인터넷을 통한 고객 참여가 늘어난 21세기까지, 수년간 진행된 광고 캠페인부터 진행이 무산된 광고 캠페인까지 다양한 스토리들을 소개한다.

코카콜라 광고의 산타클로스는 왜
벨트를 거꾸로 맸을까?

코카콜라는 오래전부터 크리스마스 시즌에 어울리는 광고를 제작해
왔다. 특히 산타클로스를 빨간 천에 흰 테두리가 있는 옷을 입고, 흰
수염을 기른 유쾌한 노인으로 묘사한 코카콜라 광고가 유명하다.

코카콜라가 현재 산타클로스 이미지를 '발명'했다고 믿는 사
람이 적지 않다. 그들은 녹색 복장의 예전 산타클로스 모습이 코카
콜라의 광고 의도에 따라 변형되고 브랜드화된 결과물로 현재의
산타클로스 이미지가 생겼다고 믿는다.

하지만 진실은 약간 다르다. 산타클로스는 역사적으로 여러
모습으로 묘사되었고, 종종 녹색 코트를 입은 요정 같은 존재로 묘

사되기도 했다. 하지만 20세기 초에 빨간 천에 흰 테두리가 있는 옷을 입은 산타클로스 그림들이 등장했다. 그중에서도 〈퍽〉이라는 대중적 잡지의 표지에 실린 산타클로스 그림이 가장 유명하다.

코카콜라는 바로 이러한 산타클로스 이미지를 가장 지속적으로 널리 사용한 브랜드고, 이러한 산타클로스 이미지를 대중화하는 데 기여한 브랜드다.

하지만 처음으로 현대적 이미지의 산타클로스를 광고에 등장시킨 최초의 탄산음료 브랜드는 아니다. 그 영광을 차지한 탄산음료 브랜드는 화이트 록 음료(White Rock Beverages)로 1915년부터 미네랄워터를, 1923년부터는 미네랄워터와 진저에일을 홍보하는 모델로 빨간 천에 흰 테두리가 있는 옷을 입은 산타클로스를 활용했다.

반면 코카콜라가 산타클로스를 활용한 광고를 시작한 시기는 이보다 늦은 1931년이다. 당시 광고 대행사 다시의 중역 아치 리는 현실적이면서도 상징적인 산타클로스 할아버지의 모습을 광고에 넣을 필요가 있다고 코카콜라를 설득했다.

코카콜라는 미시간 출신 화가이자 광고 일러스트레이터 해든 선드블럼에게 배우 같은 느낌이 아닌 진짜로 '산타' 느낌이 나는 광고 그림을 제작 의뢰했다. 해든 선드블럼은 신학자 클레멘트 클라크 무어가 1822년 발표한 시 〈성 니콜라스의 방문〉에서 영감을 얻었다. 그는 이 시에서 묘사된 성 니콜라스의 모습에 따라, 따뜻하고 우호적이고 유쾌하고 통통한 인간적 이미지의 산타클로스 그림을 그렸다.

해든 선드블럼은 퇴직한 외판원 친구 루 프렌티스에게 광고에 쓸 그림을 그리려고 하니 포즈를 취해달라고 요청했다. 그는 해든 선드블럼이 제작한 초기 광고 몇 개에 포즈 모델로 기여했다. 선드블럼이 만든 산타클로스 이미지는 큰 인기를 끌었다. 그러나 불행히도 루 프렌티스는 얼마 안 가 사망했다.

대안을 모색한 선드블럼은 거울에 비치는 자신의 모습을 참고해 산타클로스 그림을 그렸다. 이 작업을 더 쉽게 하고자 대형 거울을 사용했다.

대중이 선드블럼이 제작한 광고를 그토록 사랑하고 면밀히 살펴보지 않았다면 이런 식으로 무사히 넘어갔을 것이다. 하지만 광고가 나간 직후, 코카콜라 사에는 산타가 벨트를 거꾸로 매고 광고에 나온 이유를 묻는 편지들이 쇄도했다. 선드블럼은 거울로 자신의 모습을 보며 그리느라 좌우를 반대로 그리는 실수를 한 셈이었다.

선드블럼은 이 사건에서 교훈을 얻었다. 이후 실제 모델과 소품을 활용해 그림을 그린 다음 자신이 잘못 바꾼 부분이 없는지 확인 작업을 거쳤다.

몇몇 코카콜라 광고 그림에 산타클로스와 함께 등장한 두 아이의 실제 모델은 선드블룸의 이웃집에 사는 아이들이었다. 실제로는 이웃집에 두 소녀가 살았지만, 광고에는 대중 취향에 맞춰 소년소녀를 등장시켰다. 1964년 광고 그림에 산타클로스와 함께 등장한 개의 실제 모델은 근처 꽃집에서 키우는 회색 푸들이었다. 하지만 눈이 쌓인 배경과 대비되는 시각적 효과를 위해 선드블럼은 검은 개로 바꿔 그렸다.

해든 선드블럼의 광고 그림들은 실제 모델을 똑같이 따라 그리지는 않았지만, 산타클로스에게 현실적인 느낌을 부여했다.

여기서 교훈은, 시장에서 최초가 될 필요는 없다는 사실이다. 규모, 지출, 헌신이 더 중요할 수도 있다. 경쟁사보다 한 발 늦은 상황에서 당신이 여전히 승리할 수 있는 분야는 어디인가?

● 　1942년 코카콜라 광고에서 산타클로스와 함께 등장한 소년에게 스프라이트라는 코카콜라 제품명을 따서 '스프라이트 보이'라는 이름이 붙었다는 통설도 사실이 아니다. 해든 선드블럼이 창조한 스프라이트 보이라는 캐릭터의 이름은 이 소년이 실제로 정령, 요정이라는 설정 때문에 붙은 것이다. 코카콜라가 실제로 스프라이트 브랜드를 출시한 시기는 이보다 훨씬 뒤인 1960년대다.

다이아몬드는 영원히, 드비어스

오늘날에는 여성에게 청혼할 때 다이아몬드 약혼반지를 선물하는 관행이 있지만, 1930년대에는 전혀 그렇지 않았다. 게다가 대공황은 세계에서 채굴되는 다이아몬드 원석의 60퍼센트를 통제하는 다이아몬드 브랜드 드비어스에게 큰 타격을 줬다. 20여 년 전부터 감소세를 보인 드비어스의 매출은 대공황으로 폭락했다.

　드비어스는 난관을 돌파하고자, 현재 되돌아보면 '중요했다고 자평하는 광고 캠페인'을 시작했다. 바로 다이아몬드를 약혼과 연관 짓는 광고 캠페인이었다. 1938년 드비어스는 필라델피아 지역의 광고 대행사 NW 에이어에게 미국인들이 다이아몬드 약혼반지라는 개념에 푹 빠지게 하는 광고를 제작해달라고 의뢰했다.

당시 약혼반지 중 10퍼센트만이 다이아몬드 반지였고, 다이아몬드 반지는 부자들의 사치품으로 간주되었다.

에이어가 직면한 도전은 쉽지 않았다. 훗날 공개된 내부 문서에서 에이어는 자사가 제작한 드비어스 광고 캠페인을 이렇게 평가했다. "그 후 수많은 모방작들을 낳은 새로운 형태의 광고 콘셉트였다. 제품을 직접 홍보하는 내용이 없었고, 브랜드명을 적극 알리지도 않았다. 그저 다이아몬드에는 영원한 감정적 가치가 있다는 아이디어만을 보여줬을 뿐이었다."

에이어가 제작한 드비어스 광고 캠페인은 두 종류의 광고들로 구성되었다. 하나는 다이아몬드는 남자가 비싼 비용을 치르고살 만한 가치가 있는 보석이라는 점을 암시하는 내용으로 구성된광고다. 1930년대와 1940년대에는 다이아몬드 반지를 사려면 남성 근로자의 한 달 월급을 다 써야 했다. 이후 인플레이션 탓도 있지만, 1970년대와 1980년대에 다이아몬드 반지를 사려면 남성근로자의 두 달 월급을 다 써야 했고, 최근에는 세 달 월급을 다 써야한다.

또 다른 종류의 광고가 탄생한 시기는 1947년이다. 당시 에이어에서 근무한 젊은 카피라이터 프랜시스 제러티가 새로운 광고태그라인을 제안했다. 모두 남성이었던 동료 카피라이터들은 시큰둥한 반응을 보였다. 그들이 보기에는 아무 의미 없고, 심지어 문법적으로 틀린 광고 문구였기 때문이다.

1942년부터 에이어에서 근무해온 프랜시스 제러티는 영원한 것을 갈망하는 소비자들의 감정에 호소하는 광고 문구들을 생각해 냈다. 이전에 그녀가 제작해 〈보그〉〈라이프〉〈콜리어스〉〈하퍼스 바자〉〈새터데이 이브닝 포스트〉에 실린 광고에는 다음과 같은 태그라인이 포함되었다. "당신의 행복이 다이아몬드만큼 지속되길." "늘 별을 품는 밤하늘처럼 다이아몬드 반지를 껴보세요. 다이아몬드의 아름다움은 시간을 초월하니까요."

프랜시스 제러티가 새로 생각해낸 광고 태그라인인 '다이아몬드는 영원히(A Diamond is Forever)'는 이전 작품들의 집대성이었고, 드비어스 광고 캠페인의 전환점이 되었다.

카피라이터 동료들의 시큰둥한 반응과 달리 '다이아몬드는 영원히'란 태그라인은 1948년 처음으로 광고에 삽입된 이래, 드비어스의 모든 약혼반지 광고에 등장하게 되었다.

1951년 에이어는 광고 캠페인이 성공했다고 판단하고 드비어스에게 이렇게 알렸다. "이제는 보석상들이 '다이아몬드 약혼반지를 안 받은 여성은 약혼녀가 아닙니다'라고 말할 정도입니다."

1956년 이언 플레밍이 『다이아몬드는 영원히』라는 네 번째 007 시리즈 소설을 출간했고, 뒤이어 동명의 영화가 개봉되었으며, 영화에서는 셜리 배시가 부른 동명의 주제곡이 흘러나왔다.

급기야 1999년에는 〈애드버타이징 에이지〉가 20세기를 대표하는 광고 문구로 선정하기에 이르렀다.

"드비어스가 '다이아몬드는 영원히'라는 광고를 내보내기 전만 해도 솔리테어 다이아몬드는 파혼의 상징으로 간주되었다. 하지만 드비어스의 간단명료하고 대담한 광고 덕분에 다이아몬드 약혼반지는 세계적으로 인기를 끌게 되었고, 다이아몬드가 가장 귀한 보석이 되었다."

자신이 결혼하려는 여성이 다이아몬드 반지를 선물할 만한 가치가 있다고 생각하는 남성이 늘면서, 20세기 말 약혼반지의 80퍼센트가 다이아몬드 반지였다.

여기서 교훈은, 아이디어의 힘을 과소평가하지 말라는 것이다. 당신의 브랜드를 더 큰 성공으로 이끌 좋은 아이디어를 가지고 있는가?

킷캣이 오레오에게 결투를 신청한 까닭은?

단 음식을 좋아하는 로라 엘런은 자신이 가장 좋아하는 브랜드들을 트위터에 장난스럽게 적었다. "나는 킷캣과 오레오를 너무 좋아하는 것 같아, 하하하." 그녀는 이 문장이 어떤 일로 이어질지 상상치 못했다.

　이 트위터를 본 초콜릿 브랜드 킷캣의 직원들은 로라 엘런이 어느 쪽 제품을 더 좋아하는지 삼목게임으로 정하자고, 초콜릿 업계 '신흥강자' 오레오에게 제안했다. 삼목게임은 두 사람이 9개의 칸 속에 번갈아 가며 ○나 X를 그려 나가는 게임이다. 연달아 3개의 ○나 X를 먼저 그리는 사람이 승리한다. 오레오 과자는 동그라

미 모양이라 ○ 표시를 할 수 있고, 킷캣은 길쭉한 초콜릿 바라서 반으로 자르면 X 표시를 할 수 있었다.

"로라 엘런의 사랑을 놓고 오레오에게 결투를 신청합니다. 삼목게임으로 정합시다. 삼목판 한가운데 칸에 킷캣 초콜릿 바를 잘라 X자 형태로 올려놓은 사진을 아래에 링크해놓았으니, 오레오는 이에 응수해보십시오."

킷캣이 이러한 트위터를 올리자 이윽고 오레오가 트위터로 답했다. (정확히 말하자면 몇 시간 뒤에 답장을 올렸다.) 오레오는 과연 어느 칸에 오레오 쿠키를 놓아 ○ 표시를 했을까?

오레오의 답장은 킷캣 직원들의 예상을 뛰어넘었다.

오레오의 트위터 계정에 올라온 사진에는 삼목판 한가운데에 초콜릿 바 부스러기가 있고, 오레오 과자 모습은 보이지 않았다. 사진과 함께 이런 글이 올라왔다. "미안합니다, 킷캣 씨. 너무 맛있어서 참을 수 없었어요. #오레오좀봐주세요." 얼굴에 초콜릿을 묻힌 채 변명하는 오레오 직원들의 모습이 연상되었다.

오레오는 킷캣 초콜릿 바에 대한 재치 있는 찬사와 익살스러운 해시태그로 이 해프닝을 훈훈하게 마무리했다.

여기서 교훈은, 돈벌이에만 관심 있는 기업이 아니라는 점을 보임으로써 브랜드가 얻을 수 있는 효과가 있다는 사실이다. 당신의 브랜드가 인간의 얼굴을 하고 있음을 어떻게 하면 보여줄 수 있겠는가?

광고하지 마세요, 론실

HHCL은 1990년대에 크게 활약한 광고 대행사다. 유력 언론 〈선데이 타임스 매거진〉 표지에 HHCL 임원들의 사진이 실렸을 정도다. HHCL은 광고 대행사라는 말을 쓰지 않고 커뮤니케이션 대행사라고 자처한 최초의 광고 회사다.

HHCL은 임팩트가 강하고 논란적인 광고 캠페인들로 유명했다. 영국 주스 회사 탱고의 "진짜 오렌지의 짜릿함", 일본 필름 회사 후지의 "사진의 힘", 영국 금융사 퍼스트 다이렉트의 "이례적인 출범" 등이 그 예다.

HHCL은 2000년도에 〈캠페인〉 잡지에서 '1990년대를 빛낸 광고 회사'로 선정되었다. 하지만 그 후 몇 차례 합병이 이어지고, 회사 이름을 유나이티드 런던으로 바꾸었다가 2007년 초 문을 닫았다.

하지만 HHCL이 제작한 페인트 회사 론실의 광고 캠페인 "론실한다―제품 통 표면에 써진 그대로 기능을 발휘한다"는 오늘날까지도 사람들의 기억에 남아 있고, 마케팅 업계에 인용된다.

HHCL의 공동 설립자이자 기획실장 애덤 루리가 이 광고 캠페인과 관련한 일화를 회상한다.

"우리는 여러 '영리한' 광고들을 공개했지만 우리의 주요 광고 타깃은 집에서 혼자서 가구를 조립하거나 집을 수리하면서 론실 페인트를 사용한 남성들이고, 그들은 인생을 성실하고 '진지하게' 접근하는 성향이 강했습니다.

광고가 나간 뒤 약간의 시장조사를 한 마케팅 플래너(마케팅 관련 문제 해결을 돕고자, 광고 계획 수립에 필요한 정보를 제공하거나 조언하는 사람―옮긴이) 루스 리스가 충격을 받은 표정으로 돌아와서 이렇게 말하더군요. '광고 타깃들이 우리 광고를 좋아하지 않았습니다. 사실 그들은 우리 광고뿐 아니라 모든 광고에 관심이 없다고 자랑했어요. 광고에 휘둘리길 원하지 않는 기색이에요.' 그래서 내가 그녀에게 말했습니다. '그럼 광고하지 마세요.'

그는 내 생각을 프로젝트팀에게 말했고, 여기서 광고하지 않는 광고라는 아이디어가 나왔습니다."

이리하여 HHCL은 광고 타깃을 설득하지 않고 "론실한다―제품 통 표면에 써진 그대로 기능을 발휘한다"는 무덤덤한 문구만 내보냈다.

　여기서 교훈은, 굳이 팔려고 노력하지 않는 편이 최선의 마케팅일 때가 가끔 있다는 사실이다. 당신은 광고 타깃에게 가장 효과적인 접근법이 무엇인지 알고 있는가?

　● 　출처: 애덤 루리와 나눈 대화

광고로 세상을 바꿀 수 있을까? 메막 오길비

광고를 바라보는 시선은 사람마다 천차만별이다. 광고가 소비자들을 조종하는 사악한 행위라고 보는 사람도 있고, 필요 없는 상품을 사도록 유도하는 행위라고 보는 사람도 있다. 하지만 다수의 광고 업계 종사들은 광고 그 자체는 좋은 것도, 나쁜 것도 아니라고 주장한다. 그들은 광고의 목적과 활용 방식이 광고의 내재적 가치를 결정한다고 주장한다.

당신이 어떻게 광고를 바라보든, 사우디아라비아의 수도 리야드에 위치한 광고 대행사 메막 오길비가 킹 칼리드 재단과 함께 제작한 2013년 광고 캠페인이 선하지 않은 의도를 담고 있다고 주장하기는 힘들다.

이 광고 캠페인은 메막 오길비가 먼저 시작했다. 회사 홈페이지에서는 이렇게 설명한다.

"사우디아라비아에서 여성 가정폭력 피해는 공론화가 금기시되고, 계속 은폐되는 사회문제다. 한 번도 이 문제에 대한 연구가 허용되지 않았기에 얼마나 많은 사우디아라비아 여성들이 가정폭력에 시달리는지 구체적 수치를 말할 수는 없지만, 기혼여성의 92퍼센트가 가정폭력 피해자라고 추산하는 전문가가 많다.

우리 회사 직원 한 명도 가까운 지인 한 명이 가정폭력을 당했다고 밝혔다. 이는 우리에게 경각심과 걱정을 불러일으켰다. 우리는 돕고 싶었다. 하지만 사우디아라비아에는 가정폭력 피해 여성을 보호하는 법률이 없다.

매우 보수적이고 문화적으로 민감한 사우디아라비아에서 어떻게 하면 경각심과 변화를 불러일으키고, 피해 여성들에게 필요한 도움을 줄 수 있을까?"

카피라이터 지미 유세프, 아트 디렉터 스콧 애벗, 최고 크리에이티브 책임자 오사마 엘 카우지로 구성된 광고 제작팀이 제작하려는 것은 '기존 사우디아라비아 문화를 존중하면서도 논쟁을 불러일으킬 대책 촉구 캠페인이자, 왕국에서 내보낼 수 있는 범위에서 최초의 획기적(이라고 평가받게 될) 광고'였다.

그들이 제작한 광고에는 부르카를 쓴 여성의 얼굴을 근접 촬영한 사진이 실렸다. 이 사진을 자세히 보면, 여성의 한쪽 눈은 멀쩡하지만 다른 한쪽 눈에는 멍이 들어 있다. 멍이 든 눈 밑에 짧은 광고 카피가 적혀 있다. 영어 버전의 광고 카피는 "덮을 수 없는 것들도 있다"였고, 사우디 버전의 광고 카피는 "빙산의 일각"(〈포린 폴리시〉의 중동 부문 편집자 데이비드 케너의 번역)이었다. 사진 밑에는 지역 가정폭력 피해 여성 보호소 전화번호가 소개되었다.

이러한 광고를 구상한 제작팀은 킹 칼리드 재단을 찾아갔다. 사우디아라비아 왕을 기념하는 비영리재단인 킹 칼리드 재단의 목표는 왕국의 경제사회적 안정을 해치는 문제에 혁신적 해법을 제공함으로써 국민의 삶을 긍정적으로 바꾸는 개발 사업 및 자선 사업 단체가 되는 것이다. 킹 칼리드 재단은 이 광고 아이디어에 찬성하고, 메막 오길비의 '가정폭력 중단 캠페인'을 후원했다.

광고는 2013년 4월 17일과 18일 사우디 국제 신문 〈알 와탄〉 〈알 리야디〉에 실리고, 소셜미디어 채널인 트위터, 페이스북에도 올라왔다. 광고 캠페인 웹사이트는 가정폭력을 줄이고 피해자를 긴급 보호하는 방안에 대한 보고서도 실었다.

기대했던 대로 이 광고 캠페인은 가정폭력과 여성 인권에 대한 전국적인 관심을 불러일으켰다. 이것은 사우디아라비아 여성 인권 문제의 분수령이 되었다. CNN과 로이터 통신 등 국제 언론사들도 이 일을 보도했다.

첫 광고 게재 후 3개월도 지나지 않아 킹 칼리드 재단의 적극적인 활동에 따라, 사우디 내각은 가정이나 직장에서 어떠한 형태로든 여성에게 폭력을 휘두르는 행위를 일절 금지하는 법안을 통과시켰다.

현재 사우디아라비아에서 가정폭력 가해자는 징역 1년과 벌금 5만 사우디리얄(1만 3300달러 정도)을 선고받을 수 있다.

여기서 교훈은, 광고는 선한 일의 동력이 될 수 있다는 사실이다. 당신은 어떻게 광고를 이용해 선한 일을 할 수 있겠는가?

용기 있는 자만이 내릴 수 있는 선택, SC존슨

1964년은 미국인들에게 인종 갈등과 사회적 소요의 해였다. 그리고 뉴욕에서 만국박람회가 열린 해이기도 하다. 1866년 미국 위스콘신 주에 설립되었고 1964년 당시 아직 비교적 작은 청소용품 제조사였던 SC존슨의 역사에도 중요한 시기였다.

SC존슨의 3대 사장 허버트 피스크 존슨 주니어가 이사회에서 사업 아이디어를 발표했다. 그는 1964년 뉴욕세계박람회에 존슨 왁스 전시관을 짓고 특별 제작한 영화를 상영하자고 제안했다. 수많은 사람들이 방문할 세계박람회인 만큼 SC존슨의 모든 마케팅 예산을 사용해 이 영화를 제작할 터였다.

게다가 회사나 제품을 홍보하는 대신, 인생의 기쁨에 초점을 맞춘 영화였다. 각기 다른 나라의 아이들이 어른으로 성장하는 과정을 보여줌으로써 서로 다른 문화권 사람들의 공통점을 찬미하는 영화를 만드는 것이 그의 비전이었다. '이해를 통한 평화'라는 메시지를 전달하고자 미국, 유럽, 아시아, 아프리카의 다양한 장소에서 다양한 인종의 배우들을 촬영할 예정이었다.

당연히 이사회 중역들은 이 아이디어를 마음에 들어 하지 않았다. 중역들은 여러 가지 의문과 우려를 표했다. 정중하게 모든 말을 경청한 존슨 주니어 사장은 잠시 생각한 다음 간단하게 답했다.

"어떤 결정은 용기 있는 자만이 내릴 수 있습니다."

이렇게 해서 제작하게 된 20분짜리 영화는 실험적 방식으로 상영되었다. 3개의 스크린을 연결해 하나로 이어진 영상을 파노라마처럼 보여주는 시네라마와 달리, 이 영화는 폭 18피트(5.5미터) 스크린 3개를 연결한 다음 1피트씩 나눈 공간에 각기 다른 영상을 보여주는 화면 분할기법을 선보였다.

〈살아 있다는 것〉이라는 제목으로 영화를 상영한 존슨 왁스 전시관은 곧 뉴욕세계박람회에서 가장 인기 있는 전시관이 되었다.

훗날 피스크 존슨 사장의 손자가 회상했다. "할아버지는 당시 미국 사회에 만연한 너무도 부정적인 분위기를 상쇄하고 싶어 하셨습니다. 할아버지는 새로운 세대에게 희망과 낙관주의의 메시지를 전달하는 데 성공하셨죠."

SC존슨의 최고 지속가능성 책임자 켈리 셈라우는 이렇게 평가한다. "우리는 제품을 전혀 마케팅하지 않았지만, 그 영화는 정말로 SC존슨의 위상을 높여줬습니다."

여기서 교훈은, 용감한 선택이 보상받을 때가 있다는 사실이다. 당신은 브랜드의 위상을 높이기 위해 어떤 용감한 행동을 할 것인가?

하마터면 나오지 못할 뻔한 최고의 광고,
애플 매킨토시

믿기지 않을지 모르지만, 역사상 가장 유명한 광고 중 하나로 꼽히는 애플 매킨토시의 1984년 광고는 세상에 나오지 못할 뻔했다.

1984년 애플 매킨토시 광고 이야기는 1982년 말로 거슬러 올라간다. 당시 애플의 광고 대행사 차이엇 데이는 매킨토시보다 앞 세대 제품인 애플II 컴퓨터의 지면 광고를 제작하고 있었다. 광고 콘셉트는 조지 오웰의 전체주의적 미래를 애플이 깨부수는 내용이었다.

크리에이티브 디렉터 리 클로는 매킨토시가 세상에 알려지기 6개월 전에 차이엇 데이가 "다가오는 1984년이 조지 오웰의

『1984』처럼 되지 않을 이유"라는 문구의 광고를 제작했다고 회상했다.

애플은 이 광고를 내보내지 않았다. 이 광고의 아이디어는 1983년 봄에 새로운 매킨토시에 어울리는 대담한 광고 문구를 찾고 있었던 카피라이터 스티브 헤이든, 아트 디렉터 브렌트 토머스가 아니었으면 영원히 묻혔을 것이다. 그들은 차이엇 데이가 제작한 애플II 컴퓨터 광고를 기억하고는, 이 광고를 참고해 상당한 재작업을 거쳐 1984 매킨토시 광고의 스토리보드를 만들었다.

원래 광고 스크립트의 내용은 젊은 여성 선수가 헬멧을 쓴 진압대원들에게 쫓겨, 똑같은 모습의 노동자들이 '빅브러더(조지 오웰의 소설 『1984』에 등장하는 감시·통제자―옮긴이)'의 영상을 보고 있는 어두운 강당으로 뛰어 들어가는 것이었다. 여성은 야구방망이(이 소품은 나중에 극적인 효과를 연출하기 위해 큰 망치로 교체되었다.)로 빅브러더 영상이 나오는 스크린을 부수고, 그 뒤의 벽이 부서져 외부 공기와 빛이 들어오자 노동자들이 '빛을 보는' 내용이었다.

이 광고는 성우의 목소리로 끝맺음한다. "1월 24일 애플 컴퓨터가 매킨토시를 출시합니다. 그리고 당신은 다가오는 1984년이 소설 『1984』처럼 되지 않을 이유를 아시게 될 겁니다."

이 광고의 스토리보드를 애플 마케팅팀 임원에게 보여줬다. 당시 CEO 존 스컬리는 약간 우려했지만, 스티브 잡스는 무척 마음에 들어 했다. 그는 이것이 매킨토시에 어울리는 과격한 광고라고 생각했다. 그래서 차이엇 데이에게 이 광고를 제작하고, 1984년 슈퍼볼 경기 중계방송에서 1분 30초짜리 광고시간대를 구매할 것을 지시했다.

　차이엇 데이는 러프컷 영상이 나오자마자 잡스와 스컬리에게 보여줬다. 잡스는 아주 마음에 들어 했고, 스컬리는 광고 내용이 너무 과격하지만 그만큼 효과가 있으리라 생각했다. 1983년 10월 애플의 연례 콘퍼런스에서 이 광고를 공개하자 청중의 반응은 압도적으로 긍정적이었다.

　1983년 12월 말, 마케팅 매니저 마이크 머레이가 다른 이사회 멤버들-A. C. 마이크 마큘라 주니어, 헨리 E. 싱글턴, 아서 락, 피터 오 크리스프, 필립 S. 슬라인-에게 광고를 보여주는 일을 맡았다. 광고가 끝나고 조명을 켰을 때 머레이와 스컬리는 깜짝 놀랐다. 이사회 멤버들이 새 광고를 싫어했다. 마큘라는 너무 놀라 어안이 벙벙한 채 쳐다보다가 이렇게 말했다. "누가 새 광고 대행사를 찾는 일을 맡으면 좋을까요?"

　스컬리는 "다른 이사들은 당혹스러운 기색을 감추지 못한 채 그저 서로 쳐다봤을 따름입니다. 대부분 이보다 더 나쁜 광고는 본 적이 없다고 느꼈습니다"라고 회상했다.

　이사회는 이 광고 방영을 취소하길 원했기에 스컬리에게 슈퍼볼 광고시간을 되팔라고 권유했다. 차이엇 데이는 슈퍼볼 경기를 앞두고 30초의 광고시간을 사갈 기업을 찾았다. 하지만 아직도 방송국에 80만 달러를 주고 확보한 60초의 광고시간이 남았다. 만약 이 광고시간의 구매자를 찾지 못할 경우 택할 비상방안은 제품을 직설적으로 홍보하는 '안내책자' 같은 광고를 내보내는 것이었다.

　하지만 잡스는 여전히 이 광고가 큰 반향을 일으키리라 믿었기에, 평소에는 사내의 정치적 이슈에 관여하지 않는 스티브 워즈니악의 도움을 청하기로 했다.

워즈니악은 이렇게 회상한다. "어느 날 저녁 매킨토시 제작자 모임에 뒤늦게 합류해 자리에 앉으려는데, 스티브가 나를 불러 세우더니 '이보게, 여기 와서 이것 좀 보게'라고 말하더군요. 스티브는 4분의 3인치 VCR을 틀어 광고를 보여줬어요. 깜짝 놀랐죠. 내가 본 광고 중 최고의 광고라는 생각이 들었어요. 그때 스티브가 이사회가 광고 방영 취소를 결정했다고 말했어요. 그 이유는 밝히지 않았죠. 나는 충격을 받았어요. 스티브는 슈퍼볼 경기 때 광고를 틀자고 말했습니다. 나는 이사회가 비용 때문에 광고를 취소한 줄 알았어요. 돈이 얼마나 필요한지 묻자 스티브는 80만 달러라고 대답했어요. 나는 '음, 내가 반을 낼 테니, 자네가 나머지 반을 내게'라고 말했죠. 그토록 훌륭한 SF적 광고가 방영될 기회를 못 얻는다면 애석한 일이었지요."

워즈니악은 돈을 낼 필요가 없었다. 이 추가적 지원에 용기를 얻은 마케팅팀이 이사회의 권고를 거스르고 광고를 방영하기로 했기 때문이다. 그래서 1984년 1월 22일 슈퍼볼 경기 3쿼터 초에 문제의 그 매킨토시 광고가 9600만 명의 시청자에게 공개되었다.

이 매킨토시 광고는 즉시 센세이션을 일으켰고, 500만 달러의 추가적인 광고 효과를 누린 것으로 추산되었다. 미국 3대 지상파 방송국, 50개에 육박하는 지역 방송국이 이 이야기를 보도하고 대부분 이 매킨토시 광고 영상을 보여줬다.

애플은 이 광고를 다시 방영하지 않을 것이라 선언함으로써 언론을 더 열광케 했다. 그러나 이후 여러 방송에서 이 광고 영상을 소개했으니 엄밀히 말하면 사실이 아니긴 하다.

한편 차이엇 데이는 그 해의 광고상 후보작에 오를 수 있게 하려고, KMVT라는 작은 방송국에 10달러를 지불하고 1983년 12월 15일 새벽 1시에 '1984 매킨토시 광고'를 방영했다. 1995년, 클리오 어워즈는 '1984 매킨토시 광고'를 명예의 전당에 올렸고, 〈애드버타이징 에이지〉는 이 광고를 가장 위대한 광고 50선 중 1위에 올렸다.

여기서 교훈은, 위대한 광고는 신념의 결과물이라는 점이다. 당신은 직감에 따라 밀어붙일 의향이 있는가?

광고 제작사의 마음을 사로잡는 방법,
C.F. 해서웨이

1951년 C.F. 해서웨이의 사장 엘러튼 제트는 작은 해서웨이를 확장해 전국적인 브랜드로 키우고 싶었다. 하지만 그에게는 돈이 별로 없었고, 한 푼의 돈이라도 알뜰히 써야 하는 처지였다.

그는 신생 광고 대행사 오길비 앤 매더의 크리에이티브 디렉터 데이비드 오길비의 역량에 관한 얘기를 들었다. 엘러튼 제트 사장은 오길비가 좋은 광고로 도와주면 C.F. 해서웨이가 필요한 성장을 달성할 수 있으리라 느꼈다.

업무상 자신의 아이디어를 제안하는 데 익숙한 광고 제작자 데이비드 오길비에게 어떻게 하면 본인 생각을 잘 정리해서 제안

할까 오랫동안 고민한 다음에 그와 만날 약속을 잡았다. 오길비를 만난 제트는 이렇게 말했다.

"내겐 광고 예산이 3만 달러밖에 없습니다. 선생님이 평소 받는 광고비보다 훨씬 적은 금액이라는 사실을 알지만, 이 일을 맡아주시면 우리 회사가 커져서 선생님의 주요 고객이 될 것이라 믿습니다."

나쁘지 않은 출발이었으나 오길비를 설득하기에는 충분치 않았다. 그래서 엘러튼 제트 사장은 두 가지 약속을 했다.

"우리 회사 광고를 맡아주시면 선생님에게 이것만은 약속합니다. 우리 회사가 아무리 커지더라도 절대 광고 대행사를 바꾸지 않겠습니다. 그리고 광고 카피에 절대 간섭하지 않겠습니다."

제트 사장은 오길비를 만나 설득할 기회는 딱 한 번뿐일지 모른다는 생각에 광고 제작자가 가장 원하는 바를 제안했다. 광고는 변동성이 심한 사업이라 평생 고객이 되겠다는 약속은 구미가 당기는 제안이었다. 그리고 광고 제작자에게 전권을 위임하겠다는 약속도 처음 듣는 파격적 제안이었다. 이는 크리에이티브 디렉터에게는 꿈같은 일이었다.

엘러튼 제트는 훌륭한 마케팅 전략가처럼 오길비를 설득했다. 그는 타깃 청중의 입장에서 생각했다. 그는 매우 영리하고 어쩌면 자수성가한 오길비의 입장에서 가장 원하는 것이 무엇일지 추측했다. 그리고 그것을 오길비에게 제안했다. 데이비드 오길비는 제트 사장의 약속에 기뻐하고, 광고 의뢰를 받아들였다.

이후 그가 제작한 광고들은 C.F. 해서웨이의 운명을 바꾸었다. 엘러튼 제트의 마케팅 재능과 통찰력이 없었다면 절대로 이뤄지지 않았을 일이다.

여기서 교훈은, 최고의 제안은 타깃 청중의 근본적인 니즈와 동기에 대한 진정한 이해를 토대로 나온다는 사실이다. 당신은 타깃 청중을 어떻게 더 근본적으로 연구하고 이해할 것인가?

셔츠 광고 모델이 안대를 낀 이유,
C.F. 해서웨이

1951년, 미국 메인 주의 작은 마을인 워터빌에서 116년간 양질의 셔츠를 생산해온 소기업 C.F. 해서웨이는 판매 부진을 이기지 못하고 변화에 나섰다. 해서웨이는 설립한지 얼마 지나지 않은 광고회사 오길비 앤 매더에게 지면 광고 제작을 의뢰했다. 이는 장기간 성과를 거둔 협력 관계의 시작이자 세계에서 가장 유명한 광고 캠페인의 탄생이었다.

크리에이티브 디렉터 데이비드 오길비는 해서웨이의 의뢰를 받아들였다. 그는 해서웨이 사의 역사, 제품, 고객을 심도 있게 연구했다. 그는 18개 광고 콘셉트를 구상한 다음 가장 마음에 드는 콘셉트를 선택했다.

해서웨이 셔츠를 입고 일련의 흥미롭고 매혹적인 장소에 간 유명인의 사진을 중심으로 신문 광고를 만들었다. 여기까지는 너무 흔해빠진 광고 콘셉트다.

하지만 케네스 로먼이 저서 『매디슨 애비뉴의 왕』에서 지적했듯, 이 광고 캠페인의 특이한 점은 다른 데 있었다. 데이비드 오길비의 해서웨이 광고는 최초로 '셔츠를 입은 사람보다 셔츠 그 자체에 초점을 맞춘 셔츠 광고'였다.

해서웨이 셔츠 광고의 남자 모델은 이 광고에 소설적 요소를 더했다. 이 광고 캠페인에는 훗날 데이비드 오길비의 표현처럼 '소비자에게 먹히는 이야기 호소력'이 있었다.

최종 편집한 지면 광고에는 또 다른 변화가 있었다. 남자 모델이 안대를 찬 것이었다. 본인도 대담한 패션을 즐긴 데이비드 오길비는 미국 외교관 루이스 더글러스가 영국에서 낚시를 하다가 한쪽 눈을 다쳐 안대를 한 사진을 보고 아이디어를 얻었다. 그는 안대가 다채로운 삶을 사는 귀족적인 남자라는 광고 콘셉트를 극적으로 보여주는 특징이라고 느꼈다. 독자들은 광고 속 남자가 어째서 한쪽 눈을 잃었는지 궁금해 할 테고 이는 후속으로 이어질 광고속 이야기에 흥미를 더해줄 터였다.

데이비드 오길비는 광고를 찍으러 가는 길에 싸구려 잡화점에 들러 안대를 몇 개 샀다. 스튜디오에 도착해서도 광고 아이디어가 효과가 있을지 확신하지 못했다. 그는 사진사에게 안대를 넘기면서 말했다. "모델이 이 안대를 찬 사진을 찍어줘요. 내가 가고 나면 모델이 안대를 빼고 진지하게 포즈를 취한 사진을 찍어주고요."

하지만 사진사가 보낸 안대를 찬 모델의 사진들을 본 오길비는 의도대로 효과가 있음을 확신하게 되었다.

최초의 '해서웨이 셔츠를 입은 남자' 광고는 〈뉴요커〉에 게재되었고 3176달러의 비용이 들었다. 이 광고는 즉시 성공을 거뒀다. 다른 신문들에도 광고가 게재된 것은 물론 〈타임〉〈라이프〉〈포춘〉 사설에서 언급되기도 했다. 〈뉴요커〉의 만평은 셔츠 가게 진열창을 들여다보는 세 남자의 모습을 보여주고, 다음 컷에서는 세 남자 모두 안대를 찬 채로 셔츠 가게에서 나오는 모습을 그렸다.

안대 판매량이 어쨌는지는 몰라도 해서웨이의 셔츠 판매량은 5년 내에 2배로 늘었다.

훗날 데이비드 오길비가 해서웨이 광고 캠페인과 안대에 관해 평했다. "그 덕분에 해서웨이가 즉시 유명해졌습니다. 어쩌면 나도 그 덕분에 즉시 유명해졌고요."

여기서 교훈은, 창의적인 아이디어는 어디서든 빌려올 수 있다는 사실이다. 당신의 다음 아이디어는 어디에서 올까?

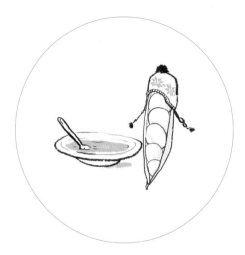

네덜란드식 용기, 유녹스

술김에 내는 용기를 뜻하는 영어 표현인 '네덜란드식 용기'란 표현의 어원을 놓고, 사람들은 종종 30년 전쟁(1618~1648)으로 거슬러 올라가 설명한다. 영국 군인들이 추운 겨울에 몸을 따뜻하게 하고 전투 전에 마음을 안정시키려고 독한 네덜란드산 술을 마신 데서 유래했다는 설도 있고, 네덜란드 군인들이 네덜란드의 대표적인 술인 예네이버를 마시고 용감하게 싸우는 모습을 보고 영국 군인들이 '네덜란드식 용기'라고 불렀다는 설도 있다.

현대에 들어서 네덜란드식 용기의 사례를 찾는다면, 네덜란드 식품 브랜드 유녹스의 완두콩 수프 식품인 에르텐 수프가 좋은 예다. 이것은 술이 들어간 식품은 아니지만, 네덜란드 서부 해안 휴양지인 스헤베닝언에서 열리는 새해맞이 바다뛰어들기 축제에 참가하는 사람들에게 추운 바다에 들어갈 용기를 준다.

최초로 기록된 새해맞이 바다뛰어들기 축제는 1960년 1월 1일 네덜란드 잔드보르트에서 열렸다. 이 지역의 한 수영 클럽이 정신이 번쩍 들게 추운 바다에 들어가는 것이 좋은 새해맞이 의례가 될 것이라 생각해 연 축제로, 최소 25명의 시민이 바다에 뛰어들었다. 5년 뒤 정기적으로 열렸지만, 여전히 적은 인원인 수백 명이 참가하는 작은 행사였다.

하지만 30여 년이 지난 1997년, 한 통찰력 있는 유녹스 직원이 오래전부터 따뜻하고 영양분 많은 식품을 판매해온 유녹스 브랜드와 이 축제를 연관 지으면 좋겠다고 생각했다. 그는 추운 바다에 뛰어든 모든 참가자에게 몸을 녹일 따뜻한 완두콩 수프를 무료로 나눠주겠다고 제안했다.

유녹스의 후원을 받아 1998년 1월 1일 첫 '유녹스 새해맞이 바다뛰어들기 축제'가 개최되었다. 이후 한 해를 제외하고 모든 새해 첫날 날씨가 추웠기 때문에 바다에 뛰어드는 연례행사는 당연히 전국적, 심지어 국제적 관심을 받았다. 신문 1면과 TV에 매년 보도되었고, 요즘은 외국 관광객들도 이 축제를 보러 간다.

2012년 1월 1일에는 해가 쨍쨍 내리비쳤고 축제가 정오에 열렸기 때문에 21°C의 기온에서 행사가 진행되었다. 1만 명이 넘는 참가자들이 밝은 색상의 수영복, 유녹스 브랜드가 새겨진 모자와 글로브를 착용한 채, 그리고 일부는 이보다 더 특이한 복장을 착용한 채 바다에 뛰어들 준비를 했다. 그들은 추운 북해 바다에 가장 먼저 빠지려고 열심히 해변을 달렸다.

사실 2012년 1월 1일에는 네덜란드 전역에서 이런 축제가 열렸다. 80여 개국에서 3만 6000여 명의 사람들이 암스테르담, 데메른, 로테르담, 바세나르로 가서 새해맞이 바다뛰어들기 축제에 참가했다. 수천 명이 현장에서 구경했고 수백만 명이 TV와 신문으로 이 축제 소식을 접했다.

유녹스는 여전히 이 축제의 주요 스폰서다. 현재 축제 참가비는 3유로지만, 참가자는 어느새 전통 있는 기념품이 된 유녹스 모자, 축제 참가를 기념하는 삼각기, 유녹스 완두콩 수프 세트가 포함된 상품 가방을 받는다.

새해맞이 바다뛰어들기 축제는 용감한 사람들의 몸과 마음을 따뜻하게 하는 이벤트가 되었고, 유녹스는 이 축제를 후원함으로써 네덜란드 문화에서 더 확고한 위치를 점하고 있다.

여기서 교훈은, 최고의 브랜드는 정기적 행사를 통해 지역사회와 하나가 된다는 사실이다. 당신의 브랜드가 지역사회에 가까이 다가가기 위해 활용할 수 있는 기회는 뭐가 있을까?

하이네켄 광고의 비하인드 스토리

영국인들은 맥주를 사랑한다. 영국인들은 맥주 광고를 사랑한다. 영국 광고업계는 광고에 얽힌 비하인드 스토리를 사랑한다.

하이네켄의 유명한 "다른 맥주가 닿지 않는 곳까지 상쾌하게" 광고 캠페인은 이 세 항목에서 모두 점수를 땄다.

1970년대 초 쓴맛이 나는 에일 맥주가 지배하던 영국 맥주 시장에서 보다 가벼운 라거 맥주가 빠른 매출 신장세를 보이고 있었다. 광고 대행사 CDP의 카피라이터 테리 러블록과 아트 디렉터 버논 하우는 네덜란드 라거 맥주 회사 하이네켄의 TV 광고를 제작해달라는 의뢰를 받았다. 의뢰서에 적힌 요구 사항은 '상쾌함', 단

하나였다.

광고 제작진은 좋은 광고 소재를 고민했다. 그들은 새로운 환경에서 광고를 촬영하기로 하고, 모로코의 도시 마라케시로 향했다. 회사 밖으로 나가는 도중에 CDP의 프랭크 로우 사장과 마주쳤다. 프랭크 로우 사장은 광고 영상을 제작해서 가져오지 못할 거면 돌아오지 말라고 으름장을 놓았다.

『CDP 비화』라는 책에 실린 이야기다. "러블록은 이제 절박해졌다. 펜과 종이를 손에 들고 아이디어를 찾아 모로코를 돌아다녔다. 훗날 러블록은 이렇게 회고했다. '만약 술이 이상한 변형을 일으킨다면, 그것이 인체에 어떤 영향을 미치는지 재밌게 설명할 수 있을 것이라는 생각이 내심 들었다.' 어느 날 그는 자정 무렵에 메모지를 옆에 놓은 채 잠자리에 들었다. 꿈을 꾸지 않고 잠을 자다가 새벽 3시에 갑자기 벌떡 일어나 메모장에 다음 두 줄을 적었다. '하이네켄은 다른 맥주가 닿지 않는 곳까지 상쾌하게' '하이네켄이 이제 몸 구석구석을 상쾌하게 합니다.' 다음 날 아침 그는 두 개의 광고 스크립트를 작성했다."

보고를 받은 프랭크 로우 사장은 상트페테르부르크로 가는 비행기 안에서 주요 고객인 휘트브레드의 마케팅 이사 앤서니 사이먼즈 구딩에게 이 광고 아이디어에 관해 얘기했을 정도로 흡족해 했다.

비하인드 스토리에 따르면, 이 광고는 하마터면 초기에 막을 내릴 뻔했다. 초기 시장조사 보고서에 기록된 소비자 평가가 극히 안 좋았기 때문이다. 하지만 사이먼즈 구딩은 이 광고가 소비자들에게 결국 통하리라 직감하고 더 방영하라고 촉구했다. 광고는 계속 방영되었고, 이 광고 캠페인은 이후 20년 동안 지속되었다.

다른 비하인드 스토리들과 마찬가지로 이 일화도 사실을 기반으로 하고 있지만, 일부 내용은 세월이 흐름에 따라 더 극적인 효과를 위해 왜곡되거나 과장되었을 수 있다. 약간의 조사 끝에 나는 다음과 같은 사실을 밝혀냈다.

테리 러블록과 버논 하우가 새로운 하이네켄 광고 캠페인을 제작해달라는 의뢰서를 받은 것은 사실이다. 하지만 의뢰서에는 '상쾌함'에 초점을 맞추라는 내용 외에도 배경, 타깃 청중, 원하는 목소리 톤 등 다른 요구 사항도 기재되어 있었다. CDP가 달성하도록 요구받은 조건이 딱 한 단어로 제시되었다는 전설은 극적이지만 진실은 아니다.

광고 찍기 좋은 장소를 찾고자 모로코의 마라케시로 향했다는 이야기는 1970년대 광고계의 화려하고 과장된 이미지와 딱 들어맞는다. 하지만 CDP 광고 제작진이 마라케시로 향한 진짜 이유는 포드 광고 사진 촬영 때문이었다. 이 촬영 일정이 없었다면 제작진은 굳이 모로코로 가지 않고 동네 술집에서 광고 사진을 찍었을지도 모른다.

프랭크 로우 사장이 진심으로 한 말이든, 농담으로 한 말이든 성과가 없으면 회사로 돌아오지 말라고 말한 것은 있을 법한 일이다.

아트 디렉터 버논 하우가 모로코에서 촬영에 집중하는 동안 달리 할 일이 없었을 카피라이터 테리 러블록이 『CDP 비화』라는 책에 실린 것처럼, 모로코를 여기저기 돌아다녔더라도 이상하지 않다.

논란이 되는 부분은 초기 시장조사 보고서에서 부정적 평가가 나왔다는 내용이다. 마케팅 업계에서는 하이네켄 광고 캠페인을 광고 제작자와 시장조사자 사이의 긴장관계를 보여주는 사례로 오랫동안 활용했다. 시장조사 보고서가 좋은 아이디어를 사장시킬수도 있다는 주장의 논거로 말이다. 하지만 흥미롭게도 시장조사가 진행된 시기는 1974년 4월이고, 광고 캠페인이 시작된 시기는 1974년 3월이다. 따라서 시장조사는 실제로 광고 캠페인을 중단시키지 않았다.

당시 시장조사 보고서에는 소비자의 부정적 반응과 긍정적 반응이 모두 기록되었다. "맥주가 귀도 상쾌하게 하나?(피아노 조율사)" "차를 마시고 있을 때 보고 싶은 광고가 아니다(경찰관)" 등의 부정적인 반응과, "맥주는 상쾌한 맛이 날 뿐인데, 광고를 보면 약 같다" 등 맥주의 맛과 원기 회복 사이의 인과관계가 부족하다는 평가로 인해 시장조사관은 다음의 의견을 의뢰인과 광고 제작자에게 전달했다. "문구가 영 기억에 남지 않는다. 리듬감이 전혀 없다."

하지만 시장조사 보고서에는 "전략적인 광고"라는 소비자 평가도 있었고, "라거 맥주와 하이네켄 맥주의 존재 이유인 상쾌한 맛에 초점을 맞춰 광고하라"고 충고한 소비자의 말도 있었다.

여기서 교훈은, 시장조사 보고서가 마케팅 결정을 대체하는 것이 아니라 마케팅 결정을 돕는 정보와 통찰을 제공한다는 사실이다. 당신은 시장조사 보고서를 어떻게 활용해왔는가?

● 1980년대에 호주 라거 맥주가 영국 시장에 진출하자 유럽 마케팅을 강화할 필요를 느낀 하이네켄은 코미디언 빅터 보르게를 광고 성우로 채용했다. 독일 맥주 회사 선전에 덴마크인을 쓰다니 흥미로운 선택이다. 이와 관련한 흥미로운 비화가 또 있을지 모른다.

혁신

INNOVATION

'혁신'이라는 단어의 어원은 라틴어로 바꾸다, 개선하다는 뜻의 'innovare', 또는 새롭게 만들다는 뜻의 'novare'라고 한다.

지금부터 소개할 스토리들은 이 두 유형의 혁신을 담고 있으며 언제, 어디서나 혁신의 영감을 얻을 수 있다는 사실을 보여준다. 혁신은 필요에 의해 혹은 면밀한 분석에 의해 일어날 수 있다.

집념 어린 발명가들과 꼼꼼한 연구자들, 도움이 안 되는 의뢰인과 영감이 번뜩이는 명예회장 등이 등장하는 스토리들은 처음부터 곧바로 혁신에 도달하는 사람은 아무도 없다는 진리를 입증한다.

르크루제는 왜 오렌지색일까?

벨기에 출신 유명인이 하도 없어, 가장 유명한 벨기에인은 탐정소
설 주인공 에르퀼 푸아로, 만화 주인공 땡땡 등의 가상 인물이라는
우스갯소리가 있다.

하지만 벨기에에도 인정할 만한 업적을 남긴 인물이 있다. 아
르망 드사제르, 옥타브 오베크가 그러하다. 둘은 20세기 초에 기업
가로 성공했지만 1924년 브뤼셀 전시회에서 처음으로 만난 뒤 유
명해졌다.

아르망 드사제르는 무쇠 주물 전문가고, 옥타브 오베크는 에
나멜 도색 전문가였다. 둘은 자신들이 가진 기술을 결합해서 사업

을 해보기로 했다. 그 결과물로 나온 주방용품은 다른 상품들보다 기능성도 좋고 더 매력적이었기에 이후 세계적 브랜드로 성장했다. 드사제르와 오베크는 무쇠 주물 냄비의 견고함에 세척 수월성과 시각적 매력을 더 했다.

첫 시제품을 개발하는 과정에서 그들은 다양한 형태와 색상을 실험했다. 그들이 선택한 색상은 마치 타오르는 불꽃과도 같은 오렌지색으로, 지금까지 이 브랜드를 가장 잘 상징하는 색이다. 일설에 따르면, 옥타브 오베크가 여행 중에 만난 한 스칸디나비아 요리사의 추천에 따라 이 색상을 골랐다고 한다.

누가 골랐든, 오렌지색 무쇠 주물 냄비는 미적 호소력이 강했다. 브랜드명은 자연스럽게 정해졌다. 무쇠 주물에 쇳물을 집어넣으면 쇳물이 식어 냄비가 만들어졌기에, 주물(도가니)을 뜻하는 프랑스어 단어 크루제에 정관사가 붙은 '르크루제'를 브랜드명으로 정했다. 현재 르크루제 브랜드는 브랜드명과 제품 색상을 상표 등록한 상태다.

제품, 브랜드명, 특징적 색상을 모두 얻은 아르망 드사제르와 옥타브 오베크는 르크루제 주조 공장을 설립했다. 두 동업자는 무쇠 주물 냄비 제조에 필요한 철, 코크, 모래 수송로들이 교차하는 프랑스 북부의 작은 마을 프레조아 르그랑에 본사를 설립하기로 했다. 1925년 르크루제 주조 공장이 문을 열었고, 최초의 르크루제 냄비인 코코테가 생산되었다.

오늘날 르크루제 주방용품은 세계 60여 개국에서 판매된다. 소형 냄비인 코코테는 여전히 가장 인기 있고, 여전히 프레조아 르

그랑에서 생산되고 있으며 여전히 초기 오렌지 색상을 유지하고 있는 제품이다.

그러나 드사제르, 오베크에겐 섭섭하게도 아직까지 둘은 대다수 사람이 유명한 벨기에인으로 떠올리는 인물들이 아니다.

여기서 교훈은, 최고의 혁신 제품들은 브랜드의 특징적인 자산들을 내포하고 있다는 점이다. 당신은 다음 혁신에 어떠한 자산을 통합할 것인가?

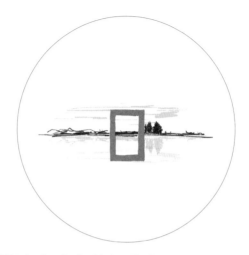

뜻밖의 전화위복, 내셔널 지오그래픽

1888년 1월 13일 지리학 지식의 연구와 보급을 위한 협회를 조직하고자 33명의 학자, 과학자, 탐험가, 부자 후원자들이 미국 워싱턴 백악관 북측의 라피엣 광장에 위치한 코스모스 클럽에 모였다. 2주 뒤 미국지리학협회가 발족되었고, 가디너 그린 허버드가 첫 협회장으로 취임했다.

그리고 9개월 뒤인 1888년 10월 〈내셔널 지오그래픽 매거진〉 첫 호가 출간되었다.

이 잡지는 갈색 종이 표지에 고딕체 로고가 적힌 98페이지 분량의 무미건조하고 다소 지루한 과학 학술지였다. '기원에 따른 지리적 형태의 분류' '해안 연구조사' 같은 기사들이 실렸고, 기사에 삽입된 그림이라고는 기상 지도 몇 개뿐이었다. 이후 16년간 이러한 잡지 디자인은 바뀌지 않았고, 잡지 발행부수도 별로 늘지 않았다.

그러다가 1904년 12월 말, 인쇄업자가 편집부의 길버트 그로브너에게 11페이지의 공백이 발생했는데 어떻게 해야 하냐고 물었다. 겁에 질린 그로브너는 어떻게 할지 고민하다가, 얼마 전 러시아 제국 지리학협회에게 받은 소포를 뜯었다. 소포에는 당시 세계에서 가장 이국적인 장소로 간주된 티베트의 라싸를 최초로 찍은 사진들이 들어 있었다. 그로브너는 사진 11장을 골라 인쇄업자에게 보냈다. 그는 비판이나 해고의 위험을 무릅쓰고 이 사진들로 빈 지면을 가득 채우라고 지시했다.

1905년 1월 잡지가 나오자 사람들은 그로브너를 비판하는 대신 길거리와 협회에서 불러 세우고 칭찬했다. 그때부터 이 잡지는 이러한 포맷을 유지했고, 판매부수도 증가하기 시작했다. 그로브너에게는 '사진 저널리즘의 아버지'라는 별칭이 붙었다.

오늘날까지도 뛰어난 사진 기술이 〈내셔널 지오그래픽〉의 특징으로 남아 있다. 1985년 6월 〈내셔널 지오그래픽〉 표지에 오른 13세 아프간 소녀 샤바트 굴라의 사진은 세계에서 가장 인지도가 높은 인물 사진 중 하나다.

여기서 교훈은, 가장 해결책이 절실할 때 영감이 번뜩이는 경우가 가끔 있다는 사실이다. 당신은 다음 문제를 어떻게 기회로 볼 수 있을 것인가?

오스트리아 사람이 태국에서 발견한 기회, 레드불

1982년 독일 치약회사 블렌닥스의 아시아 담당 마케팅 부장 디트리히 마테쉬츠는 다른 국제 마케팅 부장이 대개 그렇듯 늘 여러 나라를 이동했다. 멋진 얘기처럼 들리지만, 막상 당사자 입장에서는 여러 시간대를 오가느라 시차 적응하기도 어렵고 여러모로 고역이었다.

1982년 태국에 출장을 간 디트리히 마테쉬츠는 태국 회사의 에너지 드링크 크라팅 다엥을 마시고 시차로 인한 피로를 극복하는 체험을 하게 되었다. 이 에너지 드링크는 마테쉬츠가 미래에 얻을 부와 명성의 원천이 되었다.

찰레오 유비디야가 개발한 크라팅 다엥은 물, 사탕수수, 카페인, 타우린, 이노시톨, 비타민B에 감미료를 첨가한 비탄산 에너지 드링크였다. 1976년 태국에서 첫 출시되었고 이후 동남아시아 각국에서 판매되었다.

1980년대 초 크라팅 다엥은 판매량이 치솟았다. 특히 택시 운전사, 건설 노동자, 농부들 사이에서 인기였는데, 트럭 운전사들은 늦은 밤까지 졸지 않기 위해 이 에너지 드링크를 마셨다. 크라팅 다엥은 태국 복싱 시합을 후원해 노동자 계급의 음료라는 이미지를 강화했다.

찰레오 유비디야는 커다란 야생 적갈색 들소를 보고 크라팅 다엥이라는 이름과 로고에 대한 영감을 얻었다. (태국어로 '크라팅'은 들소를 뜻하고, '다엥'은 붉은색을 뜻한다.) 태국에서 야생 들소는 힘과 정력의 상징이었기에, 에너지 드링크의 로고로 사용하기에 안성맞춤이었다.

마케팅 전문가 디트리히 마테쉬츠는 이 에너지 드링크에서 기회를 발견하고, 찰레오 유비디야와 손잡고 유럽과 서방세계에서 이 제품을 팔 수 있을지 모색하고자 했다. 1984년부터 1987년까지 마테쉬츠는 찰레오가 소유한 TC 제약회사와 협력해 서구 취향에 맞춰 제품 성분과 구성을 바꾸는 작업을 했다.

마테쉬츠와 찰레오는 각자 50만 달러씩 투자해 오스트리아에 레드불 사를 설립하기로 합의했다. 두 사람은 회사 지분을 49퍼센트씩 보유하고 나머지 2퍼센트는 찰레오의 아들에게 주는 대신 경영은 마테쉬츠가 맡기로 했다.

1987년 마테쉬츠는 서구인의 입맛에 맞게 탄산수를 첨가한 레드불을 오스트리아에 출시했고, 레드불 판매량은 급증했다.

1992년 레드불은 헝가리와 슬로베니아에 제품을 출시함으로써 국제 시장으로 확장해나갔다. 1997년 캘리포니아 주에 상륙해 미국 시장에 발을 들여놓았고, 2000년도에는 중동 시장에 진출했다. 2008년 〈포브스〉는 디트리히 마테쉬츠, 찰레오 유비디야가 각각 40억 달러의 순자산을 지녔다고 평가하고 세계 250번째 부자로 분류했다.

여기서 교훈은, 좋은 아이디어는 국경을 잘 넘나든다는 사실이다. 당신은 외국의 어떤 아이디어를 수입해 국내에 출시할 수 있겠는가?

혁신적인 청소 도구, 스위퍼

당신은 대걸레로 바닥을 청소하는 과정을 진지하게 검토해본 적이 있는가?

우선 양동이에 물을 채우고 세제를 물에 푼다. 그다음 대걸레를 비눗물에 담갔다 뺀 뒤에 더러운 바닥을 대걸레로 닦는다. 운이 좋으면 대걸레로 문지를 때마다 바닥이 깨끗해지는 모습을 볼 수 있다. 바닥을 몇 번 문지른 대걸레를 다시 양동이 비눗물 속에 넣었다 뺀다. 다시 바닥을 대걸레로 문지른다. 이런 식으로 바닥이 '눈에 띄게' 깨끗해질 때까지 반복한다.

청소가 끝났다. 그런데 정말로 그런가?

전체 과정을 조금 더 면밀히 되돌아보자. 최초에 바닥을 문지른 다음 더러운 대걸레를 다시 '깨끗하게 하려고' 비눗물에 집어넣는다. 대걸레에 묻은 먼지가 떨어져나가지만 사라지는 것은 아니다. 비눗물에 그대로 남아 있다.

이후 대걸레를 비눗물에 넣었다 빼면 아무리 물기를 짜낸다고 해도 더럽고 축축한 대걸레로 바닥을 문지르는 것이다. 그러면 바닥에 있는 먼지를 제거하는 것이 아니라 단지 먼지의 위치를 바꿀 뿐인 것이다.

이렇게 생각한 프록터 앤 갬블(P&G)의 기업혁신(Corporate New Venture: P&G 직원들의 신제품 아이디어 제출을 장려하고 아이디어를 실험하기 위해 1994년 만든 태스크포스-옮긴이) 기획실장은 다음과 같이 말했다. "더 나은 바닥 청소법이 있을 겁니다. 지금의 대걸레는 말똥을 싸며 말을 끄는 마차와 같습니다. 자동차는 어디 있나요?"

P&G는 사람들이 부엌 바닥을 청소하는 방법을 먼저 분석할 필요가 있었다. 연구원들은 가정을 방문해 소비자들이 바닥을 정리하고, 먼지를 제거하고, 닦고, 대걸레질하는 모습을 관찰했다.

처음에는 뭔가 이상했다. 소비자들은 너무 쉽게 바닥을 청소해내는 듯 보였다. 이윽고 연구원들은 다수의 소비자들이 누군가 (연구원)가 집에 온다는 사실을 알고 미리 집을 청소해놨다는 것을 깨달았다. 할 수 없이 연구원들은 교활한 방법을 썼다. 더러운 신발로 집을 방문하고, 몰래 이물질이나 진흙을 부엌 바닥에 흘렸다.

어느 날 연구팀이 할머니가 사는 집을 방문해 커피를 약간 흘렸다. 할머니는 대걸레를 들지 않고 빗자루로 바닥을 쓴 다음에 젖은 페이퍼타월을 사용해 바닥에 남은 더러운 자국을 닦았다. 그 순간 연구원들은 영감이 번뜩였고, 그 결과 스위퍼가 탄생했다.

스위퍼는 쓰고 나면 버리는 행주 조각처럼 바닥을 닦은 뒤 버릴 수 있는 종이를 밀대에 부착해서 바닥을 닦는 청소 도구다. 스위퍼는 '면도기와 면도날' 같은 시스템이다. 소모품인 면도날을 교체하면 면도기를 계속 쓸 수 있듯, 스위퍼도 소모품인 종이를 교체해가며 쓸 수 있다. 스위퍼는 스위퍼키트 막대, 정전기 청소포, 물걸레 청소포가 한 세트로, 막대에 정전기 청소포를 씌우고 바닥을 닦으면 빗자루질을 한 효과가 난다.

1999년 7월 출시 후 1년 사이에 1110만 개의 스위퍼키트 세트가 팔렸다. 현재 스위퍼는 P&G에 연간 5억 달러의 매출을 올려주는 인기상품이다.

여기서 교훈은, 다른 사람이 전에 보지 못한 문제를 인식하고, 가끔은 접근법을 바꿔가며 끈기 있게 연구할 때, 혁신이 탄생한다는 사실이다. 당신은 혁신 기회를 인식하는 데 필요한 맞춤형 연구 접근법을 개발할 수 있는가?

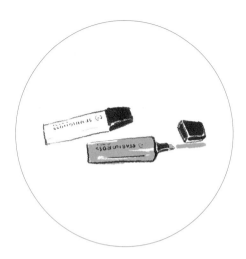

읽는 사람을 위한 펜,
스타빌로 보스

스타빌로 보스는 이례적인 펜이자 이례적인 성공담을 가진 형광펜 브랜드다. 스타빌로 보스는 쓰는(적는) 사람이 아닌 읽는 사람을 위한 펜을 만든다. 현재 세계 최대 규모의 형광펜 브랜드지만, 세계 최초로 형광펜을 만든 곳은 아니다.

1962년 일본의 발명가 호리에 유키오가 수성 사인펜을 발명했다. 수성 사인펜은 모세관 현상(모세관을 액체 속에 넣었을 때 관 속의 액면이 관 밖의 액면보다 높아지거나 낮아지는 현상 – 옮긴이)을 이용한 펜이다. 사용자가 사인펜을 쥐고 종이 위에 대면, 사인펜 내부의 잉크통에 담긴 잉크가 (담배 필터와 유사한) 필터를 거쳐 밖으로 배출된다.

이듬해인 1963년 매사추세츠 주의 카터스가 독자의 눈에 확 띄는 반투명 수성 잉크를 배출하는 형광펜을 개발했다. 카터스는 이 펜의 이름을 '하이라이터'라고 지었다. 반투명한 노란색 잉크와 핑크색 잉크를 배출하는 펜이기에, 글자를 지우지 않으면서도 책 속의 문장을 눈에 확 띄게 표시할 수 있기 때문이었다. 수성 잉크는 알코올 잉크와 달리 종이 위에 스며들지 않기에, 글자 위에 묻혀도 글자를 뭉개지 않는다.

반면 독일의 펜 제조사 슈반 스타빌로는 1971년에야 스타빌로 보스 형광펜을 개발했다. 적절한 형광펜 디자인을 개발하는 일은 무척 어려웠다. 실용적인 동시에 혁명적인 디자인을 찾으라는 지시를 받은 사내 디자이너들은 시제품을 만들고, 보고하고, 기각당하고, 다시 시제품을 만들어 보고하는 과정을 반복했다. 어느 날 시제품을 보고했다가 또다시 실망스러운 평가를 받은 디자이너 한 명이 분노와 좌절감에 휩싸여 찰흙으로 제작한 펜촉이 둥근 시제품을 책상에 내리 찍었다. 그랬더니 펜촉 부분이 납작해졌다. 다행히 이 디자이너는 냉정을 되찾고 이 납작한 펜촉 디자인을 찬찬히 들여다보았다.

펜촉이 둥근 형광펜은 쥐는 양상에 따라 펜촉과 종이가 만나는 각도가 달라지기에 똑바로 선을 긋지 못하고 미끄러지기 쉽다. 반면 펜촉이 납작한 네모 형태로 된 형광펜은 아무렇게나 쥐어도 형광물질을 종이 표면에 일직선으로 묻힐 수 있고, 형광펜으로 줄을 그으면서 읽기도 쉽다. 스타빌로 보스의 독특한 디자인은 좌절의 결과물로 나온 것이다.

납작한 네모 형태로 된 펜촉은 다른 펜들과 즉시 구분되는 시각적 특징이기도 했다. 이 제품은 원래 사무실에서 중요한 단어를 강조 표시하는 데 쓸 목적으로 제작했기에 '보스'라는 이름을 붙였다. 하지만 요즘 스타빌로 보스 형광펜은 훨씬 더 광범위한 용도로 쓰이고 있다. 특히 모든 연령대의 학생들이 교과서의 특정 단락을 강조 표시할 때 애용된다.

오늘날 스타빌로 보스 형광펜은 연간 6000만 개가 생산되고, 1초에 2개씩 판매된다.

여기서 교훈은, 훌륭한 디자인이 혁신적인 브랜드를 창조할 수 있다는 사실이다. 당신은 어떻게 디자인을 활용해 새롭거나 다른 편익을 제공할 것인가?

●   한 죄수가 최소한 며칠만이라도 교도소에서 빠져나가고 싶어 꾀를 부렸다. 온몸을 스타빌로 보스 형광펜으로 칠한 다음 황달에 걸린 것 같으니 병원에 보내달라고 요청한 것이다. 그러나 간수들은 이 속임수에 넘어가지 않고 죄수를 샤워실로 보내 몸을 씻게 했다. 교도소 대변인은 "만약 죄수가 정말로 그 정도로 심한 황달에 걸렸으면 이미 죽었을 겁니다"라고 논평했다.

전투기 기술자가 만든 최초의 우산형 유모차,
맥클라렌

제2차 세계대전 때 가장 유명했던 영국 전투기가 세계 최초의 유
모차이자 세계에서 가장 유명한 유모차에 영감을 주리라고 누가
상상이나 했을까. 이 유모차를 발명한 사람은 영국 항공 기술자 오
언 맥클라렌이고, 그는 '하늘에서 뚝 떨어지듯' 영감을 받았다.

오언 맥클라렌은 1907년 영국에서 태어나 항공 기술자이자
테스트 파일럿이 되었다. 그는 맥클라렌 언더캐리지 컴퍼니에서
근무할 때 슈퍼마린 스핏파이어라는 영국 전투기의 이착륙 장치를
발명했다. 이 장치 덕분에 스핏파이어는 기동성이 뛰어나게 향상
되었다. 활주로에 있을 때는 쉽게 방향을 바꾸고, 공중으로 날아오

른 뒤에는 간단하고 깔끔하게 이착륙 장치를 기체 내부로 집어넣을 수 있었다.

그는 결혼해서 두 아이, 재닛과 콜린의 아버지가 되었다. 재닛은 미국 항공사 이사와 결혼해 미국으로 이민 갔고, 콜린은 영국에서 살았다. 은퇴할 무렵이 되자, 오언 맥클라렌은 조용히 여가를 즐기며 여생을 살 수 있을 줄 알았다. 하지만 딸 재닛이 손녀와 함께 영국을 방문하자 이 기대가 깨졌다.

여느 할아버지들과 마찬가지로 오언 맥클라렌도 손녀의 방문을 기뻐했고, 손녀가 탄 유모차를 끌고 여기저기 돌아다녔다. 그 과정에서 육중한 유모차의 진행 방향을 바꾸기가 어려워서 애를 먹었다. 그는 더 나은 유모차를 만들 수 있지 않을까 상상하고, 유모차를 재발명하기로 마음먹었다. 그리고 항공공학 기술을 활용하고 항공술 원리들을 적용해 새로운 '유모차'를 만들었다.

그는 알루미늄 막대로 유모차를 제작하기로 했다. 당시 알루미늄 막대는 항공기에는 쓰이지만 아직 가정용 제품에는 쓰이지 않던 재료였다. 그는 삼각형 형태의 유모차 알루미늄 틀을 만들었다. 삼각형 형태의 프레임워크는 내구성, 탄성, 유연성이 좋아 항공기에 많이 쓰인다. 유모차에 이중 바퀴도 달았다. 이중 바퀴는 기동성이 좋아 항공기 랜딩기어에도 달려 있다.

오언 맥클라렌은 우산처럼 한 번에 접어서 부피를 줄일 수 있는 유모차 알루미늄 틀을 만들고, 그것을 일상적으로 구할 수 있는 질긴 청색·백색 줄무늬 천으로 감싸 우산형 유모차를 완성했다.

그가 어린아이를 돌본 경험을 반영해 사용하기 쉽도록 혁신적인 유모차를 설계한 덕분에, 이후 주부들은 한 손에 아기를 안고 다른 한 손으로 쉽게 유모차를 접을 수 있게 되었다. 육아를 하는 부모들 입장에서는 신의 선물과도 같았다.

성공 가능성을 엿본 오언 맥클라렌은 자신이 만든 2.7킬로그램 무게의 유모차 시제품에 대한 영국 특허를 1965년 7월 20일에 신청했고(특허번호 1154362), 1966년 7월 18일에는 미국 특허를 신청했다(특허번호 3390893).

최초의 우산형 유모차 제품인 맥클라렌 B-01이 1967년에 출시되어 즉시 성공을 거두고, 디자인 아이콘이 되었다. 그 후 지금까지 나온 모든 우산형 유모차의 청사진이 된 제품이다.

훗날 오언 맥클라렌은 항공 기술자로 일한 경험 덕분에 새로운 유모차를 만들 수 있었다고 회상하며, 이렇게 말했다. "나는 솔직히 기계를 장난감처럼 좋아합니다. 새 장치를 만드는 과정은 참 재밌죠. 아무것도 없던 곳에 새로운 형태의 부품을 만들고, 그것이 작동하는지 확인하고, 조립합니다. 내 생각에는 이만큼 재밌는 놀이도 없어요."

여기서 교훈은, 아이디어들의 이종교배가 훌륭한 혁신 원천이라는 사실이다. 먼 곳에서 온 아이디어들의 응용 가능성에 늘 주목하라.

일회용 은박접시의 대변신, 프리스비

윌리엄 러셀 프리스비는 여러모로 실력이 좋은 제빵사였다. 미국에서 가장 사랑받는 장난감 중 하나를 개발하는 데 우연히 영감을 준 인물이기도 하다.

그는 1871년 올즈 베이킹 컴퍼니 오브 뉴헤이븐이라는 제과점의 한 지점을 운영하는 일을 맡고자 코네티컷 주 브리지포트로 이사 갔다. 제과점 장사가 너무 잘되자 윌리엄은 제과점을 통째로 인수하고, 이름을 프리스비 파이 컴퍼니로 바꾼 다음 뉴잉글랜드 지역 전역에 자신의 이름을 건 프리스비 파이를 팔았다.

1903년 윌리엄이 사망하고 아들 조셉이 사업을 이어받아

1940년 사망할 때까지 제과점을 운영했다. 그가 운영하는 동안 사업은 더욱 커져 코네티컷 주 하트퍼드, 뉴욕 주 포킵시, 로드아일랜드 주 프로비던스에 지점을 열었다.

이 제과점에서 파는 파이는 일회용 은박접시에 담겨서 나왔는데, 누가 시작한 풍습인지는 몰라도 예일대를 비롯한 이 지역 대학생들 사이에서 프리스비 은박접시를 던지는 놀이가 유행했다. 골퍼가 공을 잘못 쳐서 사람 있는 쪽으로 공이 날아갈 때 조심하라는 뜻으로 "포어!"라고 외치듯, 뉴잉글랜드 지역에서는 "프리스비!"라는 외침이 여기저기서 들렸고, 이 풍습은 훗날 미국 전역으로 퍼져나갔다.

1948년에 캘리포니아 주에서 건물 안전을 감독하고 남는 시간에는 발명품을 연구하던 프레드 모리슨은 은박접시를 던지는 놀이를 하려고 굳이 파이를 살 필요가 있겠냐는 생각이 들었다.

그는 은박접시의 안정성을 높이고자 속에다가 철사 링을 집어넣는 실험을 했지만 실패했다. 그다음에는 플라스틱으로 비슷한 형태의 접시를 만들었더니 훨씬 성공적인 결과물이 나왔다. 그는 UFO와 우주에 호기심이 많은 대중의 관심을 끌고자, 이 플라스틱 접시를 비행접시라고 불렀다.

서던 캘리포니아 대학교를 졸업하고 장난감 회사를 설립해 장난감 새총을 만들던 리처드 너와 아서 멜린은 캘리포니아 남부 해안에서 프레드 모리슨이 던진 플라스틱 접시가 날아가는 모습을 처음으로 보았다. 1955년 말, 그들은 로스앤젤레스 도심 브로드웨이에서 프리스비를 판매하고 있던 프레드 모리슨을 방문해 샌 가

브리엘 공장으로 초청했다. 그리고 공장에 온 프레드 모리슨에게 자신들이 설립한 장난감 회사 웸오 컴퍼니에 합류해 달라고 요청했다. 1957년 생산을 개시한 이 플라스틱 비행접시에는 플루토 플래터스라는 이름이 붙었다.

얼마 뒤, 아이비리그 대학 캠퍼스를 지나가던 리처드 너는 "프리스비"라는 단어를 처음으로 들었다. 학생들에게 물어본 결과, 이곳 학생들이 수년 전부터 프리스비 은박접시를 던지는 놀이를 했고, 그런 행위를 프리스빙이라고 부른다는 사실을 알게 되었다. 리처드 너는 프리스비, 프리스빙이라는 용어가 마음에 들었다. 처음엔 모리슨이 "끔찍한 이름이군요!" 하고 거부감을 나타냈으나 결국 리처드 너의 주장이 관철되었다. 역사적 유래를 전혀 몰랐던 리처드 너는 프리스비 파이 컴퍼니와 발음은 같지만 철자는 다른 '프리스비(frisbee)'를 플라스틱 비행접시의 제품명으로 정했다.

1982년 모리슨은 200만 달러의 로열티를 받게 된 이후 프리스비라는 이름을 좋아하게 되었다. 그는 〈포브스〉 인터뷰에서 이렇게 말했다. "세상을 다 준다 한들, 이제 그 이름은 안 바꿀 겁니다."

현재 프리스비 판매액은 야구공·농구공·미식축구공 판매액을 합친 금액보다 많은 것으로 추산된다. 원래 일회용 은박접시였던 것에 비하면 격세지감이다.

여기서 교훈은, 한 사람이 버리는 물건이 다른 사람에게는 영감을 줄 수도 있다는 사실이다. 당신의 행동을 완전히 다른 관점에서 바라본 적이 있는가?

라거 맥주와 에일 맥주의 장점만 섞은 코브라

군인 아버지의 뒤를 이어 아들이 같은 연대에 입대하는 경우가 종 종 있음을 감안하면, 카란 빌리모리아가 아버지의 길을 따라가길 거부했을 때 가족들은 꽤 놀랐을지 모른다.

카란의 아버지인 파리둔은 1971년 방글라데시 독립전쟁 때 인도군 소속 구르카족 연대를 지휘했고, 이후 35만 명의 장병을 지 휘하는 인도 중앙군 사령관이 되었다. 하지만 카란은 자신은 군인 체질이 아니라고 판단하고 기업가가 되기로 선택했다.

그는 BBC 인터뷰에서 이렇게 회상했다. "아버지의 길을 따라 가면 늘 아버지와 비교되고, 아버지의 그늘에서 벗어나지 못하리란 생각이 들었어요. 군대는 너무 규제가 많아 숨이 막혔어요……
나는 푸른 하늘을 보며 자유롭게 살고 싶었죠." 그리고 카란은 이
러한 '푸른 하늘' 같은 (독창적인) 사고로 명성을 얻게 되었다.

1980년대 말 케임브리지 대학교 재학 시절 카란은 문득 영감
을 받았다. 그는 여느 대학생들과 마찬가지로 맥주를 즐겨 마셨다.
하지만 그에게는 남다른 문제가 있었다. 기존의 맥주 중에는 카레
와 잘 어울리는 맥주가 없었던 것이다.

"라거 맥주는 거품이 너무 많고, 톡 쏘는 맛인 데다, 탄산가스
때문에 쉽게 배가 불렀습니다. 라거 맥주를 주문할 때는 내가 원하
는 만큼 마시거나 음식을 먹을 수 없었죠. 제 입맛에는 에일 맥주
가 맞았지만, 에일 맥주는 너무 쓰고 음식과 함께 먹기 부담스러웠
어요. 그래서 라거 맥주의 청량감과 에일 맥주의 부드러움을 동시
에 갖춘 맥주를 만들어보자는 생각이 들었죠."

이러한 생각에 따라 카란 빌리모리아는 '그냥 먹어도 맛있고,
모든 종류의 음식, 특히 인도 음식과 함께 먹으면 더 맛있는 맥주'를
만들고자 했고, 훗날 코브라라는 브랜드의 맥주를 만들게 되었다.

맥주업계에 전혀 경험이 없었던 카란은 당시 인도 최대 독립
맥주 양조업체의 수석 양조기술자를 만나 본인의 아이디어를 제시
했다. 다행히 이 양조기술자는 카란의 아이디어를 마음에 들어 했
다. 둘은 함께 청량감이 나는 부드러운 맛의 라거 맥주 제조법을
개발하고, 인도 식당을 우선 공략했다.

카란이 인도에서 영국으로 처음 코브라 맥주를 수출한 시기
는 1990년도다. 당시 카란은 600밀리리터 병에 담은 병맥주를 수

출했다. 600밀리리터 병에 맥주를 담아 파는 것에 어떤 이득이 있는지 계산한 것은 아니었다. 그저 인도에서 팔리는 다른 맥주들과 비슷한 병 크기를 골랐을 뿐이었다.

하지만 코브라 맥주의 병 크기가 보통의 영국 맥주들보다 컸던 덕분에, 카레 식당에서 눈에 확 띄었고 사업에 도움이 되었다고 카란은 회고한다.

"다른 테이블에 있던 손님들이 우리가 만든 커다란 맥주병을 보고는 '저게 뭐지?' 하고 궁금해 했죠. 희한한 맥주가 있다는 소문이 산불처럼 퍼졌고, 먹어본 사람들은 맛을 호평했기에, 우리 제품을 주문한 가게는 99퍼센트 재주문했습니다."

매출이 급증함에 따라 수요를 맞추기 위해 1997년도에 코브라 맥주 양조장을 인도에서 영국으로 이전했다. 이러한 변화에 소비자들은 아랑곳하지 않았다.

"영국 소비자들은 우리 맥주가 어디서 양조되었는지 신경 쓰지 않았습니다. 영국의 인도 식당에서 먹는 음식이 인도에서 요리해서 공수한 것인지, 영국에서 요리한 것인지 신경 쓰지 않듯 말이죠."

카란 빌리모리아는 사업상의 공로와 기업가 정신을 인정받아 2004년 기사 작위를 받았고, 2년 뒤 영국 상원의원으로 지명되었다.

여기서 교훈은, 기존 시장 섹터들 사이의 틈새에 기회가 있는 경우가 많다는 사실이다. 당신이 경쟁하는 시장 섹터들 사이에는 틈새가 있는가?

누구나 초콜릿이라는 호사를 누릴 수 있도록,
누텔라

이탈리아 북서부 피에몬테 주 사람들은 헤이즐넛을 먹었다. 그것
도 아주 많이. 이 지역은 오랫동안 땅콩 생산으로 유명했지만, 안타
깝게도 인간은 자신이 평소 먹는 음식을 언제나 높게 평가하진 않
는다. 피에몬테 주 사람들이 정말로 먹고 싶어 한 음식은 헤이즐넛
이 아니라 초콜릿이었다.

제2차 세계대전 직후 초콜릿은 이탈리아에서 매우 귀한 음식
이었다. 전쟁 시기에 매우 소량의 초콜릿만 배급되었고, 전쟁이 끝
난 뒤에도 일반 사람들이 사 먹기에는 너무 비쌌다.

지역 제빵사 피에트로 페레로는 뭔가 해결책이 있지 않을까 고민했다. 그는 골몰히 대안을 궁리했다. 사치스러운 음식인 초콜릿을 모든 사람들이 싼값에 즐길 수 있도록 만들고자 했다. 그래서 그는 토리노의 초콜릿 제조업자 미켈레 프로케트가 19세기에 개발한 초콜릿 스프레드 식품인 '잔두야' 레시피를 연구하기 시작했다.

나폴레옹의 이탈리아 정복 기간에 영국 해군의 해상 봉쇄로 초콜릿 원료 공급이 부족했던 미켈레 프로케트는 제2차 세계대전으로 초콜릿이 부족했던 피에트로 페레로와 비슷한 상황에 있었다. 미켈레 프로케트가 개발한 해법은 토리노 남쪽 랑게 지역에서 재배한 헤이즐넛을 소량의 초콜릿과 섞어 양을 불리는 것이었다. 피에트로 페레로는 비슷한 방식으로 새 식품을 만들고자 했지만, 좀 더 완벽한 레시피를 개발하고 싶었다.

현재 대를 이어 식품기업 페레로를 경영하고 있는 조반니 페레로 사장이 설명한다. "할아버지는 적절한 재료 배합 비율을 찾고자 오래 연구하셨지요. 아주 골몰하셨어요. 밤중에 잠자는 할머니를 깨워, 새로 만든 식품을 맛보라고 숟가락을 들이대시고는 '맛이 어때? 무슨 좋은 의견 없어?' 하고 물으셨지요."

1946년 마침내 만족할 만한 레시피를 개발한 피에트로 페레로는 '잔두요트' 또는 '파스타 잔두야'라고 불리는 식품을 출시했다. 이탈리아어로 파스타는 반죽이라는 뜻이고, 잔두야는 지역 축제 캐릭터의 이름이다. 피에트로 페레로는 초기 제품 광고에 이 캐릭터를 활용했다.

피에트로 페레로의 파스타 잔두야는 은박으로 포장되어 '덩어리'로 출시되었다. 이 식품은 식칼로 잘라서 빵 사이에 끼워먹는 초콜릿과 헤이즐넛 혼합물 덩어리였다.

아직 완벽히 만족하지 못한 피에트로 페레로는 레시피를 더 연구해 1951년도에 빵에 발라 먹는 식품인 '수페르크레마'를 출시했다. 딱딱한 고체 형태에서 약간 무른 형태로 바꾼 것이 신의 한 수였다. 한 숟가락 분량만으로도 많은 빵에 발라 먹을 수 있어 경제적이었다. 이 제품은 초콜릿이 특별한 상황이나 행사 때 먹는 음식이라는 인식을 깨는 데 기여했다.

피에트로 페레로의 아들 미켈레 페레로는 모든 사람이 싼 가격으로 초콜릿을 즐길 수 있게 하려는 아버지의 열망을 이어받았다. 조반니 사장은 아버지가 할아버지처럼 집념이 강한 분이었다고 회상한다. "아버지는 이렇게 말씀하셨어요. '우리는 더 밀어붙일 수 있어. 최근 나온 기술을 기존 레시피에 적용할 방법이 있거든.' 제가 태어난 해인 1964년도에 그렇게 누텔라가 탄생했습니다. 누텔라는 저에게 남동생인 셈입니다! 누텔라는 이탈리아뿐 아니라 유럽 전역에서 성공을 거뒀습니다."

누텔라가 탄생한 정확한 시점은 약간 논란의 여지가 있지만, 2014년 조반니 사장은 누텔라 브랜드가 50주년을 앞두고 있다고 설명했다. "집안에 전해오는 얘기에 따르면, 50년 전인 1964년 4월 20일 공장에서 첫 누텔라 병이 만들어졌고, 소비자가 최초로 누텔라를 맛본 시점은 5월 18일이라고 하더군요. 과학적 증거는 남아 있지 않지만요!"

실제로 언제 출시되었든 간에 새로운 레시피에 누텔라라는 새로운 이름을 붙여 판매하자 이 제품은 즉시 국제적인 인기를 끌었다. 누텔라라는 이름에는 땅콩이라는 뜻의 영어 단어가 들어가 있고, 이탈리아 식품임을 암시하는 접미사가 붙었다. (누텔라라는 단어에서 뒷부분 ella는 이탈리아어에서 흔한 접미사로, 음식을 가리키는 단어에 흔히 붙는다. 모차렐라 치즈가 한 예다.)

50년이 지났어도 누텔라는 여전히 주요 글로벌 브랜드고, 세계적으로 11개 공장에서 생산되며, 페레로 그룹 매출액의 5분의 1을 차지하는 인기 제품이다.

페레로 그룹은 세계 헤이즐넛 생산량의 25퍼센트를 구매하는 세계 최대 헤이즐넛 소비자다. 페레로 가문은 남들보다 앞서 헤이즐넛 땅콩의 가치를 알아보고 큰 기업을 일구었다.

여기서 교훈은, 브랜드는 원자재에 가치를 더할 수 있다는 사실이다. 당신은 어떤 흔한 원자재에 가치를 더할 수 있는가?

페퍼 밀에서 자동차까지, 푸조

흔히 알려진 푸조 브랜드 관련 일화는 푸조가 코르셋 제조사에서 자동차 제조사로 변신한 과정을 담고 있다. 하지만 푸조가 중간에 키친 테이블을 통해 클래식한 디자인을 개발한 과정과 유명한 사자 로고를 얻게 된 과정도 재밌는 이야깃거리다. 두 이야기는 모두 푸조 일가가 살았던 프랑스 동쪽 스위스 국경 지대에 위치한 소쇼라는 작은 마을에서 시작된다.

1810년 푸조 프레르(푸조 형제들)라는 기업이 설립되었다. 장 피에르 푸조 2세, 장 프레데릭 푸조, 자크 메이라르 살린, 장 페퀴노는 몽벨리아르 지역의 수크라테 마을에 있는 곡물 제분소를 매입해 제철소로 바꾸었다. 이곳에서 얇은 철판과 다양한 수공구를 생산하다가 곧 다른 영역으로 사업을 확장했다. 톱, 면도기, 재봉틀, 안경테, 시계, 정원 장식물, 코르셋에 들어가는 철사를 비롯해 다양한 제품을 생산했다.

이처럼 제품군을 늘리는 가운데 푸조 사는 고품질 톱날 제조사로 유명해졌다. 푸조 사는 날을 담금질하기 전에 톱니를 자르는 기술을 개발했다. 제조 공정 중 탄소를 대량 함유한 합금을 강철 표면에 발라 강도를 높였기 때문에 이 회사가 만든 톱날은 오랫동안 날카로운 날을 유지했다.

푸조 사의 다양한 제품군에는 쇠 바퀴살과 바퀴도 포함되었다. 이는 자전거 제조 사업으로 이어졌다. 이 회사의 첫 자전거는 1882년 아르망 푸조가 만들었는데, '르 그랑 바이'라는 이름의 페니파딩(앞바퀴는 아주 크고 뒷바퀴는 아주 작은 초창기 자전거−옮긴이)이었다.

이윽고 자동차라는 신세계에 흥미를 느낀 아르망 푸조는 사륜자동차의 원형을 고안한 독일 기술자 고틀리프 다임러를 만난 뒤, 자동차 산업의 가능성에 확신을 품게 되었다. 푸조 사의 첫 자동차는 증기기관을 장착한 삼륜자동차로 레옹 세르폴레가 설계하고, 1889년도에 생산되었다.

그전으로 세월을 거슬러 올라가 보면, 1842년도에 다양한 커피 그라인더를 생산하고 있던 장 프레데릭이 커피 그라인더의 원리와 칼날을 응용해 페퍼 밀을 개발했다. 오늘날까지도 거의 디자인 변화 없이 내려오고 있는 이 페퍼 밀은 말린 후추 열매를 잘게

으깨 후춧가루를 만드는 기구다.

이 페퍼 밀을 개발한 타이밍이 아주 절묘했다. 마침 인도 남부와 프랑스를 오가는 고속선의 운행 빈도가 높아지고, 인도와 프랑스 양국에 철도가 깔림에 따라 후추의 가격이 낮아지면서 대중이 구하기 쉬워졌기 때문이다.

1850년대에 푸조 일가는 사자 문양을 자사의 상표로 채택했다. 사자는 푸조 제품의 강도, 푸조 제품에 쓰이는 철과 금속의 내구성, 유연성, 신속성을 상징했다. 사자는 푸조 사의 속도와 공격성도 상징했다. 몽벨리아르 지역의 금 판화가 저스틴 블레이저가 디자인한 푸조 사의 사자 상표가 등록된 시기는 1858년이다.

이 사자 상표는 푸조 사의 페퍼 밀에 더 없이 잘 어울리는 상징이었다. 푸조 사의 곡물 분쇄 기구가 사자의 발톱만큼이나 강력하다는 점을 암시하는 상표였다. 물론 이 사자 상표는 이후 출시될 푸조 자동차의 상표로도 적합했다.

여기서 교훈은, 한 분야의 전문기술이 광범위한 혁신의 기초가 될 수 있다는 사실이다. 당신은 다른 시장에 활용 가능한 전문기술을 가지고 있는가?

판매원, 보석상, 변호사의
깨끗한 거래, 브릴로

판매원, 보석상, 변호사가 얽힌 사연을 들어봤는가? 걱정 마시라. 더러운 뒷골목 이야기가 아니니까. 여기서 이야기할 브랜드는 세계에서 가장 유명한 세탁용품 브랜드다. 미국 예술가 앤디 워홀의 작품을 통해 현대사회의 아이콘이 된 브랜드이기도 하다.

이야기는 1900년대 초 미국으로 거슬러 올라간다. 당시 미국 가정에서는 전통적으로 사용해온 쇠로 만든 무거운 취사도구를 가벼운 알루미늄 냄비와 프라이팬이 대체하기 시작했다. 하지만 이러한 추세를 늦추는 걸림돌이 하나 있었다. 가정에서 쓰던 석탄스토브 위에 알루미늄 냄비를 올려놓으면 냄비가 검게 그을려 잘 지워지지 않고 보기 흉해졌던 것이다. 당시 가정에 보급되던 가스스토브에 올려놓아도 마찬가지였다.

뉴욕에서 알루미늄 취사도구 외판원으로 일하던 브래디는 이 문제 때문에 알루미늄 팬 판매가 제약받는 현실을 인식하고, 뭔가 해결책이 필요하다고 생각했다. 그래서 다양한 비누와 쇠 수세미를 가지고 어떻게 하면 알루미늄 팬에 붙은 숯검정을 세척할 수 있을지 실험했다. 그는 알루미늄 팬을 깨끗이 씻는 데는 성공했지만, 광택을 되찾지는 못했기에 만족하지 못했다.

브래디는 처남 루드윅에게 문의해보기로 했다. 루드윅은 모조 장신구 상인이라, 금속, 유리, 보석 제품을 세척하는 다양한 방법을 알았고 세척도구도 갖추고 있었다. 브래디의 고민을 들은 루드윅은 본인의 경험을 근거로 손쉬운 해법을 하나 제시했다. 보석세공용 루주를 비누와 함께 사용해보라는 것이었다. 보석세공용 루주는 산화 제이철을 갈아놓은 가루로, 표면을 거울처럼 반질반질하게 하고 광택을 내기 때문에 보통은 금속이나 광학 유리를 닦는 데 쓰인다.

브래디가 쇠 수세미, 비누, 보석세공용 루주 조합으로 알루미늄 팬을 닦아보았고, 세척과 광택 복원이라는 두 가지 목적을 달성했다.

브래디는 이 새로운 세척제를 판매목록에 추가했다. 얼마 지나지 않아 알루미늄 팬을 찾는 고객보다 세척제를 찾는 고객이 더 많아졌다. 브래디와 루드윅은 세척제를 대량생산해 팔기로 마음먹고, 그러려면 우선 이 제품 아이디어를 특허받을 필요가 있다고 생각했다.

그들은 밀턴 롭이라는 변호사에게 조언을 구했다. 돈이 부족했던 브래디와 루드윅은 자신들이 세울 회사의 지분을 변호사비 대신 주겠다고 제안했다. 둘의 구상을 들은 밀턴 롭은 유망한 사업이라 판단하고, 회사 지분을 받았을 뿐 아니라 회사에 합류해 회계 담당자이자 사장이 되었다.

밀턴 롭은 '브릴로'라는 브랜드명을 제안했다. 그는 1913년 브릴로 상표를 등록하고 비누 기술 특허를 받았다. 판매원 브래디, 보석상 루드윅, 변호사 밀턴 롭이 동업해 만든 기업이 브릴로다. 그들은 뉴욕 브루클린에 본사를 두고 생산 시설을 운영했다.

1917년 브릴로 사는 쇠 수세미 다섯 개짜리 한 상자를 비누 한 개를 덤으로 붙여서 팔았다. 1921년 브릴로 사는 더 넓은 부지를 찾아 오하이오 주 런던으로 이전했다.

1930년대 초 브릴로 브랜드 역사상 아마도 가장 극적인 일이 벌어졌다. 쇠 수세미 한가운데에 비누를 부착하는 방법을 개발한 것이다. 이리하여 오늘날 우리가 아는 브릴로 패드가 신제품으로 출시되었다. 비누가 부착된 수세미인 브릴로 패드는 성공을 거뒀고, 브릴로는 미국에서 가장 친숙한 브랜드 반열에 올랐다.

1960년대에 팝아트의 거장 앤디 워홀이 크게 확대 제작한 브릴로 상자 수십 개를 쌓아올린 팝아트 작품을 발표함으로써, 브릴로는 미국 대량소비문화를 상징하는 진정한 마케팅 아이콘이 되었다.

여기서 교훈은, 새로운 제품을 개발하기 위해 각기 다른 기술과 역량을 조합할 때 종종 혁신이 일어난다는 사실이다. 당신은 새로운 제품을 개발하기 위해 어떤 역량을 조합할 수 있는가?

최초의 다이어트 콜라, 노칼

다이어트 펩시의 출시 50주년 자축을 보도한 언론은 다이어트 펩시가 처음에 어떻게 파티오라는 브랜드로 출발했는지, 그리고 인기 드라마 〈매드맨〉에 어떻게 등장하게 되었는지 소개했다.

콜라 제조사 로열 크라운은 칼로리를 신경 쓰는 여성이 늘고 있는 점에 착안해 1958년 다이어트 라이트 콜라를 출시했고, 큰 성공을 거뒀다. 펩시코와 코카콜라 둘 다 다이어트 콜라를 출시하려 할 정도로 큰 성공이기는 했으나, 최소한 아직 자사의 메인 브랜드로 출시하러 나설 정도로 큰 성공은 아니었다.

1963년 코카콜라는 몸무게를 '유지'하고픈 소비자들을 위한 다이어트 콜라 브랜드인 탭을 출시했다. 같은 해인 1963년도에 펩시코가 다이어트 콜라 브랜드인 파티오를 출범했다. 파티오는 칼로리를 의식하는 사람들을 위한 브랜드로 홍보되었고, 피트니스 홍보 전문가 데비 드레이크가 파티오의 대변인으로 나섰다.

1964년 초, 펩시코는 오렌지 향, 포도 향, 루트비어 향 파티오를 출시했는데, 이후 판매 결과가 괜찮게 나오자 파티오 다이어트 콜라를 다이어트 펩시로 개명했다. 개명한 다이어트 펩시는 "어느 쪽이든 펩시?"라는 태그라인으로 오리지널 펩시와 함께 광고되었다.

여기에 또 다른 비하인드 스토리가 있다. 탭과 파티오는 로열 크라운의 다이어트 콜라를 모방한 제품인데, 로열 크라운의 다이어트 콜라조차도 원래는 다른 콜라를 모방한 것이라는 사실이다.

최초의 다이어트 콜라는 칼로리를 신경 쓰는 사람들이 아니라 당뇨병 환자들을 위한 탄산음료로 개발되었다. 1904년 러시아계 미국인 하이먼 커시는 뉴욕 브루클린 윌리엄스버그 지역에서 탄산음료를 판매하기 시작했다. 수년 뒤 사업에 성공한 그는 유대인 만성질환 요양소(현재 킹스브룩 유대인 메디컬 센터)의 부소장이 되었다. 그는 아들 모리스와 함께 당뇨병과 심혈관질환 환자들을 위한 특별한 음료수를 개발하기로 했다.

커시 부자는 사이클로헥실설파민산 칼슘이라는 인공감미료를 사용한 다이어트 소다와 진저에일을 개발하고, 제로칼로리라는 의미로 '노칼'라는 이름을 붙였다. 제로칼로리 루트비어, 제로칼로리 블랙체리, 제로칼로리 라임, 제로칼로리 콜라가 뒤를 이어 개발되었다. 커시 부자는 심지어 초콜릿 향을 첨가한 제로칼로리 음료

수도 만들었고, 몇몇 환자들은 여기에 우유를 조금 넣어 마셨다.

커시 부자의 노칼 탄산음료는 뉴욕과 워싱턴 DC에서 200만 개 이상이 팔리는 성공을 거뒀다. 1953년 말 노칼 탄산음료는 연간 500만 개 이상의 판매량을 기록했다. 커시 부자의 당초 예상을 훨씬 뛰어넘는 광범위한 고객이 노칼 탄산음료를 찾았다. 그중 절반 이상은 당뇨병 환자가 아닌 살찔까 봐 걱정하는 사람들이었다.

하지만 하이먼 커시에게는 경쟁업체들 같은 전국적 마케팅 능력과 유통망이 없었기에 로열 크라운, 코카콜라, 펩시코가 모방 제품을 내놓자 시장에서 밀려나 사라졌다.

하이먼 커시의 노칼 탄산음료는 시장을 선점하는 자가 유리하다는 오랜 마케팅 격언의 불운한 예외다.

여기서 교훈은, 성공하기 위해 최초로 시장에 뛰어들 필요는 없다는 점이다. 당신은 기존 시장에 뒤늦게 진출해 승리할 수 있겠는가?

찰스 왕세자가 의뢰한 과자,
더치 오리지널스

옛날부터 광고 대행사나 마케팅 컨설팅사가 피곤하게 여기는 의뢰인 유형이 있다. 정말로 자신이 원하는 것이 뭔지 모르면서 시제품이나 제작자 아이디어에 꼬치꼬치 참견하는 의뢰인, 그러면서 "독창적인 아이디어 좀 내봐요"라는 도움도 안 되는 말을 계속 하는 의뢰인이다.

　짐 워커가 '십턴 밀 비스켓'이라는 프로젝트를 진행할 때 그런 의뢰인에게 시달렸다. 워커스 숏브레드의 공동 상무이사였던 짐 워커에게 영국 글로스터셔 하이그로브 근처에 위치한 십턴 밀이 연락해, 유기농 밀가루와 지역에서 재배한 오트를 사용해 뭔가를 개발해달라고 의뢰했다.

"그들이 원하는 게 뭔지 정확히 알 수 없었죠. 우리는 다이제스티브 유형, 오트케이크 유형의 비스킷을 개발하는 일부터 시작해 이후 오트 플레이크 유형의 오트밀 쿠키도 시도했습니다. 우리는 제품 개발 과정을 반복하면서 모든 조합을 시도했죠. 그들은 뭔가 독특한 걸 원했습니다."

짐 워커가 회상한 '그들'에는 유기농 식품의 옹호자이자 하이그로브 저택의 주인 찰스 왕세자도 포함되었다. 감히 거부하기 어려운 의뢰인이었다.

18개월 가까운 시간을 들여 100개의 레시피를 연구한 끝에 결국 짐 워커 팀은 십턴 밀 사람들이 모두 좋아할 식품을 개발했다. 찰스 왕세자는 편하거나 도움이 되는 의뢰인이 아니었지만 다수의 브랜드 오너들이 그렇듯 겨우 개발된 시제품을 보고서는 이거야말로 자신이 바라던 것이라고 직감했다. (그리고 먹었다.)

이렇게 개발된 더치 오리지널스 오트 비스킷은 대량생산 과정에 들어갔다. 그렇지만 짐 워커는 이 제품이 얼마나 팔릴지 확신하지 못했다.

"당시는 유기농 식품이 아직 대중화되지 않고, 약간 이상한 음식 취급을 받던 때였습니다. 나는 유기농 식품은 아주아주 작은 틈새시장이라고 생각했습니다. 출시해도 얼마나 팔릴지 알 수 없었죠. 찰스 왕세자는 자신이 유기농 식품 관련 일을 시작할 때, 유기농 식품은 너무도 생소한 개념이라 대부분의 친구들이 그게 대체 뭐냐고 궁금해 했다는 일화를 말한 적이 있습니다."

21년 뒤, 찰스 왕세자는 어머니 엘리자베스 여왕의 저택인 클래런스 하우스에서 '다가오는 오트 비스킷의 시대'를 기리는 연회를 열었다. 더치 오리지널스 오트 비스킷은 그때까지 30여 개국에서 7억 개 이상 팔렸다.

찰스 왕세자의 비전은 실현되었다. "나는 환경에도 건강에도 이롭고 자연과 조화를 이루는 방식으로 작업해 최고 품질의 식품을 생산하는 것이 가능하다는 시실을 입증하고 싶었습니다. 그리고 그 과정에서 농업과 환경에 관한 원칙을 지키고, 전문가와 장인의 기술을 사용해 가치를 더하며, 수익을 선한 목적으로 재투자하고 싶었습니다. 21년 뒤 우리의 오트 비스킷이 7200만 파운드 가치의 브랜드가 되고 자선활동에 1100만 파운드를 기부하게 될 줄 누가 생각했겠습니까."

결국 모든 공은 최초에 아이디어를 낸 찰스 왕세자 덕분인 것으로 마무리된다.

여기서 교훈은, 설령 좋은 아이디어를 가지고 있더라도 그 아이디어로 계속 도전해야만 성공에 이를 수 있다는 사실이다. 당신은 시도할 만한 아이디어를 가지고 있는가?

휴대용 카세트 플레이어의 탄생,
워크맨

소니 워크맨은 명예회장의 사적인 요청으로 개발되었고, 세계적으로 엄청난 판매량을 올려 음악 산업의 성장에도 기여했다. 진공청소기의 대명사 후버, 접착테이프의 대명사 셀루테이프처럼 워크맨은 휴대용 카세트 플레이어의 대명사가 되었고, 옥스퍼드 영어사전에 등재되었다.

소니는 1979년에 워크맨을 출시했지만, 워크맨의 기원은 그 이전으로 거슬러 올라간다. 최초의 휴대용 카세트 리코더가 출시된 시기는 1950년대지만 다른 하이테크 제품들과 마찬가지로 일반 대중이 아닌 전문가 시장을 타깃으로 삼은 제품이었다. 특수한 마이크로 카세트를 집어넣어 목소리를 녹음하는 비싼 휴대용 장비로 언론인이나 사용했고, 당시 음악계에서는 쓰이지 않은 물건이다. 소니는 자사의 휴대용 카세트 리코더를 프레스맨이라고 불렀다.

1962년 필립스가 카세트테이프를 발명했다. (당시 필립스의 공식적 명칭은 콤팩트 카세트였지만.) 소니의 압박에 직면한 필립스는 카세트테이프 포맷 기술을 무료로 공개함으로써 카세트테이프가 가장 대중적인 테이프가 되도록 유도했다.

1964년에 최초로 음악을 녹음한 음악 카세트가 출시되었고, 이해에 필립스 놀레코 캐리코더 150 포터블 리코더·플레이어도 출시되었다. 1968년, 85개 제조사가 240만 개가 넘는 카세트테이프 플레이어를 판매했다.

1970년대 초 카세트테이프는 점점 더 대중화되었다. 음질이 대폭 향상되고, 카세트테이프에 재녹음할 수 있는 카세트테이프 리코더 기술도 향상되었다.

1978년 소니는 TC-D5라는 휴대용 카세트 플레이어를 출시했다. 하지만 가격이 비싸고, 가벼운 헤드폰이 없고, 비교적 크기가 컸기에 판매량은 제한적이었다. 음질은 좋아서 소니 고위 임원들 사이에서는 인기를 끌었다.

이 제품을 애용한 사람 중에는 소니 공동 설립자이자 명예회장인 이부카 마사루도 있었다. 그는 비행기 이동 중에 이 휴대용 카세트 플레이어로 오페라를 들었지만, 여전히 일상적으로 쓰기에는 너무 무거운 제품이라는 생각이 들었다. 그래서 소니 테이프 리코더 부서에 더 작은 제품을 개발하도록 지시했다.

오소네 고조가 이끄는 소니 테이프 리코더 부서가 이 지시를 수행하고자 프레스맨을 개량했다. 프레스맨에서 레코드 기능을 제거하고, 스트레오 사운드 기능을 집어넣었다. 이 제품이 마음에 든 이부카 명예회장은 비슷한 제품의 출시를 제안했다.

시의적절한 제안이었다. 소니 테이프 리코더 부서는 바로 제품을 개발했다. 1979년 2월, 소니 공동 설립자 모리타 아키오가 엔지니어들에게 1979년 6월 21일까지 더 상업성이 있는 제품을 개발하라고 지시했다.

엔지니어들은 상사들의 요구에 압박을 느끼고, 제품화에 실패하면 다른 부서로 통폐합될 수도 있겠다는 걱정을 안은 채 제품 개발에 매진했다. 그들은 실용적인 접근법을 택해 이부카 명예회장이 사용한 변형된 프레스맨 플레이어를 기반으로 휴대용 테이프 플레이어를 설계했다. 가격을 낮추고자 성능이 낮은 부품을 사용하고, 더 작고 스타일리시한 디자인으로 만들었다.

아직 헤드폰 문제가 남아 있었다. 당시 헤드폰은 무게가 400그램이 넘고, 새로 개발한 휴대용 테이프 플레이어보다 크기가 훨씬 컸다. 다행히도 다른 부서 엔지니어들이 3년 전에 경량화 헤드폰을 설계해놓았다. 그들은 커다랗고 둥근 이어피스 부분을 제거하고 그 자리에 작고 부드러운 발포 고무를 집어넣었다. 이렇게 하니 무게가 50그램에 불과했다. 이것을 새로 개발한 휴대용 테이프 플레이어에 추가했다.

새 제품에 이름을 붙일 때가 되었다. 프레스맨이라는 단어를 변형한 '워크맨'이 제안되었다. 일설에 따르면, 모리타 아키오는

'워크맨'이라는 이름을 싫어했고, 이 이름으로 출시하면 미국과 유럽에서 외면받을 것을 두려워했다고 한다. 대안으로 '워키' '프리스타일' '사운더바웃'을 고려했고 심지어 외국인들에게 문의도 해봤지만, 결국 신제품 이름은 워크맨으로 정해졌다.

기한을 맞춘 소니는 1979년 7월 1일, 업계 신문을 통해 신제품 출시를 발표했다. 초기 반응은 신통치 않았다. 테이프 녹음 기능이 없는 테이프 플레이어에 관심이 없다고 말하는 사람도 있었고, 당시 가장 많이 팔린 테이프 리코더가 1만 5000대도 채 팔리지 않았는데 소니는 벌써 3만 대나 생산해둔 점을 지적하는 사람도 있었다. 하지만 소니는 계속 밀어붙여 워크맨을 대중에게 공개했다.

이것은 옳은 결정이었다. 한 달 뒤 일본 상점에 유통된 워크맨은 완판되었다. 해외 판매도 순조로워 세계적인 성공을 거뒀다. 이후 10년간 소니는 5000만 대의 워크맨을 판매했고, 워크맨을 모방한 경쟁사들은 수백만 개를 추가로 판매했다.

워크맨은 오늘날의 지배적인 음향기기인 MP3 플레이어로 이르는 기술 발전 과정에서 기념비적인 제품으로 평가받는다.

여기서 교훈은, 회장이 원하는 제품을 시장도 원할 때가 가끔 있다는 사실이다. 당신에게는 시장에서 히트 상품이 될 만한 개인적 열망이 있는가?

리포지셔닝과
리부팅

REPOSITIONING AND REBOOTING ──────

브랜드는 지치거나 시대에 뒤처지지 않도록, 적절하고 신선한 상태를 유지할 필요가 있다. 불행히도 경쟁자와 고객의 기대가 변화함에 따라 쇠퇴하는 브랜드가 많다. 그렇기에 브랜드도 변화해야 한다. 브랜드를 다시 젊어지게 할 방법을 찾아야 한다.

이 목적을 달성하는 방법은 여러 가지가 있다. 이를테면 새로운 타깃 청중을 대상으로 광고하기, 신제품 개발하기, 새로운 가치 제안하기, 새 파트너 찾기 등이 그것이다.
일부 브랜드는 완전히 재탄생한다. 환자에서 건강한 사람으로, 여성을 타깃으로 하는 제품에서 남성성을 표현하는 제품으로, 정글 사파리에서 도시 정글로. 이러한 변화들이 브랜드를 리부팅시킨다.

의료용 음료에서 스포츠 음료로,
루코제이드

'글루코제이드'는 1927년 영국 뉴캐슬 출신의 약사 윌리엄 오언이
독감이나 인플루엔자 바이러스에 감염된 사람들에게 에너지를 공
급해 회복을 돕고자 수년간의 실험 끝에 개발한, 쉽게 삼킬 수 있
고 맛이 부담스럽지 않은 의료용 음료였다.

　출시 당시 영국 대부분의 병원에서 글루코제이드라는 제품명
으로 유리병에 담겨 환자들에게 공급되었다가, 1929년에 현재의
루코제이드로 명칭이 변경되고, 1938년에는 영국의 제약회사인
비샴에 인수되었다. 1950년대 초 루코제이드는 누구나 구해 마실
수 있었고, 비샴 이익의 절반을 담당하는 효자 상품이었다.

1950년대부터 1970년대까지 비샵은 루코제이드가 얼마나 '회복을 돕고 환자에게 위로가 되는 의료용 음료'인지 묘사하는 광고를 전국에 많이 내보냈다. 그중 두 엄마가 '아이들이 아플 때는 조용하고 온순했는데 루코제이드를 먹고 회복되어 다시 시끄럽고 난폭해졌다'며 아플 때가 나았다고 말하는 내용의 광고가 유명했다.

1980년대가 되자 광고 규제가 강화되고, 더 광범위한 청중에게 호소하려는 경영진의 의도로 인해 루코제이드는 '일상적인 피로 회복을 돕는 자양강장제'로 리포지셔닝했지만 그리 성공하지 못했고, 브랜드는 점점 쇠퇴했다.

1982년 루코제이드는 영국 마케팅 역사상 가장 유명한 사례 중 하나로 꼽히는 두 번째 리포지셔닝을 거쳤다. 루코제이드 마케팅팀은 루코제이드 브랜드의 핵심이 질환이 아니라 '에너지'라고 인식했다. 그래서 광고 대행사 오길비 앤 매더와 함께 루코제이드의 포지션을 '아픈 사람에게 에너지를 공급하는 드링크'에서 '건강하고 건장한 사람에게 에너지를 주는 스포츠 음료'로 바꾸었다.

그들은 스포츠 음료로 변신한 루코제이드 브랜드의 '대변인'이 필요했다. 그들이 선택한 대변인은 예전 광고에 나오던 아픈 아이와는 정반대 인물이었다. 새 광고 모델은 (곧 올림픽 금메달을 따고, 세계기록 보유자가 될) 10종 경기 선수인 데일리 톰슨이었다.

예전 광고에서 쓰던 무의미하고 단조로운 배경 음악 대신 데일리 톰슨이 등장하는 새 광고는 헤비메탈 밴드 아이언 메이든이 연주하는 에너지 넘치는 곡이 배경 음악으로 나왔다.

이 광고는 운동 능력이 절정에 올랐고 열심히 훈련해 다부진

체격을 지닌 데일리 톰슨이 루코제이드를 마시는 장면을 보여줬다.

아름다운 몸매를 높이 평가하는 사회 분위기로 인해 몸매를 가꾸는 피트니스 붐이 일어난 1980년대 초에 (1982년도에 〈워크아웃〉이라는 비디오테이프로 에어로빅 열풍을 일으킨 제인 폰다와 1984년 개봉한 영화 〈터미네이터〉에 등장한 아널드 슈워제네거를 생각해보라.) 루코제이드 브랜드는 시의적절한 변신을 선택했고, 다시 매출이 성장세를 보였다.

1984년부터 1989년 사이에 루코제이드의 영국 매출액은 3배로 늘었다. 루코제이드 브랜드는 확실히 회복했다.

여기서 교훈은, 브랜드를 새로운 관점에서 바라보면 새로운 성장의 기회를 잡을 수 있다는 사실이다. 어떻게 하면 당신의 브랜드를 리포지셔닝할 수 있겠는가?

여성용 담배에서 남성성의 상징으로,
말보로

1920년대에 필립 모리스의 대표적 브랜드들은 "5월처럼 부드러운"이라는 광고 문구로 여성을 타깃 고객으로 삼았다. "당신의 루비 입술에 체리를"이라는 슬로건을 건 한 필립 모리스 브랜드는 담배를 피운 여성의 립스틱 자국을 감추기 위해 필터 주위를 붉은 밴드로 감싼 담배를 팔았다. 이 브랜드의 광고는 아주 안락한 환경에서 멋진 여성 모델이 등장하고, 가끔은 담배에 손을 뻗는 여성의 손을 보여줬다.

이 담배 브랜드의 이름은 바로 말보로(Marlborough)다. 말보로는 런던 그레이트 말보로 스트리트에 있었던 첫 필립 모리스 공장에 기원을 둔 이름이다.

그러나 제2차 세계대전 이후 말보로 브랜드는 쇠퇴했다. 1950년대부터 담배가 인체에 미치는 해로운 영향에 대한 과학적 연구 자료가 나왔기 때문이다. 그러나 놀랍게도 이는 필립 모리스가 말보로 브랜드를 가지고 무엇을 더 할 수 있을지 고민하게 했다.

필립 모리스는 필터 담배 브랜드에 주력할 필요를 인식했다. 필터 담배 사업이 성공하려면 필터 담배, 특히 말보로 브랜드는 여성용 담배라는 인식부터 극복해야 했다.

이전과 완전히 다른 새로운 말보로 브랜드가 필요했다. 필립 모리스가 취한 첫 번째 조치는 이름을 말보로(Marlboro)로 더 짧게 표기한 것이다. 그리고 필터에 두른 붉은 밴드도 없앴다. 말보로 담배에서 빨간색은 프랭크 지아니노토의 대담하고 참신한 담뱃갑 디자인의 일부로 유지되었다.

무엇보다 가장 큰 변화는 광고였다. 필립 모리스는 광고 대행사 레오 버넷에게 완전히 새로운 이미지의 광고를 만들어 달라고 의뢰했다. 이전 담배보다 안전하지만 맛은 달라지지 않은 남성용 담배라는 포지셔닝을 반영한 광고가 필요했다.

"정직한 맛의 남성용 담배가 새로 출시됩니다. 부드러운 필터를 통해 입안에서 좋은 담배 맛을 느낄 수 있습니다. 성능이 뛰어나며 담배 맛을 해치지 않습니다. 현대적으로 디자인한 플립탑 담뱃갑은 모든 담배를 담뱃갑에서 떨어지지 않게 고정시킵니다."

1920년대 술집에서 이 인상적인 담배 광고를 접한 사람들이 어떤 느낌을 받았는지는 지금으로서 실감하기 힘들지만 〈에스콰

이어〉기사는 다음과 같이 평했다. "새로운 말보로 맨은 여유롭게 야외활동을 즐기는, 군살 없는 체격의 남자다. 손목에 새겨진 낭만적인 과거를 암시하는 문신은 그가 손을 많이 쓰는 육체노동을 한 적이 있고, 세상 사정을 알고, 존경할 만한 남자임을 암시한다."

'세속적이지 않은 남성성, 속물적이지 않은 품질'의 이미지를 보여주는 말보로 광고에 다수의 미국인들이 호응했다. 1955년 50억 달러이던 매출액이 1957년 200억 달러로 증가했다. 2년 사이 300퍼센트 증가한 셈이다.

초기 말보로 광고에는 다양한 직업의 '야외활동을 하는 남자'가 등장했다. 광고사는 이 중 어떤 남자를 소비자가 선호하는지 조사했고, 그 결과 카우보이가 꼽혔다. 그 후 담배를 피우며 사색하는 카우보이 사진이 담긴 광고가 말보로 브랜드를 상징하게 되었다.

여기서 교훈은, 브랜드는 리포지셔닝을 통해 생명을 연장할 수 있다는 사실이다. 당신은 (쇠퇴하는) 브랜드를 어떻게 리포지셔닝할 것인가?

레고가 스타워즈를 만났을 때

"절대 안 돼!" 이것은 피터 아이오가 바라던 반응이 아니었다.

1997년 초, 레고 북미 지사 사장 피터 아이오는 수개월간의 고된 작업과 조심스러운 협상을 거친 끝에 방금 전 레고그룹 본사 경영진에게 한 가지 제안을 한 참이었다.

그는 루카스필름의 라이선스를 받아 레고 스타워즈 장난감을 출시하는 계획을 제안했다. 레고 스타워즈 장난감은 스타워즈 팬들이 오랫동안 기다려온 〈스타워즈〉 프리퀄 시리즈 1편의 개봉에 맞추어 1999년 봄 출시될 계획이었다.

루카스필름의 직원 다수가 레고 장난감 팬이고 이 계획을 반긴 데 반해, 덴마크 빌룬트에 위치한 레고 본사의 고위 임원들 반응은 냉담했다.

피터 아이오는 "덴마크인들은 평소에 매우 예의가 바릅니다. 우리 계획은 그리 격렬한 반대에 부딪히지는 않았습니다. 하지만 본사 임원들의 최초 반응은 어떻게 우리가 스타워즈 장난감이라는 개념을 제시할 수 있는지 충격과 공포에 사로잡힌 듯 보였습니다. 스타워즈 장난감 출시는 레고 방식이 아니었습니다"라고 회상했다.

스타워즈 장난감 출시가 레고에게 중요한 변화를 의미한 것은 사실이었다. 그때까지 레고는 파트너십과 라이선스 계약을 피하고 자체 개발한 장난감만 출시하는 방침을 고수했다. 레고는 이미 우주를 주제로 한 장난감 세트를 출시한 바 있었다.

"레고 본사는 마치 외부 파트너를 신뢰하지 않는 듯 보였습니다. 그들은 늘 '우리가 스스로 할 수 있어. 우리가 더 잘할 수 있어'라고 생각하는 듯했어요."

레고는 아이들에게 전쟁이 장난처럼 보이지 않도록 전쟁을 소재로 한 장난감을 팔지 않는다는 창업자 올레 키르크 크리스티얀센의 핵심 가치를 계속 고수해왔다. 그렇기에 스타워즈에 등장하는 전투함, 전투 로봇 등을 장난감으로 출시하는 계획은 여러 본사 임원들을 걱정케 했다.

"스타워즈라는 이름 자체가 레고 개념과 정반대였습니다. 온통 전쟁 이야기가 나오는 스타워즈와 레고를 연결 짓는 것은 그들이 한 번도 고려해보지 않은 혐오스러운 계획이었죠." 피터 아이오의 설명이다.

본사 임원들의 저항에도 불구하고, 피터 아이오는 레고 장난감에 스타워즈의 개념을 도입하도록 설득하는-'임무'가 아닌-'전투'를 치를 가치가 있다고 믿었다. 그가 루카스필름과 협상한 가장 큰 이유는 이대로 가면 레고가 시장에서 뒤처질 위험이 있어서였다.

그는 미국 시장이 갈수록 인기 영화와 TV 애니메이션 시리즈와 라이선스 계약해 출시된 장난감 위주로 흘러가는 추세를 인식했다. 1990년대 중반 미국에서 판매된 장난감 중 절반이 라이선스 제품이었다. 하스브로, 마텔 같은 주요 경쟁사들은 디즈니, 픽사 같은 애니메이션 스튜디오와 라이선스 계약을 피하기는커녕 적극 모색하고 있었다. 피터 아이오는 레고가 이런 시장 추세에 적응하지 않으면 영원히 뒤처지지라 걱정했다.

피터 아이오는 루카스필름의 라이선스 업무를 총괄하는 하워드 로프먼과 손잡고, 스타워즈 라이선스 계약이 전혀 나쁘지 않다고 레고 본사 임원들을 설득했다.

첫 설득 단계로 스타워즈는 배경은 미래지만, 선과 악이라는 고전적 대결 구도로 잔인한 장면이 거의 나오지 않아 GI 조보다는 아이반호 같은 역사소설에 가깝다고 인식하게 했다.

그다음 단계로 레고 스타워즈 장난감을 좋아할 만한 고객들-레고 장난감을 사는 부모들-에게 호소했다. 피터 아이오와 하워드 로프먼은 미국뿐 아니라 레고의 최대 시장이자 가장 보수적인 시장인 독일에서도 부모들을 상대로 설문조사를 했다. 그랬더니 압도적 다수의 미국 부모가 레고 스타워즈 출시를 지지했다. 더 놀랍게도 독일 부모들도 그런 반응을 보였다. 그럼에도 레고 본사에서는 여전히 레고 스타워즈 장난감 출시에 저항하는 움직임이 있었다.

결국 창업자의 손자이자 레고 3대 회장을 맡고 있는 크엘 키르크 크리스티얀센이 나섰다. 본인도 열렬한 스타워즈 팬이었던 그는 설문조사 결과에 고무되어 전통을 중시하는 중역들의 목소리를 무시하고 라이선스 계약에 찬성했다. 그리하여 장난감 산업 역사상 가장 성공적인 파트너십이 마침내 체결되었다.

〈보이지 않는 위협〉 개봉과 동시에 출시한 레고 스타워즈 장난감은 레고 매출의 6분의 1을 차지할 정도로 엄청난 성공을 거뒀다.

여기서 교훈은, 공동 브랜딩(그리고 라이선싱)이 브랜드에 새로운 생명을 부여할 수 있다는 사실이다. 당신은 누구와 파트너십을 고려하는 편이 좋을까?

비평 속에 피어난 아름다운 동화, 디즈니

약 10년 전, 디즈니 애니메이션 스튜디오는 거의 끝날 뻔했다. 개봉하는 작품들이 잇달아 실망스러운 흥행성적을 거둠에 따라 디즈니는 애니메이션 제작 부서를 폐쇄하는 안을 고려했다. 결국 디즈니는 애니메이션 사업을 포기하는 대신 가장 혁신적인 애니메이션 스튜디오인 픽사와 합병하는 선택을 내렸다.

　10년 뒤, 디즈니는 애니메이션 역사상 최고의 흥행기록을 세운 〈겨울왕국〉의 성공을 자축하고 이미 〈겨울왕국2〉의 제작에 착수했다. 하지만 〈토이스토리〉 같은 흥행작의 후속편을 재빨리 제작한 픽사의 선택을 따라 하는 것이 디즈니가 픽사에게 배운 핵심

아이디어는 아니다. 픽사 애니메이션 스튜디오의 부흥에 기여했다고 평가받는 픽사의 아이디어는 건설적인 집단 비평 과정인 '스토리 트러스트' 회의다.

디즈니 애니메이션 스튜디오는 제작 중인 작품을 직원들에게 1번부터 7번까지 보여준 다음 자유롭게 의견을 제시하도록 촉구한다. 그다음에는 20명의 중역으로 구성된 '트러스트'와 감독이 회사 밖에서 모여 직원들이 건의한 내용을 검토하고 개선책을 생각하는 스토리 트러스트 회의를 한다. 이 회의는 보통 한나절 동안 진행되는데, 직원들의 비평이 많거나, 스토리라인 혹은 캐릭터 같은 근본적인 부분에 대한 비판이 나온 경우에는 회의가 길어진다.

디즈니 애니메이션 스튜디오 사장 앤드루 밀스타인은 2015년 3월 29일 자 〈선데이 타임스〉 인터뷰에서 이렇게 설명했다. "스토리 트러스트 회의는 아수라장입니다. 하지만 자존심을 부리다가는 원하는 바를 얻을 수 없습니다. 우리가 스토리 트러스트 회의에 참석하는 이유는 직원들의 의견을 반박하거나 제작 중인 작품이 좋은지 나쁜지 평가하기 위해서가 아니라, 무엇이 잘되고 있는지, 잘못되고 있는지 경청하기 위해서입니다."

〈겨울왕국〉 또한 이러한 과정에서 '엄청난 변화'를 거쳐 제작되었다. 최초의 안에서 엘사와 안나는 자매지간이 아니었다. 엘사는 악역이었고, 트롤도 크리스토프도 원래는 등장하지 않았다.

'비평 회의'의 활용은 원래 픽사에서 시작되었다. 컴퓨터 애니메이션의 초기 개척자들은 각자의 성공 비결을 배우고 각자의 실수에서 교훈을 얻기 위해 비평 회의에 참석했다. 이러한 초기 개척자들 중 한 명인 에드 캣멀은 현재 픽사 애니메이션 스튜디오 사장으로, 누구나 문제를 발견하면 즉각 문제를 해결하도록 모든 직원에게 독려하는 도요타의 접근법에 영감을 받아 이러한 스토리 트러스트 회의를 열게 되었다고 했다.

"도요타 자동차 공장에서는 모든 직원이 오류를 찾을 의무가 있습니다. 조립 라인에서 일하는 말단 직원일지라도 문제가 있으면 빨간 단추를 눌러 컨베이어벨트를 멈추고 문제 해결에 나설 권한이 있습니다. 문제 해결은 관리직만 참여하는 업무가 아니라 집단이 참여하는 프로세스입니다. 이러한 접근법 때문에 도요타의 생산 현장에서는 엄청난 개선이 일어났습니다. 생산 라인 직원들이 사소한 수정 사항들을 끊임없이 제안하고, 이러한 작은 수정들이 모여 품질 개선으로 이어집니다. 나는 초기에 픽사에서 이루어지는 회의들을 어떻게 진행할지 고민할 때, 이 도요타 모델에서 큰 영향을 받았습니다."

픽사의 성공을 이끈 이러한 철학이 이제는 디즈니 애니메이션 스튜디오에도 큰 영향을 미치고 있고, 고품질 제품-크게 흥행한 위대한 애니메이션 작품-탄생에 이바지하고 있다.

여기서 교훈은, 브랜드는 건설적 비판의 혜택을 받는다는 사실이다. 당신은 어떻게 (아무리 고통스러울지라도) 비판을 수용하고, 비판 받은 내용을 고칠 것인가?

우리 라이언에어가 달라졌어요

라이언에어는 저가 항공권, 항공기 지상 대기시간 단축, 무료 서비스 폐지, 비즈니스 클래스 폐지, 단일 기종 여객기 운항이라는 비즈니스 모델을 가진 저비용 항공사 브랜드다.

　　CEO 마이클 올리어리는 〈가디언〉 인터뷰에서 라이언에어가 엄격히 준수하는 고객 서비스 원칙을 단순명료하고 솔직하게 밝혔다. "우리가 고객에게 제공하는 서비스는 상당히 제한적입니다. 고객이 최저 비용으로 정시에 이륙해 소지품을 분실하지 않고 여객기에서 내리게 하는 것이죠. 이보다 더한 서비스를 요구하는 고객에게는 정중하게 꺼지라고 말할 수밖에 없습니다."

그로서는 이 정도 표현만 해도 예의를 갖춘 셈이다. 예전엔 이런 막말을 한 적도 있었으니까. "환불해줄 수 없으니 꺼지쇼. 질질 짜는 얘기는 듣고 싶지 않으니. 대체 어느 귓구멍으로 들었기에 '환불 불가'란 말도 못 알아먹소?"

그는 이런 말도 거침없이 내뱉었다. "다른 회사들은 고객이 언제나 옳다고 말합니다. 하지만 알잖아요. 꼭 그렇지는 않다는 걸. 고객은 틀릴 때도 있고, 그 점을 고객에게 말해줄 필요가 있어요."

1992년부터 실행한 이러한 전략들 덕분에 손실 누적으로 허덕이던 지역 항공사였던 라이언에어가 20년 만에 유럽에서 가장 많은 사람이 애용하고 가장 수익성이 높은 항공사로 탈바꿈했다. 그 반대급부로 라이언에어는 고객을 배려할 줄 모르는 더러운 항공사라는 악평도 받았다.

하지만 2013년 라이언에어 브랜드와 마이클 올리어리는 '극적인 변화'의 순간을 맞았다. 당시 라이언에어는 이익이 급감했다. 이는 라이언에어 임직원들에게 변화해야 한다는 자극제가 되었다고 해도 과언이 아니다.

마이클 올리어리가 회상한다. "우리는 최저가 항공권 전쟁에서 승리했고, 우리와 가격 경쟁을 할 항공사는 남아 있지 않았습니다. 따라서 이제는 친절한 고객 서비스를 무기로 하는 항공사들과 경쟁하는 것이 논리적으로 타당했죠."

마이클 올리어리는 이전의 라이언에어 브랜드가 가진 부정적 이미지를 개선할 필요가 있었다고 느꼈다. 따라서 그는 이듬해에 각종 변화를 도입했다. 승객들이 싫어한 여러 정책들을 폐기하고,

승객들이 더 많은 짐을 휴대한 채 탑승하도록 허용하고, 추가로 돈을 내면 원하는 좌석에 앉을 수 있도록 했다. 라이언에어 고객들 입장에서는 서비스가 나아지기 시작했다.

"우리는 아직 목표로 하는 만큼 고객들에게 좋은 평가를 받지 못했지만, 우리 항공기를 생전 처음 탑승하는 승객들은 웃는 얼굴로 친절하게 맞이하는 승무원들을 보고 기분이 좋아져서 우리에게 긍정적인 피드백을 줍니다."

그리고 친절한 서비스 제공은 효과를 본 듯 보인다. 라이언에어가 고객 서비스를 완전히 개선하겠다고 약속한 뒤, 2014년 상반기 이익이 31퍼센트 증가했다. 전통적으로 항공사가 손실을 보는 계절인 겨울이 지난 뒤에 발표하는 2014년 연간 이익은 전년도보다 45퍼센트 증가한 7억 5000만 유로에서 7억 7000만 유로로 전망되었다.

라이언에어가 소비자에게 받은 항의 편지는 연간 8만 통으로 2013년도에 비해 40퍼센트 감소했다.

이제 개과천선한 마이클 올리어리가 말한다. "우리가 노력한 결과 고객 서비스가 크게 개선되었고 모범적으로 바뀌었습니다. 이에 따른 우리의 실적 추세는 매우 긍정적입니다. 고객들에게 친절한 항공사가 되기로 전략을 바꾼 덕에 사업이 번창했습니다. 고객에게 친절하게 대하면 이렇게 이득이라는 점을 알았으면 진즉에 그렇게 할 걸 그랬습니다."

여기서 교훈은, 브랜드는 진화할 필요가 있다는 사실이다. 어떻게 하면 핵심 가치를 유지하는 가운데 변화를 도입할 수 있을까?

브랜드 리부트에 성공한 헌터

2006년 7월 글래스턴베리 축제에서 슈퍼모델 케이트 모스가 검고 두툼한 고무장화를 신은 모습으로 사진에 찍혔다.

이 사진을 본 수백만 명의 사람들은 '역시 슈퍼모델이라 그런지 뭘 신어도 여전히 멋있어 보이는구나' 하고 생각했을지 모른다. 하지만 호주에서 어그 브랜드와 함께 일한 적이 있는 마이클 토드는 이 사진을 보고 완전히 다른 생각을 했다. 그는 사진 속에서 '기회'를 발견했다.

사진 속 고무장화는 150년 역사의 브랜드 헌터의 제품이었다. 토드는 헌터의 CEO 피터 뮬런에게 전화해 자신의 생각을 설명했다. 그의 말의 요점은, 케이트 모스가 무심코 옛날 헌터 제품을 신고 나타난 것이 헌터가 클래식 브랜드로 적절한 위치를 구축하지 못했고, 낡고 고루한 이미지를 풍기는 브랜드임을 보여주는 방증이며, 더 젊고 더 패션에 민감한 소비자층에 맞추어 헌터 브랜드를 리부팅할 필요가 있다는 것이었다. 마이클 토드의 말을 경청한 피터 뮬런은 6개월 뒤 토드를 최고 마케팅 책임자로 채용하고 헌터 브랜드를 리부트하는 임무를 맡겼다.

과거에 헌터는 부유한 영국 농부, 말 애호가, 그리고 유한계급을 타깃 고객으로 삼았다. 하지만 2005년 파산으로 헌터 브랜드의 이미지가 실추되었다. 마이클 토드는 헌터를 과거처럼 유한계급에게 어필하는 브랜드로 되살리길 원했고, 글래스턴베리 축제 같은 곳에 가서 화려한 캠핑을 즐기는 '활달한 중상위 계층'에게 어필하는 브랜드가 되어야 한다고 생각했다.

2007년 마이클 토드는 해마다 대형 음악 페스티벌이 열리는 잉글랜드 리딩 지역의 존 루이스 매장에서 두 종류의 헌터 부츠를 판매해달라고 바이어 한 명을 설득했고, 이는 헌터 브랜드에 전환점이 되었다. 헌터 부츠는 빠르게 팔려나갔고, 오늘날 존 루이스는 30개의 헌터 제품 라인을 전국 매장에서 판매 중이다.

마이클 토드는 오래전 설립되었지만 패션에 민감한 청년층의 인기 브랜드로 변신한 어그와 함께 일하며 쌓은 인맥을 활용해 영국의 〈그라지아〉, 미국의 〈보그〉 같은 패션 잡지들이 헌터 브랜드 제품을 다루도록 했다. 이윽고 패션을 주도하는 '트렌드세터'들이 헌터 부츠를 신고 다니게 되었다.

헌터 브랜드는 영국 왕실과도 인연이 있다. 1977년 찰스 왕세자는 헌터 부츠에 왕실 조달 허가증을 수여해 영국 왕실에서 쓰는 물건을 납품할 수 있는 업체로 인증했다. 화려한 야외활동을 자주 하는 젊은 왕실 가족-윌리엄 왕자, 해리 왕자, 케이트 미들턴-이 언론에 노출되는 빈도가 증가함에 따라 마이클 토드는 영국 왕실과 헌터 브랜드의 관계를 활용하기로 했다. 그는 왕실 조달 허가증 로고가 헌터 부츠 태그와 포장지에 더 잘 보이도록 인쇄했다. 그는 왕실 조달 허가증이 브랜드에 주는 혜택을 명시적으로 인식한 최초의 인물이고, 실제로 영국 왕자들이 헌터 부츠를 신었다.

2008년 헌터는 전년도보다 25퍼센트 증가한 280만 달러의 세전 이익을 거뒀고, 매출은 전년도보다 60퍼센트 증가한 2270만 달러를 기록했다.

여기서 교훈은, 새로운 타깃 청중은 낡은 브랜드를 되살리는 데 도움을 줄 수 있다는 사실이다. 당신의 브랜드는 누구를 타깃 청중으로 삼을 것인가?

가끔은 눈앞에 답이 있다, 브리티시 항공

케리스 브라이트는 도전을 즐기는 여성이지만, 브리티시 항공의 글로벌 마케팅 총괄직 제안에는 잠시 망설였다고 토로한다.

"내가 브리티시 항공 경영진에 합류할까 고민할 무렵, 당사는 연간 10억 파운드의 손실을 보고 있었습니다. 적지 않은 손실이었죠. 고객들은 상당한 불만을 품었고, 브리티시 항공이 친절한 서비스를 제공하는 회사라는 신뢰를 접었죠. 당시는 파업 시기였습니다. 브리티시 항공사 직원들은 자신들이 왜 존재하는지, 어떤 직종에 종사하는지 제대로 인식하지 못했습니다. 그들은 고객과 경영진을 적대시했습니다."

이러한 고민 끝에 케리스 브라이트는 문제가 아니라 기회를 엿보았다. "만약 브리티시 항공이 예전에 가졌던 정신을 되찾도록 시도해야 한다면, 파업하는 직원들에게 브리티시 항공 직원으로 존재하는 이유, 현재 위치에 있는 이유, 진정으로 원하는 바를 생각하고 말해보도록 유도해야 한다면, 그때가 적격이었습니다."

그래서 케리스 브라이트는 브리티시 항공 브랜드 회생 프로젝트를 시작했다. 최고의 브랜드는 내부에서부터 시작한다고 인식한 브라이트는 직원들부터 설득하기로 했다. 그는 직원들이 본인의 역할과 브리티시 항공 브랜드를 믿는 이유들을 숙고하고 말해보는 시간을 주는 프로그램을 시작했다.

"말할 기회를 잡은 직원들은 처음에는 회사에 들어온 경위 등 저마다 각기 다른 얘기를 했지만, 곧 항공사 직원으로 일하는 이유, 항공사가 특별한 직장이라고 느끼는 공통된 이유를 이야기했습니다."

케리스 브라이트가 이끄는 글로벌 마케팅팀은 다음과 같은 사실을 발견했다. "직원들이 항공사 일에 깊은 책무감과 열정을 품었고, 항공사를 운영하는 방법과 고객에게 어느 항공사보다도 나은 서비스를 제공하는 방법을 잘 알고 있다고 생각했습니다. 그리고 이러한 생각의 기저에는 고객들을 각별히 섬기고 싶다는 마음이 있었습니다."

그리고 이렇게 덧붙였다. "모든 직원이 그렇게 생각했지만, 구체적 실현 방안을 놓고 약간 시각이 달랐을 뿐이었습니다."

당시에 직원들에게 부족했던 부분은 이러한 열정의 표현이었다. 하지만 답은 모든 직원의 눈앞에 있었다.

항공기 조종사들이 그 답이 무엇인지 모든 직원에게 일깨워 줬다. 케리스 브라이트가 회상한다. "조종사들은 유니폼, 모자, 항공기 측면에 '고객을 모시는 항공사'라는 모토가 쓰여 있음을 상기시켰습니다. 조종사들은 사실 이 점이야말로 우리가 존재하는 이유라고 말했습니다. 우리는 항공 안전에 대해 잘 알고, 항공 안전은 중요한 문제지만, 우리는 '고객을 모시는 항공사'를 유지하기 위해 채용되었습니다. 따라서 우리는 마케팅이 중심이 된 조직으로서 이러한 모토를 신조로 삼기로 했습니다. 갈등과 변화의 시기에 이 모토는 모든 직원을 단결시킬 수 있는 대의명분이었습니다. 우리는 기초적인 부분부터 대화했지만, 이제 직원들은 자부심을 느끼며 정말로 고무된 채 고객을 모시는 항공사 직원이 되고 싶다고 말했습니다. 이후 우리는 고객을 모시는 항공사라는 모토를 실천하기 시작했습니다."

여기서 교훈은, 브랜드 회생 방안을 고민하는 경영자에게 브랜드가 과거 어떤 정신으로 성립되었는지 알아보는 것이 가끔은 훌륭한 영감의 원천이 된다는 사실이다. 당신의 브랜드는 과거의 어떤 부분을 되살릴 수 있을까?

두 옷가게 이야기, 바나나 리퍼블릭

옛날 옛적, 두 옷가게가 있었다.

하얀 벽에 목재 모자이크 바닥으로 인테리어 된 첫 번째 옷가게는 매끈하고 멋스럽고 미니멀리즘한 디자인을 자랑한다. 여기서는 '직장에 착용하고 갈 만한 남성용·여성용 현대식 고급 의류와 장신구'를 판다. 이곳의 의류는 스타일이 현대적이고 다양해 당대 패션 감각에도 맞고 (비교적) 세월이 지나도 어색하지 않다. 이곳은 자부한다. "우리 가게의 목표는 매일 무궁한 가능성을 발견하고 매 순간 기회를 활용하려는 남녀가 입을 옷을 제공하는 것입니다. 우리는 인생을 조금 다르게 봅니다. 우리는 인생을 우리의 것으로 삼고 스타일 있게 살아갑니다."

두 번째 옷가게는 약간 다르다. 구르카 바지, 피스 헬멧(더운 나라에서 머리 보호용으로 쓰는, 가볍고 단단한 소재로 된 흰색 모자—옮긴이), 큰 카고 주머니가 달린 새미가죽 셔츠 같은 카키색 '사파리' 옷들이 나무 선반에 쌓여 있고, 오래된 가죽 가방 사이에 실물 크기의 기린과 코끼리 모형이 서 있다. 가게 앞 진열대와 매장 내 바위들 위에 제2차 세계대전 시절 군용 지프가 올려져 있다. 짐바브웨 하늘처럼 푸르게 페인트칠 된 천장에 오래된 프로펠러 경비행기가 매달려 있다. 사파리와 여행 의류들뿐 아니라 팔꿈치 보호대, 벨트, 목재 단추 같은 민간 패션 소품을 더한 밀리터리 패션 옷들을 파는 가게다. 곳곳에 눈에 잘 띄는 카탈로그들이 쌓여 있는데, 이 카탈로그에는 옷 사진이나 매력적인 모델 사진이 없다. 그 대신 먼 나라 이야기와 여행의 낭만을 담은 이야기들과 함께 부드러운 듀오톤으로 그린 아름다운 옷 일러스트레이션이 실려 있다.

이 이야기의 반전은, 두 옷가게가 사실 동일 브랜드의 옷가게라는 점이다. 아직도 무슨 브랜드의 가게인지 감을 잡지 못한 독자를 위해 답을 말하자면, 바나나 리퍼블릭이다.

사실 두 번째 옷가게가 원래 바나나 리퍼블릭의 분위기였다. 바나나 리퍼블릭은 1978년 캘리포니아 주 밀밸리에서 멜 지글러, 퍼트리샤 지글러 부부가 만든 여행 옷 브랜드다.

멜과 퍼트리샤는 〈샌프란시스코 크로니클〉에서 일하다 만나 결혼했다. (남편 멜은 사진기자, 아내 퍼트리샤는 일러스트레이터였다.) 둘은 같은 날 회사를 관두고 여행을 떠났다. 지글러 부부가 옷가게를 열게 된 계기는 멜이 하도 입어 닳아버린 밀리터리 룩 재킷을 대신할 재킷을 찾아다니는 도중에 생겼다. 여러 가게를 돌아다닌 끝에 시드니의 '땡처리' 매장에서 브리티시 미얀마 재킷을 찾아냈다. 바나나 리퍼플릭의 기록보관소 자료에 따르면, 아내 퍼트리샤는 처음에 이 밀리터리 룩 재킷을 대수로울 게 없는 '매일 입을 만한 편안하고 실용적인 옷'쯤으로 여겼다고 한다. 하지만 가족과 친구들은 이 재킷을 멋있다고 칭찬했다. 그런 반응을 접한 지글러 부부는 훗날 바나나 리퍼블릭으로 성장하게 될 옷가게를 열었다.

당시 미국에서 '서플러스' 옷이라고 하면 미 육군의 위장용 티셔츠를 떠올리는 사람이 많았지만, 지글러 부부의 가게를 방문한 손님들은 지글러 부부가 세계 각국을 돌아다니며 긁어모은 이색적인 밀리터리 룩 의류에 열광했다.

"영국에 가면 영국 육군용 멜턴 울 오버코트를 25달러에 살 수 있었습니다." 바나나 리퍼블릭은 영국에서 가져온 이 제품을 레어 상품이라고 홍보하고 가격을 올려 팔았다. 부부는 장사 수완이 좋았다.

1983년 바바나 리퍼블릭은 캘리포니아 주에만 매장이 다섯 군데 있었고, 다른 주에도 몇 개의 매장을 더 운영했으며, 연간 1000만 달러의 이익을 올렸다. 이때 갭 브랜드의 공동 창업자, 돈 피셔가 한 가지 제안을 했다. 바나나 리퍼블릭의 지분을 모두 인수해 갭의 자회사로 삼고, 지글러 부부가 바나나 리퍼블릭에 남아 디자인 업무를 총괄하는 것이 어떻겠냐는 제안이었다. 거절하기에는 너무 좋은 제안인지라 부부는 제안을 수락했다.

이후 몇 년간은 일이 잘 풀렸다. 〈아웃 오브 아프리카〉 〈로맨싱 스톤〉 〈인디애나 존스〉 같은 영화들의 흥행에 힘입어 바나나 리퍼블릭 브랜드는 나날이 성장했다. 밀리터리 룩 분위기의 중고 의류들을 구해와 판매하던 지글러스 부부는 이제 자체적으로 그런 의류를 디자인하게 됐다.

하지만 증시 폭락이 일어난 1987년에 바나나 리퍼플릭의 매출 신장세가 주춤했고, 1988년에는 적자를 기록했다. 돈 피셔는 바나나 리퍼블릭의 사파리풍 여행 옷이 유행에 뒤처져 브랜드가 망하지 않을까 걱정됐다. 그래서 갭 브랜드의 회생을 돕던 인재인 미키 드렉슬러를 영입했다. 피스 헬멧풍의 패션을 선호하지 않은 드렉슬러는 바나나 리퍼블릭의 패션 스타일을 대중적인 방향으로 바꾸고 싶어 했다. 자연히 드렉슬러는 지글러 부부와 마찰을 빚었다. 결국 지글러 부부는 "추구하는 방향과 조직 문화에 관한 근본적 이견을 좁히지 못했다"는 상투적인 이유로 회사를 떠났다.

미키 드렉슬러는 새 경영진을 꾸려, 카키 일색이던 바나나 리퍼블릭의 제품 라인을 밝은 색상의 캐주얼 의류와 여름휴가용 의류로 바꾸는 작업에 착수했다. 서서히 진행된 이 작업은 차츰 가속도가 붙었다. 1989년에 카탈로그 제작을 중단하고, 더 세련되고 현대적이고 도시적인 스타일로 매장을 단장했다.

1990년대 초 바나나 리퍼블릭은 제품 라인을 더 다양화해 사무실에서 입을 수 있는 제품군을 추가하고, 바나나 리퍼블릭이 새로 도입한 편안한 도시 라이프스타일 이미지를 홍보하는 광고 캠페인을 시작함으로써 흑자 전환에 성공했다.

오늘날 바나나 리퍼블릭은 원래의 패션 콘셉트가 기억나지 않을 정도로 큰 성공을 거두었다. 세계적으로 600곳 이상의 매장을 운영하는, 충성도 높은 젊은 고객들을 확보한 성공적인 브랜드의 위치를 점하고 있다. 바나나 리퍼블릭은 여전히 삶이라는 여정에 적합한 의류를 판매해야 한다는 신념으로, 여행복이라는 콘셉트에 충실하다. 다만 지금은 도시를 여행하는 이들을 위한 옷에 주력한다는 차이가 있을 뿐이다.

"바나나 리퍼블릭은 삶이라는 여정에 오른 현대인에게 상황별로 어울리는 옷들을 계속 제공합니다. 도시 여행부터 직장 승진, 꿈의 추구까지 이 모든 과정마다 더 없이 알맞은 옷을 바나나 리퍼블릭에서 발견하게 될 겁니다."

여기서 교훈은, 브랜드는 무엇이 세월이 흘러도 살아남을 테마이고, 무엇이 일시적 유행인지 판단해 어떤 것을 유지하고 어떤 것을 버릴지 선택할 필요가 있다는 사실이다. 당신의 브랜드는 일시적 유행과 장기적 테마 중 어느 쪽에 집중하고 있는가?

● 만약 지글러 부부에게 시간이 충분히 있었다면 흑자 전환에 성공했을까? 몇 년 전 멜 지글러는 돈 피셔를 칵테일파티에서 마주쳤다고 밝혔다. "피셔는 자신이 바나나 리퍼블릭에 취한 조치를 후회한다고 털어놓았습니다." 멜은 아쉬움을 떨치지 못했다. "우리 부부가 바나나 리퍼블릭에 계속 남으려면, 브랜드를 해마다 신선하게 유지하는 과제를 해내야 했을 겁니다. 하지만 갭 경영진은 우리가 추구한 '사파리' 이미지로부터 얻을 수 있는 모든 것을 소진했다고 생각했죠."

미쉐린 타이어는 왜 레스토랑에 별점을 매겼을까?

| 초판 1쇄 | 2019년 1월 20일 |
| 2쇄 | 2019년 2월 28일 |

| 지은이 | 자일스 루리 |
| 옮긴이 | 윤태경 |

발행인	이상언
제작총괄	이정아
편집장	조한별
책임편집	심보경

| 디자인 | 풀밭의 여치 |
| 일러스트 | 정혜선 |

발행처	중앙일보플러스(주)
주소	(04517) 서울시 중구 통일로 86 4층
등록	2008년 1월 25일 제2014-000178호
판매	1588-0950
제작	(02) 6416-3927
홈페이지	www.joongangbooks.co.kr
포스트	post.naver.com/joongangbooks

ISBN 978-89-278-0991-3 03320